ERPI SCIENCE ET TECHNOLOGIE

1re secondaire

univers
L'ESSENTIEL

CAHIER DE SAVOIRS ET D'ACTIVITÉS

Nancy Cowan
Patricia Dumont
Nadia Fournier
Denis Trottier

J. Robert Lalonde
Mélanie Bélanger
Jean-Marc Chatel
Benoit St-André

PEARSON

Montréal   Toronto   Boston   Columbus   Indianapolis   New York   San Francisco   Upper Saddle River
Amsterdam   Le Cap   Dubaï   Londres   Madrid   Milan   Munich   Paris
Delhi   México   São Paulo   Sydney   Hong-Kong   Séoul   Singapour   Taipei   Tōkyō

Directrice à l'édition
Sylvie Racine

Chargée de projet et réviseure linguistique
Marielle Champagne

Correctrice d'épreuves
Marie Théorêt

Recherchiste (photos et droits)
Marielle Champagne

Coordonnateur – droits et reproductions
Pierre Richard Bernier

Directrice artistique
Hélène Cousineau

Coordonnatrice aux réalisations graphiques
Sylvie Piotte

Conception graphique et couverture
Frédérique Bouvier

Édition électronique
Mylène Choquette

Illustrateur
Michel Rouleau

Réviseurs scientifiques

Bruno Calveyrac, microbiologiste (chapitre 4)

Sonya Charest, biologiste, Insectarium de Montréal (chapitre 3)

Richard Gagnon, physicien (chapitres 1, 2, 7 et 8)

Donna Kirkwood, Ph. D., P. Géo, Commission géologique
   du Canada, CGC-Québec (chapitre 5)

Marc Séguin, professeur d'astrophysique,
   collège de Maisonneuve (chapitre 6)

Consultants pédagogiques

Isabelle Bastien, enseignante, école secondaire Rive-Nord,
   commission scolaire de la Seigneurie-des-Mille-Îles

Maryse Dagenais, enseignante, école secondaire Père-Marquette,
   commission scolaire de Montréal

Gilbert Melançon, enseignant, collège Esther-Blondin

Nancy Parent, enseignante, polyvalente de L'Ancienne-Lorette,
   commission scolaire des Découvreurs

La direction de Pearson ERPI tient à souligner
la contribution exceptionnelle de Sylvie Racine
à la rédaction de l'ouvrage *Univers – L'essentiel.*

Imprimé au Canada   67890   SO   1987
ISBN 978-2-7613-5230-7   10671 ABCD   OF10

Table des matières

L'univers matériel 2

L'univers vivant 70

Qu'y a-t-il dans ce cahier?

Le **titre de l'univers**.

Une **présentation** de l'univers.

Début d'un univers.

Sommaire d'un univers.

Le **sommaire** donne une brève description du contenu de chaque section des deux chapitres de l'univers.

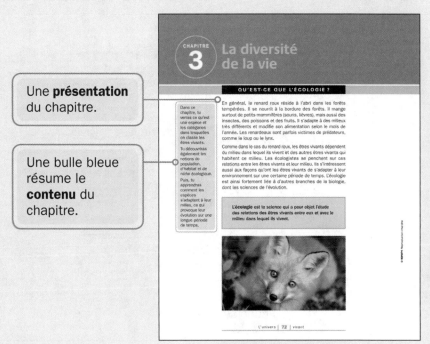

Une **présentation** du chapitre.

Une bulle bleue résume le **contenu** du chapitre.

Début d'un chapitre.

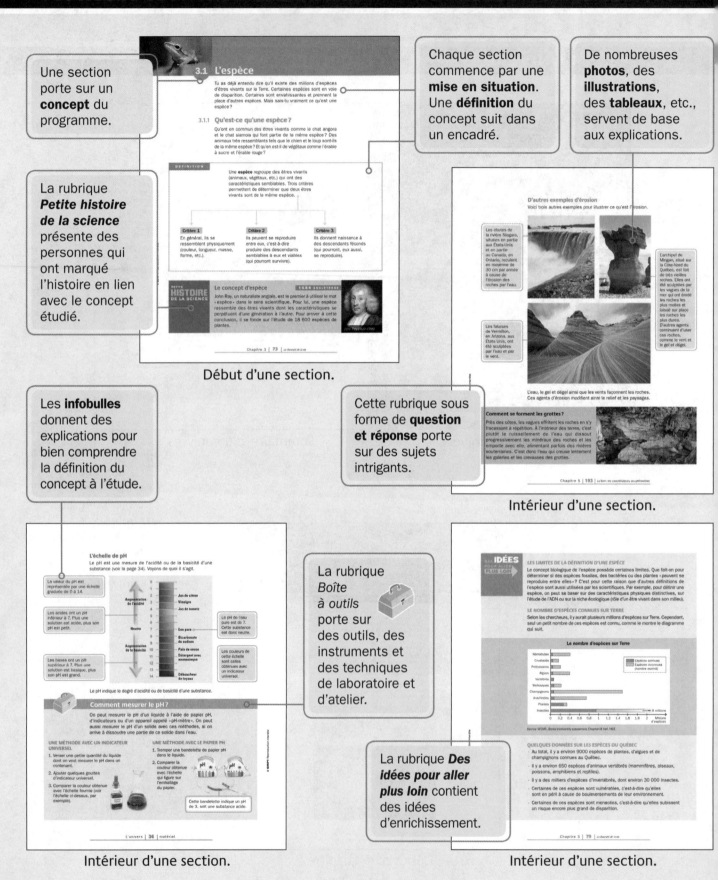

Une section porte sur un **concept** du programme.

La rubrique *Petite histoire de la science* présente des personnes qui ont marqué l'histoire en lien avec le concept étudié.

Chaque section commence par une **mise en situation**. Une **définition** du concept suit dans un encadré.

De nombreuses **photos**, des **illustrations**, des **tableaux**, etc., servent de base aux explications.

Début d'une section.

Intérieur d'une section.

Les **infobulles** donnent des explications pour bien comprendre la définition du concept à l'étude.

Cette rubrique sous forme de **question et réponse** porte sur des sujets intrigants.

La rubrique *Boîte à outils* porte sur des outils, des instruments et des techniques de laboratoire et d'atelier.

La rubrique *Des idées pour aller plus loin* contient des idées d'enrichissement.

Intérieur d'une section.

Intérieur d'une section.

Des **activités variées** suivent la théorie de chacune des sections.

Des **activités de synthèse** portent sur l'ensemble du chapitre.

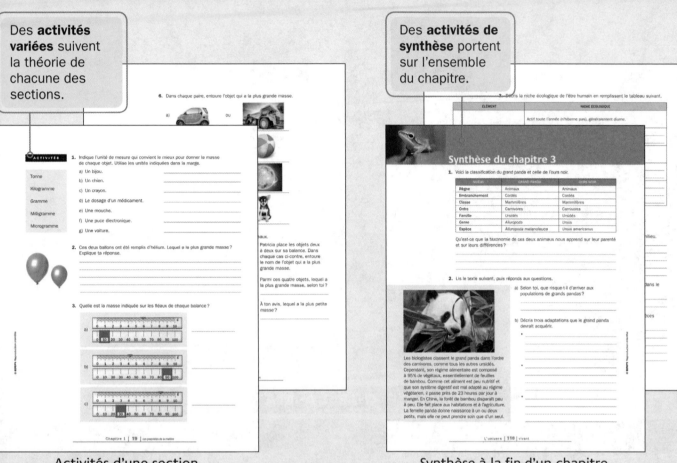

Activités d'une section.

Synthèse à la fin d'un chapitre.

Tous les **mots en gras** dans les encadrés de définition sont repris dans le glossaire.

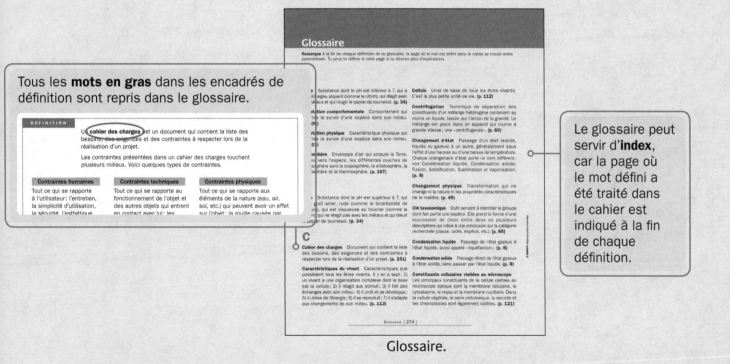

Le glossaire peut servir d'**index**, car la page où le mot défini a été traité dans le cahier est indiqué à la fin de chaque définition.

Glossaire.

L'univers matériel

La matière est partout dans l'Univers. Les planètes, les étoiles et les galaxies sont composées de matière. Les océans et l'air sont aussi constitués de matière. Non seulement les objets inanimés comme un livre, une table ou un stylo à bille sont faits de matière, mais également les êtres vivants comme les plantes, les animaux et… toi-même !

La section de cet ouvrage qui porte sur l'univers matériel t'amènera à mieux saisir la définition suivante de la matière.

La matière, c'est tout ce qui possède une masse et qui occupe un volume.

La matière est composée de particules (atomes ou molécules) tellement petites qu'elles sont invisibles au microscope optique.

CHAPITRE 1

Les propriétés de la matière

QU'EST-CE QU'UNE PROPRIÉTÉ ?

Dans ce chapitre, tu exploreras d'abord les différents états que peut prendre la matière.

Tu découvriras ensuite quelques propriétés de la matière : la masse, le volume, la température, ainsi que l'acidité et la basicité.

Tu verras enfin la différence entre les propriétés qui sont caractéristiques de certaines substances et celles qui ne le sont pas.

Tu décides d'acheter une bicyclette. En plus du prix de la bicyclette et de son apparence générale, sur quoi te baseras-tu pour faire ton choix parmi les nombreux modèles offerts ?

Choisiras-tu une bicyclette robuste ou légère ? De quelle couleur ? De quelle taille ? Avec combien de vitesses ? Opteras-tu pour un vélo de route, de montagne ou hybride ? Pour un cadre en acier, en aluminium ou en fibre de carbone ? Tu devras tenir compte de toutes ces qualités ou « propriétés » pour faire ton choix.

Une bicyclette est faite de matière. Et toute matière possède, comme la bicyclette, des qualités qu'on appelle des « propriétés ». Voici quelques propriétés de la matière : la masse, le volume, la forme, la couleur, la dureté, la température, l'élasticité, etc.

> Une **propriété** est une qualité propre à une substance, à un objet, à un groupe de substances ou à un groupe d'objets. Une propriété peut être caractéristique ou non caractéristique.

1.1 Les états de la matière

La matière peut prendre différentes formes. Par exemple, une branche d'arbre est faite de matière solide. Elle a une forme précise. Par contre, le jus d'orange et l'oxygène de l'air sont faits de matière, sans forme définie. Tu sais probablement déjà que la matière peut exister sous forme solide, liquide ou gazeuse. Mais qu'est-ce qui différencie ces trois états ?

1.1.1 Qu'est-ce qu'un état de la matière ?

Qu'est-ce que la matière ?, p. 2

Il existe trois états de la matière : solide, liquide et gazeux. L'exemple le plus familier de ces trois états est l'eau. L'eau peut en effet passer de l'état de glace à celui d'eau liquide ou à celui de vapeur.

DÉFINITION

Un **état de la matière** correspond à une certaine organisation des particules qui constituent la matière (atomes ou molécules). Les trois états de la matière ont chacun leurs propriétés.

État solide

À l'état solide, la matière possède généralement une forme définie. Les particules qui la composent sont solidement liées les unes aux autres.

État liquide

À l'état liquide, la matière prend la forme du contenant dans lequel elle se trouve. Les particules qui la composent sont moins solidement liées entre elles que celles d'un solide.

État gazeux

À l'état gazeux, la matière occupe tout le volume du contenant dans lequel elle se trouve. Les particules qui la composent ne sont pas liées entre elles. De plus, les particules sont très éloignées les unes des autres et bougent dans tous les sens.

Un gaz est-il toujours invisible ?

En général, les gaz sont invisibles parce qu'ils sont composés de particules très espacées les unes des autres. La lumière les traverse donc facilement. Par contre, une épaisse couche de gaz est souvent visible. Ainsi, vue de l'espace, l'atmosphère terrestre cesse d'être transparente et devient bleue.

Les trois états de l'eau

Reprenons l'exemple des trois états de l'eau. Observons la forme que prend cette substance dans chaque état.

On emploie aussi le mot «phase» pour désigner un état de la matière.

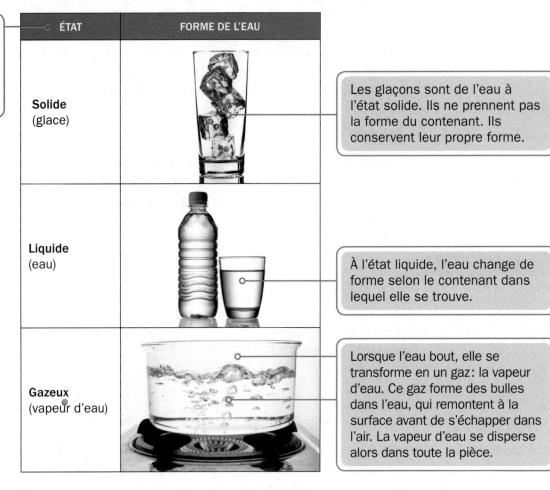

ÉTAT	FORME DE L'EAU
Solide (glace)	Les glaçons sont de l'eau à l'état solide. Ils ne prennent pas la forme du contenant. Ils conservent leur propre forme.
Liquide (eau)	À l'état liquide, l'eau change de forme selon le contenant dans lequel elle se trouve.
Gazeux (vapeur d'eau)	Lorsque l'eau bout, elle se transforme en un gaz: la vapeur d'eau. Ce gaz forme des bulles dans l'eau, qui remontent à la surface avant de s'échapper dans l'air. La vapeur d'eau se disperse alors dans toute la pièce.

Comme le montre ce tableau, la même substance, l'eau, peut exister sous trois états: l'état solide (la glace), l'état liquide (l'eau) et l'état gazeux (la vapeur d'eau). La forme de la matière dépend de l'état dans lequel elle se trouve.

L'EAU EXTRATERRESTRE

L'eau est présente dans l'Univers ailleurs que sur la Terre. Toutefois, notre planète est exceptionnelle parce que l'eau y est naturellement présente dans ses trois états.

- *Europe*, un satellite de la planète Jupiter, serait couverte d'une couche de glace très épaisse. Cette glace flotte peut-être sur un lit d'eau liquide.

- Les scientifiques pensent qu'il y a déjà eu de l'eau liquide sur la planète Mars. Ce qu'elle est devenue reste un mystère.

Les trois états de l'eau et les particules de matière

Voyons maintenant comment les particules d'eau se comportent lorsqu'on les place dans un contenant fermé. Les particules (atomes ou molécules) sont représentées ici par des billes bleues. En réalité, les particules sont des milliards de fois plus petites.

Le glaçon garde la même forme dans les trois contenants, car ses particules sont fortement liées les unes aux autres.

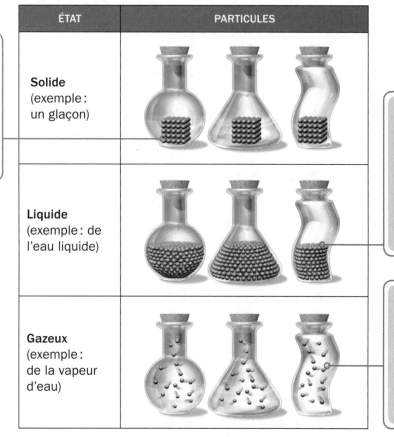

ÉTAT	PARTICULES
Solide (exemple : un glaçon)	
Liquide (exemple : de l'eau liquide)	
Gazeux (exemple : de la vapeur d'eau)	

L'eau liquide prend la forme de chacun des contenants, car ses particules sont peu liées entre elles. Les particules peuvent glisser les unes sur les autres, comme des billes dans un sac.

La vapeur d'eau occupe tout le volume des contenants, car ses particules ne sont pas liées entre elles. S'il n'y avait pas de bouchon, des particules s'échapperaient dans l'air.

Les particules se comportent différemment selon l'état de la matière. Un solide, un liquide et un gaz ont donc des propriétés différentes.

PETITE HISTOIRE DE LA SCIENCE

L'atome

433 AV. NOTRE ÈRE GRÈCE ANTIQUE

Le philosophe grec Démocrite voyage beaucoup et possède un savoir impressionnant pour son époque. Il croit que le monde est composé de vide et de particules invisibles qu'il appelle «atomes». Selon lui, les différents atomes se distinguent par leur taille et leur forme (lisses ou rugueux, ronds ou crochus, etc.). Il faut attendre le 19e siècle avant que des scientifiques prouvent l'existence des atomes et démontrent ainsi que Démocrite avait raison.

Démocrite
(460-370 av. notre ère)

1.1.2 Qu'est-ce qu'un changement d'état?

Plusieurs substances peuvent exister à l'état solide, liquide ou gazeux. Quand la glace devient de l'eau, puis de la vapeur d'eau, on dit qu'elle change d'état. L'eau passe alors de l'état solide à l'état liquide, puis à l'état gazeux.

DÉFINITION

Un **changement d'état** est le passage d'un état (solide, liquide ou gazeux) à un autre, généralement sous l'effet d'une hausse ou d'une baisse de température. Chaque changement d'état porte un nom différent.

Fusion
Passage de l'état solide à l'état liquide (le solide fond).

Vaporisation
Passage de l'état liquide à l'état gazeux. Si le changement est rapide, on parle d'ébullition (le liquide bout). Si le changement est lent, il s'agit d'évaporation (comme des vêtements qui sèchent sur une corde à linge).

Sublimation
Passage direct de l'état solide à l'état gazeux, sans passer par l'état liquide.

Solidification
Passage de l'état liquide à l'état solide.

Condensation liquide
Passage de l'état gazeux à l'état liquide, aussi appelé «liquéfaction».

Condensation solide
Passage direct de l'état gazeux à l'état solide, sans passer par l'état liquide.

Qu'est-ce qui fait éclater le maïs?

Le maïs contient principalement de l'eau et de l'amidon (l'ingrédient principal de la farine). Lorsqu'on chauffe des grains de maïs, l'eau se transforme en vapeur et l'amidon commence à cuire. Quand la température dépasse 180 °C, la pression devient trop forte et l'enveloppe du grain éclate. L'eau s'évapore alors et l'amidon (la partie blanche) augmente rapidement de volume.

Les changements d'état de l'eau

Observons le schéma suivant. Il présente les six changements d'état de la matière en prenant l'eau comme exemple.

Les changements indiqués en **rouge** surviennent quand la température augmente. Ceux en **bleu** se produisent quand la température baisse.

Tous les changements d'état sont réversibles. Par exemple, la vaporisation est le changement inverse de la condensation liquide.

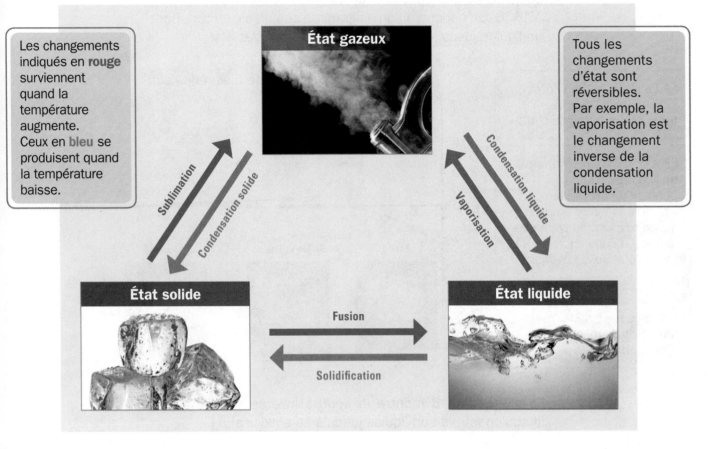

Selon la température, une substance peut passer d'un état à un autre, puis revenir à l'état précédent.

D'autres changements d'état

Le schéma qui précède illustre les changements d'état de l'eau. Cependant, plusieurs autres substances peuvent subir les mêmes changements. Observons ici quelques exemples.

Un exemple de fusion : l'or fond lorsqu'on le chauffe à 1064 °C.

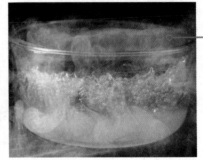

Un exemple de vaporisation : l'azote liquide se transforme en gaz à -196 °C. Il bout donc très rapidement si on le laisse à la température de la pièce (entre 20 °C et 25 °C).

La plupart des substances peuvent changer d'état.

Les diagrammes de changement d'état

Lorsqu'on augmente ou lorsqu'on diminue la température d'une substance, elle peut changer d'état. Le diagramme A montre ce qui arrive à la glace lorsque sa température passe de -6 °C à 16 °C. On obtiendrait un diagramme semblable en chauffant un liquide jusqu'à ce qu'il se transforme en gaz.

❶ La glace reste à l'état solide jusqu'à ce que sa température atteigne 0 °C.

❷ À 0 °C, la température de l'eau reste stable pendant un certain temps. La courbe montre un palier qui correspond au point de fusion. La substance est à la fois à l'état solide et liquide.

❸ Lorsque toute l'eau est devenue liquide, sa température recommence à monter.

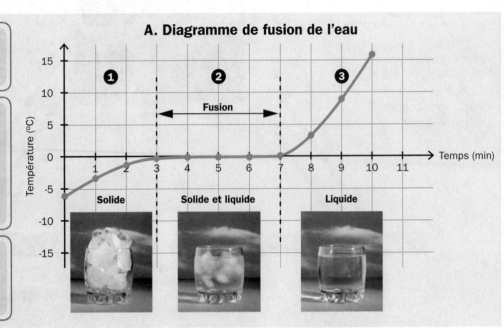

Le diagramme B montre la courbe inverse qu'on obtient lorsqu'on refroidit un liquide jusqu'à sa solidification.

Le point de fusion est la température à laquelle une substance passe de l'état solide à l'état liquide ou vice-versa.

Le point d'ébullition est la température à laquelle une substance passe de l'état liquide à l'état gazeux ou vice-versa.

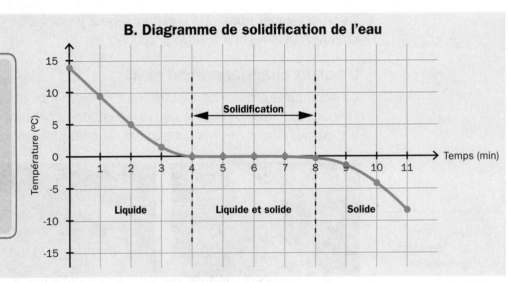

Un diagramme de changement d'état permet d'illustrer ce qui se produit lorsqu'on chauffe ou lorsqu'on refroidit une substance.

1. Nomme l'état de la matière dans lequel se trouve chacune des substances suivantes.

a) _____   b) _____   c) _____

_____   _____   _____

2. Complète le schéma en suivant les consignes.

a) Écris les six changements d'état dans les boîtes.

b) Colorie en rouge les flèches qui montrent un changement qui se produit lorsque la température augmente.

c) Colorie en bleu les flèches qui montrent un changement qui se produit lorsque la température baisse.

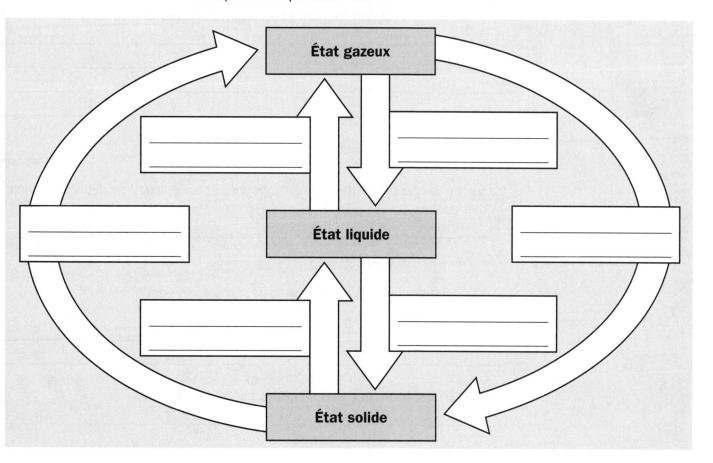

3. Relie chaque phénomène (à gauche) au changement d'état correspondant (à droite).

a) La vapeur d'eau contenue dans l'atmosphère se transforme en nuage.

•   • Solidification

b) Les tomates perdent leur eau lorsqu'elles sont placées au bord d'une fenêtre.

•   • Condensation liquid

c) La crème glacée coule si on ne la mange pas assez vite.

•   • Vaporisation

d) L'eau qui gèle dans les fissures des roches peut les faire éclater.

•   • Sublimation

e) On utilise de la glace sèche (gaz carbonique solide) pour donner l'illusion d'un écran de fumée.

•   • Condensation solide

f) Le matin, en automne, on voit parfois du givre sur la pelouse.

•   • Fusion

4. À l'aide du modèle des particules présenté à la page 7, explique pourquoi une substance liquide prend la forme du contenant dans lequel elle se trouve.

_____

_____

_____

_____

5. Vrai ou faux? Si un énoncé est faux, corrige-le.

a) La vapeur d'eau présente dans l'atmosphère provient de l'ébullition des lacs et des océans.

_____

_____

b) Les nuages se forment lorsque la vapeur d'eau se condense en fines gouttelettes.

_____

_____

c) Au printemps, toute la neige disparaît parce qu'elle fond.

_____

_____

6. Le diagramme suivant montre l'évolution de la température lors de la vaporisation d'une substance inconnue.

Diagramme de vaporisation d'une substance inconnue

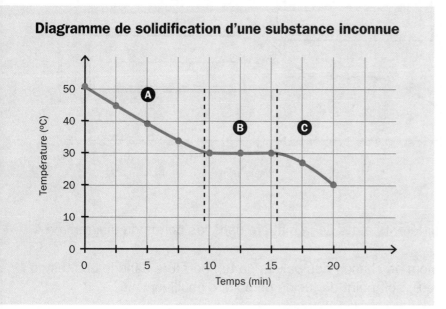

a) Indique l'état de la substance dans chacune des sections du diagramme.

Ⓐ _____

_____

Ⓑ _____

_____

Ⓒ _____

_____

b) Quel est le point d'ébullition de cette substance ?

_____

7. Observe ce diagramme, puis réponds aux questions.

Diagramme de solidification d'une substance inconnue

a) Que signifie le symbole « min » sur l'axe horizontal ?

_____

_____

_____

_____

b) Que signifie le symbole « °C » sur l'axe vertical ?

_____

_____

_____

_____

c) Quelle section correspond à la solidification ? _____

d) Quelle section correspond au moment où la substance est à la fois solide et liquide ? _____

e) Quelle section correspond au moment où la substance est entièrement solide ?

8. Voici deux diagrammes de changement d'état d'une substance inconnue.

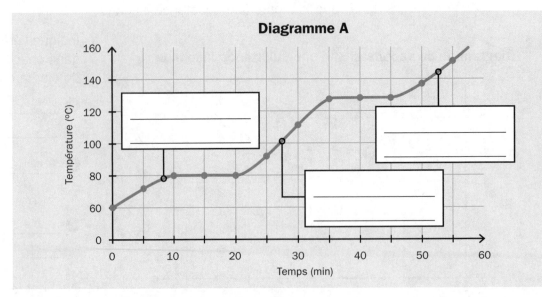

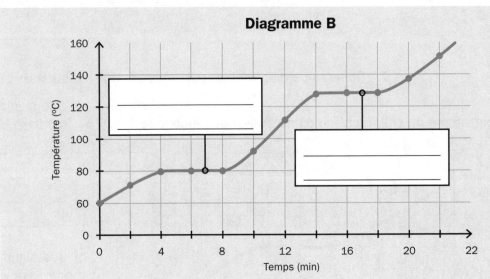

a) Écris les différents états de la matière dans les boîtes du diagramme A.

b) Inscris le nom de chacun des paliers de température dans les boîtes du diagramme B, soit point de fusion ou point d'ébullition.

c) Les diagrammes A et B sont presque identiques. Ils se rapportent à la même substance. Quelle est la différence entre les deux?

_____

_____

_____

_____

1.2 La masse

Selon la définition de la matière de la page 2, toute matière possède une masse. Dans la vie quotidienne, on ne fait pourtant pas souvent référence à la masse. Lorsqu'on dit « Je pèse 50 kg », parle-t-on d'une masse ou d'un poids ? À quoi correspond la masse exactement ?

Qu'est-ce que la matière ?, p. 2

1.2.1 Qu'est-ce que la masse ?

Il est essentiel de bien comprendre ce qu'est la masse, car c'est une propriété importante en science. Elle permet notamment de comparer des objets ou des substances.

DÉFINITION

La **masse** est une mesure de la quantité de matière que contient un objet ou une substance. La masse ne change pas d'un lieu à un autre.

Des objets de même masse

Observons un schéma montrant deux ballons posés sur une balançoire.

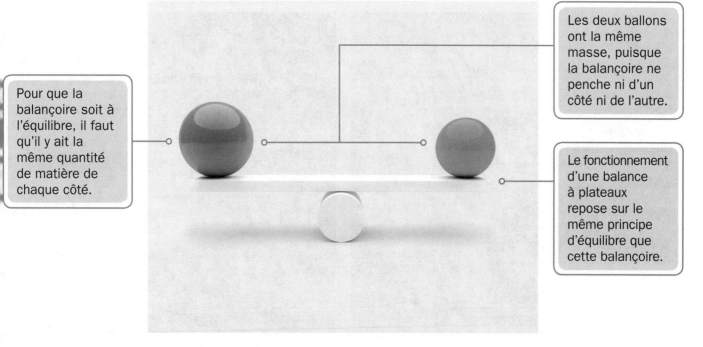

Pour que la balançoire soit à l'équilibre, il faut qu'il y ait la même quantité de matière de chaque côté.

Les deux ballons ont la même masse, puisque la balançoire ne penche ni d'un côté ni de l'autre.

Le fonctionnement d'une balance à plateaux repose sur le même principe d'équilibre que cette balançoire.

Ce schéma montre que les deux ballons ont la même masse. Ils contiennent donc la même quantité de matière.

Des objets de masses différentes

Dans l'exemple suivant, une personne doit déplacer deux caisses de mêmes dimensions.

La caisse A est plus difficile à déplacer que la caisse B. Sa masse est donc plus grande.

Les caisses A et B ont les mêmes dimensions. La personne utilise les mêmes moyens pour les déplacer.

La caisse B contient peut-être des objets légers, comme des vêtements en soie. La caisse A contient peut-être des objets lourds, comme des livres.

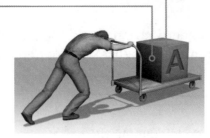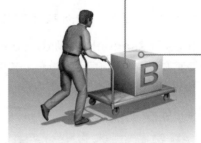

Ce schéma montre que les deux caisses ont des masses différentes. La caisse A contient une plus grande quantité de matière que la caisse B.

La masse et le poids

Qu'arrive-t-il si un objet ou une personne passe d'un lieu à un autre? Sa masse change-t-elle?

Par définition, la masse ne change pas quel que soit le lieu. La masse de l'astronaute est donc de 90 kg sur la Terre et sur la Lune.

Le poids est la force avec laquelle un objet (par exemple, la Terre ou la Lune) attire un autre objet (par exemple, un astronaute).

La force exercée par la Lune étant le sixième de celle exercée par la Terre, le poids de l'astronaute est six fois plus petit sur la Lune que sur la Terre.

Quel que soit l'endroit, la masse d'un objet ne change pas. Cependant, son poids varie selon la force d'attraction qu'il subit.

1.2.2 Quelles sont les unités de mesure de la masse?

Pour exprimer la masse, on emploie diverses unités. Par exemple, la masse d'un yogourt est exprimée en grammes et ta propre masse, en kilogrammes.

DÉFINITION

L'unité de base de la masse est le **kilogramme**. En général, les autres unités de masse se terminent aussi par «gramme».

Les unités de mesure de la masse

Nom	Valeur	Symbole
tonne	1000 kg	t
kilogramme	1000 g	kg
hectogramme	100 g	hg
décagramme	10 g	dag
gramme	1 g	g
décigramme	10^{-1} g ou 0,1 g	dg
centigramme	10^{-2} g ou 0,01 g	cg
milligramme	10^{-3} g ou 0,001 g	mg
microgramme	10^{-6} g ou 0,000 001 g	µg

Les unités les plus courantes sont indiquées en caractères gras.

La masse de quelques objets connus

Observe la masse de ces quelques objets connus afin de te faire une idée de l'ordre de grandeur des unités de masse.

Le *Titanic*
46 000 t
(46 000 000 kg)

Un éléphant adulte
3 t à 7 t

1 L d'eau
1 kg

1 L d'essence
0,74 kg

La masse d'un litre de liquide, comme l'eau et l'essence, s'exprime en kilogrammes. La masse d'un litre de gaz, tel que l'air, s'exprime généralement en grammes.

1 L d'air
1,3 g

Un moustique
1 mg à 2 mg

Un grain de sable
3 µg

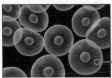

Une cellule
0,001 µg
(0,000 000 000 001 kg)

La masse d'une cellule est cent milliards de fois plus petite que celle d'un litre d'eau. On l'exprime donc en microgrammes plutôt qu'en kilogrammes.

Comme le montrent ces exemples, on doit choisir l'unité de mesure de la masse qui permet d'éviter d'avoir de trop grands nombres ou de trop petits nombres.

Comment mesurer la masse?

On mesure la masse avec une balance. Dans les cours de science et technologie, on utilise habituellement une balance à fléaux.

> Les curseurs sont munis d'un index qui indique la masse mesurée sur les graduations des fléaux.

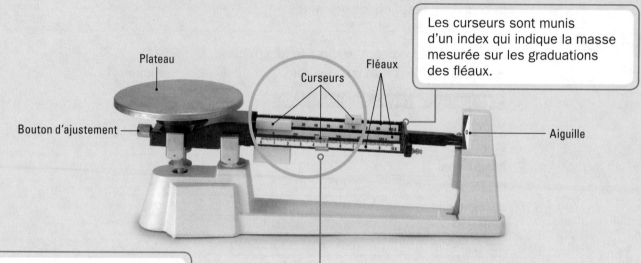

Plateau

Curseurs

Fléaux

Bouton d'ajustement

Aiguille

> La balance possède un plateau et peut avoir un, deux ou trois fléaux (ou leviers) dotés de contrepoids appelés «curseurs».

UNE MÉTHODE POUR MESURER LA MASSE

1. S'assurer que le plateau est propre.

2. Placer l'index des curseurs vis-à-vis du zéro. À l'aide du bouton d'ajustement, ajuster l'aiguille de la balance à zéro.

3. Déposer l'objet à mesurer sur le plateau. L'aiguille de la balance se déplacera vers le haut.

4. Déplacer lentement le curseur du fléau qui indique les plus grandes divisions. Quand l'aiguille de la balance redescend sous la ligne du zéro, reculer le curseur d'une division. L'aiguille devrait pointer vers le haut de nouveau.

ATTENTION: le curseur doit être exactement dans son logement! On entend un déclic quand il s'y place.

5. Déplacer le curseur du fléau intermédiaire de la même façon qu'à l'étape précédente.

6. Avancer le curseur du fléau qui indique les plus petites divisions jusqu'à ce que l'aiguille de la balance soit sur le zéro.

7. Noter les mesures données par les différents index des curseurs et les additionner.

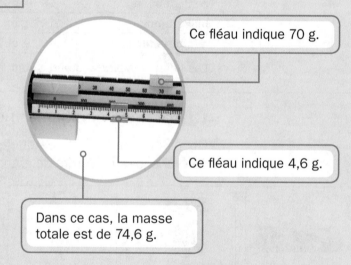

> Ce fléau indique 70 g.

> Ce fléau indique 4,6 g.

> Dans ce cas, la masse totale est de 74,6 g.

FAIRE LA TARE

Il faut «faire la tare» lorsqu'on veut mesurer la masse d'une poudre, d'un liquide ou de toute substance qui doit être placée dans un contenant.

1. Mesurer la masse du contenant vide et noter le résultat obtenu.

2. Mesurer de nouveau la masse du contenant, cette fois avec la substance.

3. Soustraire la première masse (contenant vide) de la seconde masse (contenant et substance). La différence indique la masse de la substance.

1. Indique l'unité de mesure qui convient le mieux pour donner la masse de chaque objet. Utilise les unités indiquées dans la marge.

Tonne

Kilogramme

Gramme

Milligramme

Microgramme

a) Un bijou. _____

b) Un chien. _____

c) Un crayon. _____

d) Le dosage d'un médicament. _____

e) Une mouche. _____

f) Une puce électronique. _____

g) Une voiture. _____

2. Ces deux ballons ont été remplis d'hélium. Lequel a la plus grande masse? Explique ta réponse.

_____

_____

_____

_____

_____

3. Quelle est la masse indiquée sur les fléaux de chaque balance?

a)
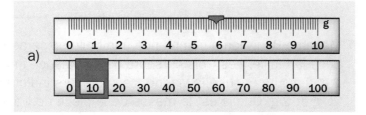
_____

b)
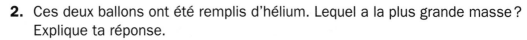
_____

c)
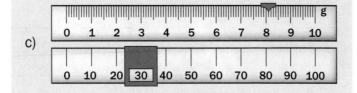
_____

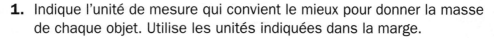

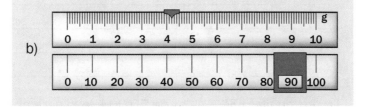

4. Kevin aide sa sœur à réaménager sa chambre. Il doit transporter trois contenants ayant la même taille : un aquarium contenant des poissons, un coffre en bois rempli de poupées et une boîte de bandes dessinées. Il voudrait commencer par le contenant le plus léger. Lequel devrait-il choisir ? Explique ta réponse.

_____

_____

_____

_____

_____

_____

5. À la boucherie Lebœuf, la viande est vendue selon sa masse en kilogrammes. Pour déterminer la masse exacte de la viande, le boucher la dépose sur une balance à trois fléaux.

a) Pour éviter de contaminer la viande, le boucher ne la dépose jamais directement sur le plateau. Il y place d'abord une grande feuille de papier ciré. Que doit-il faire pour obtenir uniquement la masse de la viande ? Explique ta réponse.

_____

_____

_____

_____

b) Madame Bouvillon a commandé une belle pièce de filet mignon. Le boucher pèse la feuille. Les trois curseurs de sa balance indiquent alors : 0 g, 0 g et 2 g. Il ajoute ensuite la viande. Les curseurs indiquent maintenant : 300 g, 20 g et 2 g. Quelle est la masse de la pièce de viande ?

_____

_____

_____

c) Le prix du filet mignon est de 50,00 $ le kilogramme. Combien coûte cette pièce de viande ?

_____

_____

_____

_____

6. Dans chaque paire, entoure l'objet qui a la plus grande masse.

a) ou

b) ou

c) ou

d) ou

7. Patricia a quatre objets et une balance à plateaux.

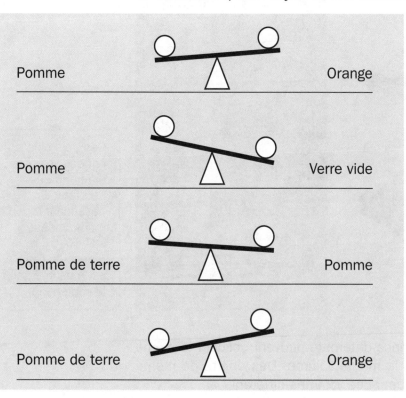

Pomme — Orange

Pomme — Verre vide

Pomme de terre — Pomme

Pomme de terre — Orange

a) Patricia place les objets deux à deux sur sa balance. Dans chaque cas ci-contre, entoure le nom de l'objet qui a la plus grande masse.

b) Parmi ces quatre objets, lequel a la plus grande masse, selon toi?

_____

c) À ton avis, lequel a la plus petite masse?

_____

1.3 Le volume

Lorsqu'on gonfle un ballon, il occupe de plus en plus d'espace. On dit que son volume augmente. Voyons de plus près ce qu'est le volume et comment on le mesure.

1.3.1 Qu'est-ce que le volume ?

Un téléphone cellulaire et un porte-monnaie ont des volumes semblables. Qu'entend-on par là ? La définition suivante répond à cette question.

DÉFINITION

Le **volume** est la mesure de l'espace à trois dimensions (longueur, largeur et hauteur) occupé par un objet ou une substance.

Le volume de quelques objets

La masse, p. 15

Observons ces divers objets.

Le téléphone cellulaire a une forme et des dimensions différentes du porte-monnaie. Si on mesure le volume de ces deux objets, on obtient 80 cm³.

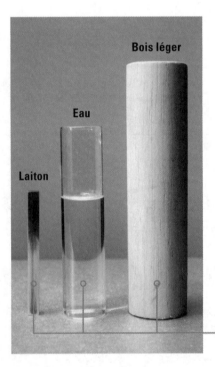

Bois léger

Eau

Laiton

Ces trois objets ont des volumes différents. Pourtant, ils possèdent la même masse, soit 10 g. (La masse de l'eau est mesurée sans le contenant.)

Des objets d'apparence différente peuvent occuper le même espace, donc avoir le même volume. Des objets de même masse peuvent occuper des volumes différents.

1.3.2 Quelles sont les unités de mesure du volume ?

Selon l'objet ou la substance, on doit choisir parmi les multiples du litre ou du mètre cube pour mesurer le volume.

DÉFINITION

L'unité de base du volume est le **mètre cube**. En général, les autres unités de volume se terminent aussi par « mètre cube ».

On utilise aussi fréquemment le litre et ses multiples, en particulier pour les liquides et les gaz.

À retenir : 1 L équivaut à 1000 cm^3 et 1 ml équivaut à 1 cm^3.

Les unités de mesure du volume

Nom	Valeur	Symbole
kilomètre cube	10^9 m^3 ou 1 000 000 000 m^3	km^3
hectomètre cube	10^6 m^3 ou 1 000 000 m^3	hm^3
décamètre cube	10^3 m^3 ou 1000 m^3	dam^3
mètre cube	1 m^3	m^3
décimètre cube	10^{-3} m^3 ou 0,001 m^3	dm^3
centimètre cube	10^{-6} m^3 ou 0,000 001 m^3	cm^3
millimètre cube	10^{-9} m^3 ou 0,000 000 001 m^3	mm^3
micromètre cube	10^{-18} m^3	μm^3

Les unités les plus courantes sont indiquées en caractères gras.

On peut voir dans ce tableau qu'il faut multiplier ou diviser par 1000 lorsqu'on passe d'une unité à la suivante.

OU

Les unités de mesure du volume (multiples du litre)

Nom	Valeur	Symbole
kilolitre	1000 L	kl
hectolitre	100 L	hl
décalitre	10 L	dal
litre	1 L	L
décilitre	10^{-1} L ou 0,1 L	dl
centilitre	10^{-2} L ou 0,01 L	cl
millilitre	10^{-3} L ou 0,001 L	ml
microlitre	10^{-6} L ou 0,000 001 L	µl

Les unités les plus courantes sont indiquées en caractères gras.

Le volume de l'eau

Observe ces différents volumes d'eau afin de te faire une idée de l'ordre de grandeur des unités de volume.

Ensemble de l'eau
sur la Terre
Environ 1400 millions de km³
ou
1 400 000 000 000 000 000 000 L

Contenu d'une
baignoire
Environ 150 L

Contenu d'une
machine à laver
60 L

Contenu d'un
verre d'eau
200 ml

Goutte d'eau
0,05 ml

Comme le montrent ces exemples, on choisit l'unité de volume qui permet d'éviter d'avoir de trop grands ou de trop petits nombres.

Comment mesurer le volume d'un liquide?

On peut mesurer le volume d'un liquide à l'aide d'un bécher gradué, d'un erlenmeyer ou d'un cylindre gradué. Parmi ces instruments, le plus précis est le cylindre gradué.

UNE MÉTHODE POUR MESURER LE VOLUME D'UN LIQUIDE

1. Vérifier la graduation d'un cylindre gradué afin de déterminer la valeur de la plus petite division.

2. Verser le liquide à mesurer dans le cylindre gradué.

3. Noter la valeur de la graduation correspondant à la partie la plus basse du ménisque.

Il y a 10 parties entre les nombres 20 et 25. La plus petite division vaut donc 0,5 ml (5 ml ÷ 10 = 0,5 ml).

La partie la plus basse du ménisque correspond au dernier trait avant 15 ml. Le volume de ce liquide est de 14,5 ml.

Dans un contenant, la surface du liquide n'est jamais parfaitement plane: elle remonte en touchant les bords. On appelle cette courbure «ménisque».

Comment mesurer le volume d'un solide?

La méthode et les instruments de mesure utilisés pour mesurer le volume d'un solide dépendent de la forme et de la taille de ce solide.

Si le solide a une forme régulière, comme un cube, un prisme ou un cylindre, on peut trouver son volume à l'aide d'une formule mathématique.

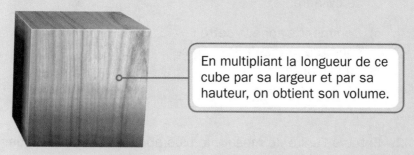

En multipliant la longueur de ce cube par sa largeur et par sa hauteur, on obtient son volume.

Si le solide a une forme irrégulière, comme une pierre, on peut alors se servir d'un cylindre gradué. Si le solide est trop gros pour entrer dans un cylindre gradué, on peut utiliser un vase de trop-plein.

UNE MÉTHODE POUR MESURER LE VOLUME D'UN SOLIDE AVEC UN CYLINDRE GRADUÉ

1. Mettre de l'eau dans le cylindre gradué et noter le volume.

2. Placer le solide dans le cylindre et noter de nouveau le volume de l'eau.

3. Trouver la différence entre les deux mesures obtenues.

UNE MÉTHODE POUR MESURER LE VOLUME D'UN SOLIDE AVEC UN VASE DE TROP-PLEIN

1. Mettre de l'eau dans le vase de trop-plein jusqu'à la hauteur du déversoir.

2. Placer un cylindre gradué ou un bécher gradué sous le déversoir.

3. Placer le solide dans le vase de trop-plein.

4. Noter le volume de l'eau déversée dans le cylindre ou le bécher.

Le volume du solide correspond au volume de l'eau qui s'est déversée dans le bécher.

Ⓐ Ⓑ

L'ajout du solide a fait monter le niveau de l'eau dans le cylindre. La différence entre les deux niveaux correspond au volume du solide.

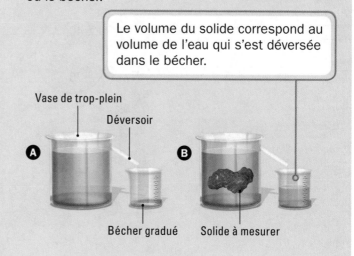

Vase de trop-plein

Déversoir

Ⓐ Ⓑ

Bécher gradué   Solide à mesurer

1. Pour lire le volume d'un liquide dans un bécher ou un cylindre gradué, tu dois tenir compte de la courbure formée à la surface du liquide.

   a) Entoure la flèche qui est correctement placée pour lire le volume du liquide dans ce cylindre.

   b) Comment s'appelle cette courbure formée à la surface du liquide ?

   _____

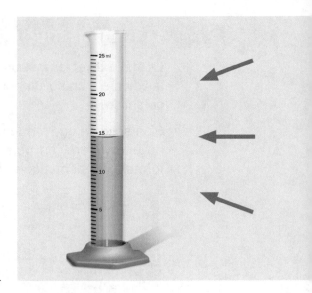

2. Entoure l'unité de mesure la plus appropriée pour indiquer le volume de chaque objet.

   Exemple : Un sac-poubelle peut contenir jusqu'à (50 L ou 50 ml).

   a) Un crayon occupe un espace de (20 cm^3 ou 20 ml).

   b) Une canette peut contenir (1 L ou 355 ml) de jus.

   c) Un sac à dos a une capacité de (1 m^3 ou 30 L).

   d) Une case de vestiaire possède un volume de (0,39 m^3 ou 2 m^3).

   e) Les poumons peuvent contenir environ (3,5 L ou 1 m^3) d'air.

3. Indique le volume du liquide dans chaque cylindre.

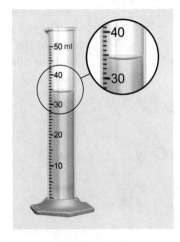 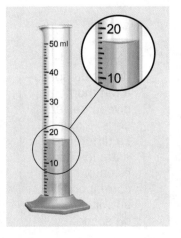 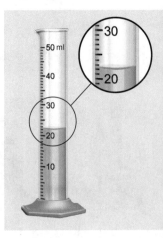

   a) _____   b) _____   c) _____

4. Indique l'unité de mesure la plus appropriée pour donner le volume de chaque objet. Au besoin, utilise le tableau des unités de mesure du volume de la page 23.

a) Le Soleil. _____

b) Un bol de soupe. _____

c) Une mouche. _____

d) Un réservoir d'essence. _____

e) Un ballon de soccer. _____

f) Une dose de vaccin. _____

5. Indique la méthode la plus appropriée pour mesurer le volume dans chaque cas.

a) Une roche d'environ 5 cm de diamètre.

_____

_____

b) Une bille d'environ 1 cm de diamètre.

_____

_____

c) Un cube en bois.

_____

_____

6. a) Est-il plus facile de déplacer une boîte contenant 1 kg de plumes ou une boîte contenant 1 kg de fer? Explique ta réponse.

_____

_____

_____

_____

b) Est-il plus facile de déplacer une boîte contenant 1 L de plumes ou une boîte contenant 1 L de fer? Explique ta réponse.

_____

_____

_____

_____

1.4 La température

La température est un sujet de conversation quotidien au Québec. C'est parce qu'elle change souvent d'une journée à l'autre. En été, par exemple, elle peut passer de 19 degrés Celsius à 30 degrés Celsius en quelques heures. Il est important de savoir s'il fait chaud ou froid pour décider quels vêtements porter et pour choisir ses activités. À 19 °C, c'est un peu frais pour la baignade, mais c'est parfait pour une excursion à pied !

1.4.1 Qu'est-ce que la température ?

Dans la vie de tous les jours, la température correspond à un nombre de degrés. Que signifie ce nombre ?

> **DÉFINITION**
>
> La **température** est la mesure du degré d'agitation des particules d'une substance solide, liquide ou gazeuse. On exprime généralement la température en degrés Celsius (°C).

Un liquide à des températures différentes

📑 *Qu'est-ce qu'un état de la matière ?, p. 5*

Le thé de ce verre et celui de cette tasse ne sont pas à la même température. Voyons ce qui arrive aux particules d'eau dans les deux cas.

Particules d'eau

Particules d'eau

Les particules d'eau sont représentées par des billes. Plus il y a de petits traits autour des billes, plus elles bougent vite.

Thé glacé 4 °C

Thé chaud 80 °C

Les particules d'eau bougent plus vite dans la tasse de thé chaud. Leur agitation est plus grande que dans le verre.

Les particules de matière peuvent bouger plus ou moins rapidement. Lorsqu'on chauffe une substance, le degré d'agitation de ses particules augmente. Plus la température de la substance est élevée, plus les particules bougent vite.

1.4.2 Qu'est-ce que la dilatation thermique?

Le volume d'un ballon placé au soleil augmente graduellement, parfois au point de le faire éclater. Comment expliquer cela?

La **dilatation thermique** est l'augmentation de volume d'une substance solide, liquide ou gazeuse provoquée par une élévation de la température. Cette dilatation survient parce que, plus les particules sont agitées, plus elles occupent d'espace.

La dilatation thermique d'un liquide

Les thermomètres à liquide mesurent la température grâce à la dilatation thermique.

Le réservoir du thermomètre contient un liquide. Il s'agit, le plus souvent, d'alcool coloré en rouge ou de mercure.

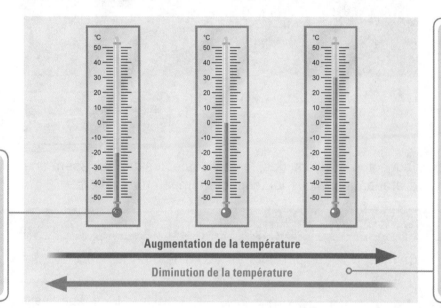

Augmentation de la température

Diminution de la température

Lorsque la température augmente, le liquide se dilate : il prend de plus en plus de place et monte dans le tube.

Lorsque la température diminue, le liquide se contracte : il prend de moins en moins de place et descend dans le tube.

Comme le montre cet exemple, le volume d'un liquide peut augmenter ou diminuer sous l'effet de la température.

PETITE HISTOIRE DE LA SCIENCE

L'échelle de température Celsius   1742 SUÈDE

Ce n'est pas pour ses travaux en astronomie que le Suédois Anders Celsius est aujourd'hui célèbre. C'est plutôt pour l'échelle de température qu'il conçoit en 1742. Pour ce faire, il se sert des points de fusion et d'ébullition de l'eau. Il divise la différence entre ces deux températures en 100 parties égales, ce qui donne 100 degrés. Il appelle son échelle « centigrade » (ce qui signifie « cent pas »). Aujourd'hui, cette échelle porte officiellement son nom.

Anders Celsius (1701-1744)

La dilatation thermique d'un solide et d'un gaz

Voyons maintenant la dilatation thermique dans le cas d'un solide (le matériau du pont) et d'un gaz (l'air).

Les matériaux se dilatent en été et se contractent en hiver. Les joints de dilatation permettent d'éviter que les matériaux des ponts et des viaducs se fissurent ou se brisent sous l'effet des variations de température.

Pour faire voler une montgolfière, il faut chauffer l'air contenu dans le ballon, par exemple à l'aide d'un brûleur au propane.

Une fois chauffé, l'air du ballon contient moins de particules et est donc plus léger que l'air de l'atmosphère.

Plus l'air est chaud, plus ses particules sont agitées et éloignées les unes des autres.

Tout comme les liquides, les solides et les gaz subissent une dilatation thermique lorsque leur température s'élève.

Comment mesurer la température?

On mesure la température à l'aide d'un thermomètre.

UNE MÉTHODE POUR MESURER LA TEMPÉRATURE

1. Vérifier la graduation du thermomètre afin de déterminer la valeur de la plus petite division.

2. Placer le réservoir du thermomètre en contact avec l'objet à mesurer ou le plonger dans le liquide à mesurer. Dans le cas d'un liquide, s'assurer que le thermomètre ne touche pas le contenant, mais uniquement le liquide.

3. Attendre que la hauteur du liquide du thermomètre se stabilise.

4. Noter la valeur de la graduation correspondant à la hauteur du liquide du thermomètre.

Il y a 5 parties entre les nombres 60 et 70. La plus petite division vaut donc 2 °C (10 °C ÷ 5 = 2 °C).

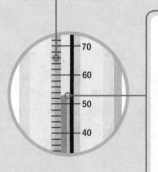

Le liquide du thermomètre se trouve entre la première et la deuxième division après 50. Ce thermomètre indique 53 °C.

1. Cinq sphères de métal remplies d'hélium sont déposées sur une table.

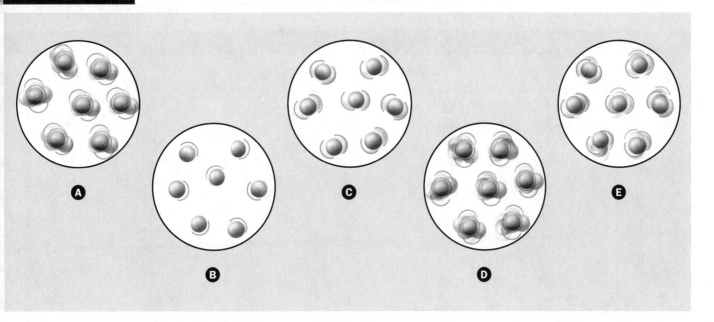

a) Classe les sphères par ordre croissant selon le degré d'agitation des particules d'hélium qu'elles contiennent.

_____

b) Laquelle de ces sphères est la plus chaude ?

_____

c) Laquelle est la plus froide ?

_____

d) Explique le lien entre l'agitation des particules et la température.

_____

_____

_____

e) Si l'extérieur des cinq sphères était en baudruche (comme les ballons d'anniversaire) plutôt qu'en métal, auraient-elles encore toutes le même volume ? Explique ta réponse.

_____

_____

_____

_____

_____

_____

2. Indique la température maximale (le jour) et minimale (la nuit) au cours d'une semaine d'octobre. Tous les thermomètres sont gradués en degrés Celsius.

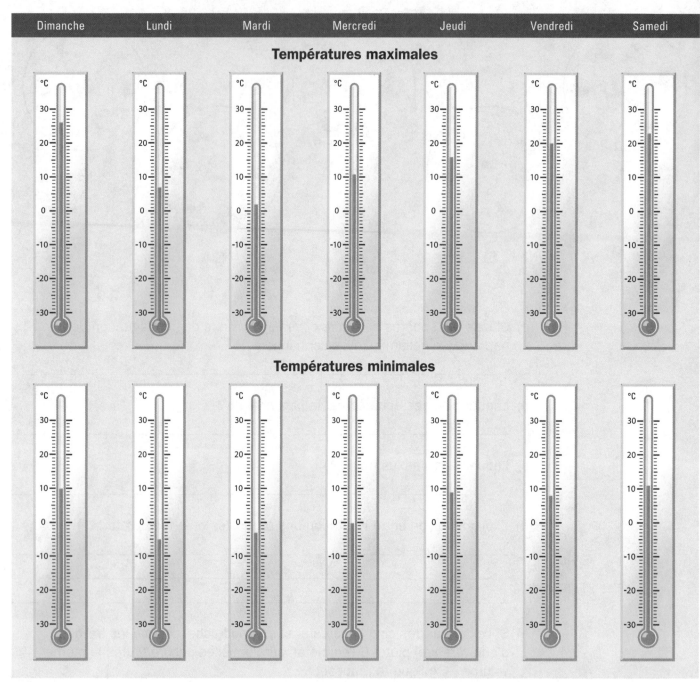

	DIMANCHE	LUNDI	MARDI	MERCREDI	JEUDI	VENDREDI	SAMEDI
Maximum (jour)							
Minimum (nuit)							

3. Écris la température indiquée par les thermomètres suivants.

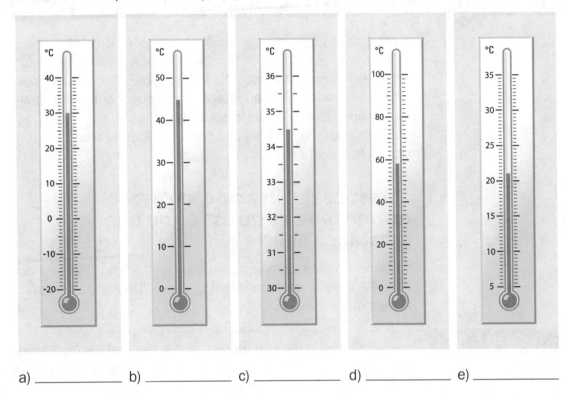

a) _____ b) _____ c) _____ d) _____ e) _____

4. Léa et Mathis ont chacun un verre de jus avec des glaçons. Léa brasse son jus avec une cuillère. Mathis le laisse reposer sur la table. Dans quel verre les glaçons fondront-ils le plus vite ? Explique ta réponse.

_____

_____

_____

_____

_____

5. Béatrice doit assembler les deux pièces illustrées ci-contre. Malheureusement, le diamètre du trou de la clé est plus petit que le diamètre du cylindre de 0,5 mm. Selon toi, que pourrait faire Béatrice pour réussir à insérer le cylindre dans la clé ?

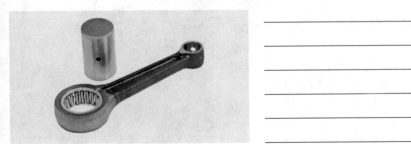

_____

_____

_____

_____

_____

_____

1.5 L'acidité et la basicité

T'est-il déjà arrivé de goûter à un citron et de t'exclamer : «Mmm, quel bon citron»? Probablement pas. Ce fruit fait plutôt grimacer, tellement il est acide. À l'opposé des substances acides se trouvent les substances basiques, comme le pain de savon que tu utilises pour te laver les mains. D'autres substances, comme le sel, ne sont ni acides ni basiques : on dit qu'elles sont neutres.

1.5.1 Qu'est-ce qu'un acide, qu'est-ce qu'une base et qu'est-ce qu'une substance neutre?

Comment savoir si une substance est acide, basique ou neutre? Voyons les principales caractéristiques de ces trois types de substances.

DÉFINITION

Les acides sont des substances opposées aux bases. Lorsqu'on les mélange, les acides et les bases se neutralisent, c'est-à-dire qu'ils se transforment en substances neutres.

Acides

Un **acide** est une substance :

- dont le pH est inférieur à 7 (voir l'échelle de la page 36);
- qui a un goût aigre, piquant (comme le citron);
- qui réagit avec les métaux;
- qui rougit le papier de tournesol.

Bases

Une **base** est une substance :

- dont le pH est supérieur à 7;
- qui a un goût amer, rude (comme le bicarbonate de sodium);
- qui est visqueuse au toucher (comme le savon);
- qui ne réagit pas avec les métaux;
- qui bleuit le papier de tournesol.

Substances neutres

Une **substance neutre** :

- a un pH de 7;
- n'a aucun effet sur le papier de tournesol.

Qu'est-ce que la vitamine C?

En fait, la vitamine C est un acide : l'acide ascorbique. Son nom lui vient de sa capacité à guérir le scorbut, une maladie autrefois courante chez les marins. Cette maladie a disparu lorsqu'on a compris l'importance d'inclure des aliments frais dans les rations des matelots. En effet, la plupart des fruits et des légumes contiennent de la vitamine C, en particulier les agrumes, le kiwi, le persil, le poivron et le chou.

Trois substances et le papier de tournesol

Voyons comment les trois substances suivantes réagissent en présence de papier de tournesol.

Lorsqu'on trempe un papier de tournesol bleu dans du jus de citron, il devient rouge.

Si on emploie un papier de tournesol rouge avec du citron, il reste rouge. Le citron est acide.

Lorsqu'on trempe un papier de tournesol bleu dans du savon, il reste bleu.

Si on emploie un papier de tournesol rouge avec du savon, il prend une teinte bleue. Le savon est basique.

Lorsqu'on trempe un papier de tournesol rouge ou bleu dans de l'eau salée, il ne change pas de couleur. Le sel est neutre.

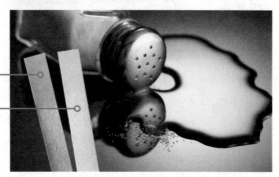

Par leur réaction avec le papier de tournesol, on peut savoir que le citron est acide, que le savon est basique et que le sel est neutre.

Pourquoi dit-on qu'il y a des pluies acides?

La pluie normale est légèrement acide. Son pH est de 5,6. On parle de pluies acides lorsque leur pH est inférieur à 5. Les pluies deviennent acides lorsqu'elles contiennent des polluants qui réagissent avec l'eau de l'atmosphère pour former de l'acide sulfurique ou de l'acide nitrique. Ces polluants peuvent provenir des industries régionales ou être transportés sur de grandes distances par les vents. Ils sont très dommageables pour l'environnement.

L'échelle de pH

Le pH est une mesure de l'acidité ou de la basicité d'une substance (voir la page 34). Voyons de quoi il s'agit.

La valeur du pH est représentée par une échelle graduée de 0 à 14.

Les acides ont un pH inférieur à 7. Plus une solution est acide, plus son pH est petit.

Les bases ont un pH supérieur à 7. Plus une solution est basique, plus son pH est grand.

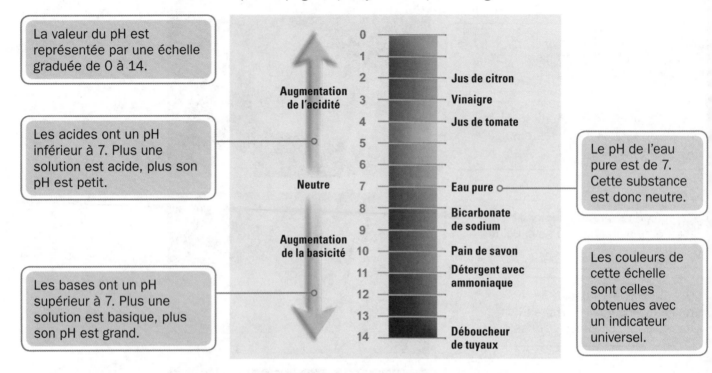

Augmentation de l'acidité

Neutre

Augmentation de la basicité

0	
1	
2	Jus de citron
3	Vinaigre
4	Jus de tomate
5	
6	
7	Eau pure
8	Bicarbonate de sodium
9	
10	Pain de savon
11	Détergent avec ammoniaque
12	
13	
14	Déboucheur de tuyaux

Le pH de l'eau pure est de 7. Cette substance est donc neutre.

Les couleurs de cette échelle sont celles obtenues avec un indicateur universel.

Le pH indique le degré d'acidité ou de basicité d'une substance.

Comment mesurer le pH?

On peut mesurer le pH d'un liquide à l'aide de papier pH, d'indicateurs ou d'un appareil appelé «pH-mètre». On peut aussi mesurer le pH d'un solide avec ces méthodes, si on arrive à dissoudre une partie de ce solide dans l'eau.

UNE MÉTHODE AVEC UN INDICATEUR UNIVERSEL

1. Verser une petite quantité du liquide dont on veut mesurer le pH dans un contenant.

2. Ajouter quelques gouttes d'indicateur universel.

3. Comparer la couleur obtenue avec l'échelle fournie (voir l'échelle ci-dessus, par exemple).

UNE MÉTHODE AVEC LE PAPIER PH

1. Tremper une bandelette de papier pH dans le liquide.

2. Comparer la couleur obtenue avec l'échelle qui figure sur l'emballage du papier.

Cette bandelette indique un pH de 3, soit une substance acide.

1. Indique si chacune des substances suivantes est acide, basique ou neutre.

   a) L'eau salée ne réagit pas avec le papier de tournesol. _____

   b) Le sang a un goût amer. _____

   c) Le jus de pomme verte rougit le papier de tournesol. _____

   d) La pluie normale a un pH de 5,6. _____

   e) Le lave-glace bleuit le papier de tournesol. _____

2. Classe les liquides suivants par ordre croissant d'acidité.

Café	5,0	Eau distillée	7,0
Eau de Javel	12,5	Jus d'orange	3,5

   _____

3. Certains aliments, comme les endives ou les choux de Bruxelles, ont un goût amer. Les livres de recettes proposent souvent de les cuisiner avec des tomates, du vinaigre ou du jus de citron. Explique pourquoi.

   _____

   _____

   _____

   _____

   _____

4. Jade cherche à classer différentes substances dans ses armoires. Elle aimerait séparer les acides et les bases. Comment pourrait-elle distinguer ces deux sortes de substances?

   _____

   _____

   _____

   _____

   _____

5. Le pH du jardin de l'école est trop acide pour y faire pousser des légumes. Pour régler le problème, les élèves jardiniers peuvent utiliser une des deux substances suivantes: du marc de café récupéré (pH de 5) ou de la chaux achetée chez le pépiniériste (pH de 11). Que devraient-ils choisir? Explique ta réponse.

   _____

   _____

   _____

6. Voici une liste d'aliments et de produits qu'on trouve souvent dans nos maisons.

ALIMENT OU PRODUIT	pH
Acide pour batterie	1,0
Ananas	3,2
Beurre d'arachide	6,3
Bicarbonate de sodium	8,4
Boisson gazeuse	2,0
Café	5,0
Crabe en conserve	7,0
Débouche-tuyaux	14,0
Eau de Javel	12,0

ALIMENT OU PRODUIT	pH
Eau de pluie	5,6
Eau de source	7,8
Eau pure	7,0
Jus de citron	2,6
Ketchup	3,9
Lait	6,8
Lait de magnésie	10,5
Œuf dur	7,5
Pâte dentifrice	8,0

ALIMENT OU PRODUIT	pH
Poulet	6,6
Raisin bleu	2,8
Raisin vert	3,7
Sang humain	7,4
Sauce à spaghetti	4,3
Savon à lessive	10,0
Sel de table	7,0
Sucre	6,0
Vinaigre	2,0

a) Nomme trois produits parmi cette liste qui sont basiques.

_____

_____

_____

b) Quel résultat obtiendrais-tu si tu trempais du papier de tournesol rouge dans un des produits précédents?

_____

c) Nomme trois produits dans cette liste qui sont acides.

_____

_____

_____

d) Quel résultat obtiendrais-tu si tu trempais du papier de tournesol bleu dans un des produits précédents?

_____

e) Nomme trois produits de la liste qui sont neutres.

_____

f) Quel résultat obtiendrais-tu si tu trempais du papier de tournesol bleu ou rouge dans un des produits précédents?

_____

g) Selon toi, avec quel produit de la liste pourrais-tu neutraliser l'acidité de la sauce à spaghetti?

_____

1.6 Les propriétés caractéristiques

Tu as soif et tu vois deux bouteilles contenant un liquide incolore sur le comptoir de la cuisine. Lorsque tu ouvres la première bouteille, une odeur aigre parvient à tes narines : c'est du vinaigre! Le liquide de l'autre bouteille ne sent rien. Il semble que ce soit de l'eau. Après vérification, tu obtiens la confirmation qu'il s'agit bien d'eau. Tu peux donc boire le contenu de la seconde bouteille. L'odeur du vinaigre, une de ses propriétés caractéristiques, t'a évité des ennuis.

1.6.1 Qu'est-ce qu'une propriété caractéristique ?

Qu'est-ce qu'une propriété ?, p. 4

À la page 4 de cet ouvrage, on indique que la masse, le volume, la forme, la couleur, la dureté, la température et l'élasticité sont toutes des propriétés de la matière. Le mot «caractéristique» désigne ce qui constitue un trait distinctif de quelque chose. Qu'entend-on alors par l'expression «propriété caractéristique»?

DÉFINITION

Une **propriété caractéristique** est une propriété qui permet d'identifier une substance ou un groupe de substances.

Le tableau suivant présente quelques-unes des nombreuses propriétés caractéristiques des substances.

Quelques propriétés caractéristiques

Propriété	Description
Point de fusion (ou de solidification)	Température à laquelle une substance passe de l'état solide à l'état liquide ou vice-versa.
Point d'ébullition (ou de condensation)	Température à laquelle une substance passe de l'état liquide à l'état gazeux ou vice-versa.
Solubilité	Capacité de se dissoudre dans une autre substance.
pH	Mesure du degré d'acidité ou de basicité.
Masse volumique	Masse par unité de volume. Cette propriété permet de comparer la masse de différentes substances pour un même volume.
Dureté	Capacité de résister à l'abrasion, à la rayure.
Conductibilité électrique	Capacité de conduire l'électricité.
Conductibilité thermique	Capacité de transmettre la chaleur.

La plupart de ces propriétés ont été vues au primaire ou le seront au cours de ton apprentissage en science.

Des propriétés caractéristiques et des propriétés non caractéristiques

Observe ces trois blocs de mêmes dimensions. Ils sont formés de substances différentes. Pour identifier ces substances, il faut se servir de leurs propriétés caractéristiques.

Des propriétés non caractéristiques

Le volume n'est pas une propriété caractéristique. Le fait qu'ils mesurent 3 cm³ ou 15 cm³ ne permet pas de savoir si ces blocs sont en fer, en bois ou en verre.

La masse n'est pas une propriété caractéristique, car elle ne permet pas d'identifier de quelles substances les blocs sont faits.

Des propriétés caractéristiques

La « masse volumique » est une propriété caractéristique. Par exemple, 1 cm³ de fer a toujours une masse de 7,860 g, puisque la masse volumique du fer est de 7,860 g/cm³.

Si tu chauffes ces trois blocs, tu verras que chacun se transforme à une température différente des autres. Par exemple, le bois s'enflamme à 225 °C, tandis que le fer fond à 1535 °C. Le point de fusion est une propriété caractéristique des substances comme le fer.

Pour identifier une substance, il faut vérifier si elle possède une ou plusieurs propriétés caractéristiques connues. Par exemple, si un des blocs fond à 1535 °C, on saura qu'il est en fer, car c'est la seule substance qui possède ce point de fusion.

Pourquoi le diamant est-il si précieux ?

Le diamant est précieux parce qu'il est très rare. Il l'est aussi à cause de ses propriétés caractéristiques. Ainsi, le diamant est recherché pour la fabrication de bijoux, car il reflète la lumière de façon éclatante et colorée. Il est aussi utilisé pour tailler la roche ou les métaux, à cause de sa dureté. On l'emploie également pour sa neutralité chimique et sa grande conductibilité thermique.

Lire des tableaux de propriétés caractéristiques

Il existe des tableaux de référence qui regroupent les propriétés caractéristiques des substances. En voici quelques extraits. On peut également y ajouter l'échelle de pH de la page 36.

Le point de fusion de quelques substances

Substance	Point de fusion (°C)
Oxygène	-219
Alcool éthylique	-114
Mercure	-39
Eau	0
Étain	232
Bismuth	271
Plomb	327
Aluminium	660
Cuivre	1083
Fer	1535
Tungstène	3410

Certains métaux fondent à une température élevée. C'est pourquoi on utilise le cuivre, par exemple, pour fabriquer des casseroles. C'est aussi une des raisons pour lesquelles on se sert de tungstène dans les ampoules électriques classiques.

Le point d'ébullition de quelques substances

Substance	Point d'ébullition (°C)
Alcool méthylique	65
Alcool éthylique	78
Eau	100
Térébenthine	157
Éthylène glycol	197
Mercure	356
Plomb	1740
Aluminium	2467
Fer	2750

Pour refroidir le moteur d'une voiture, l'eau n'est pas un bon choix parce que son point d'ébullition est trop bas : elle s'évaporerait. On se sert plutôt d'éthylène glycol.

La masse volumique de quelques substances (à 20 °C)

Substance	Masse volumique
Bois de cèdre	0,500 g/cm^3
Bois d'érable	0,700 g/cm^3
Alcool éthylique	0,807 g/cm^3
Huile végétale	0,920 g/cm^3
Eau	1,000 g/cm^3
Eau de mer	1,030 g/cm^3
Aluminium	2,700 g/cm^3
Fer	7,860 g/cm^3
Cuivre	8,889 g/cm^3

Pour fabriquer un cerf-volant, il est préférable d'utiliser du bois de cèdre plutôt que du bois d'érable. En effet, le bois de cèdre est plus léger, comme on peut le constater à sa masse volumique plus faible.

Lire des tableaux de propriétés caractéristiques (*suite*)

On recouvre les fils électriques d'un isolant, comme le plastique ou le caoutchouc, pour éviter la formation des courts-circuits et se protéger des électrocutions.

Quelques isolants et conducteurs électriques

Isolants	Conducteurs
Bois	Aluminium
Caoutchouc	Argent
Céramique	Cuivre
Plastique	Eau salée
Porcelaine	Fer
Verre	Or

Les isolants thermiques empêchent les transferts de chaleur. On les emploie dans les maisons (laine minérale) pour se protéger du froid. On s'en sert aussi pour isoler les chauffe-eau afin d'éviter les pertes de chaleur.

Quelques isolants et conducteurs thermiques

Isolants	Conducteurs
Air	Aluminium
Bois	Cuivre
Laine minérale	Fer
Styromousse	Mercure

Les métaux sont de bons conducteurs électriques et thermiques. D'où leur emploi fréquent dans la fabrication des casseroles et des radiateurs.

Comme tu viens de le voir, pour identifier une substance, on peut consulter des tableaux de référence qui rassemblent des propriétés caractéristiques. Ces tableaux peuvent aussi aider à choisir le bon matériau de fabrication.

Qu'est-ce que «l'âge de la pierre», «l'âge du bronze» et «l'âge du fer»?

Au début de la préhistoire, il y a environ 2,5 millions d'années, les humains commencent à fabriquer des outils en pierre ou en os. C'est ce qu'on appelle «l'âge de la pierre».

Plus tard, ils découvrent que le cuivre mélangé à l'étain donne du bronze, un métal facile à fondre et à façonner. Les outils de bronze sont l'objet de nombreux échanges entre les civilisations antiques. «L'âge du bronze» a lieu il y a de 5000 ans à 3000 ans.

La fabrication d'objets en fer vient plus tard, car elle nécessite des techniques plus avancées, notamment la construction de fours pouvant atteindre plus de 1500 °C. «L'âge du fer» date d'il y a moins de 3000 ans.

1. Parmi les propriétés suivantes, surligne celles qui peuvent te permettre d'identifier une substance inconnue.

Conductibilité électrique	Forme	Point de fusion
Conductibilité thermique	Masse	Solubilité
Couleur	Masse volumique	Température
Dureté	pH	Volume

2. Relie chaque propriété caractéristique (à gauche) au groupe de substances auquel elle appartient (à droite).

a) Conducteurs d'électricité •

                       • Acides

b) Rougissent le papier de tournesol •

c) Bons isolants thermiques •

                       • Non-métaux

d) Réagissent avec des métaux •

                       • Métaux

e) Point de fusion élevé •

3. Rassemble toutes les données que tu peux trouver pour décrire les propriétés caractéristiques des substances suivantes.

SUBSTANCE	PROPRIÉTÉS CARACTÉRISTIQUES
Eau	_____ _____ _____ _____ _____
Fer	_____ _____ _____ _____ _____
Bois de cèdre	_____ _____ _____ _____ _____

4. Remplis le tableau suivant en te servant des données des pages 41 et 42.

PROPRIÉTÉ CARACTÉRISTIQUE	ALCOOL ÉTHYLIQUE	ALUMINIUM	MERCURE
Point de fusion	_____	_____	-39 °C
_____	_____	2467 °C	_____
_____	0,807 g/cm³	_____	_____
_____	Inconnue.	Conducteur.	Inconnue.
Conductibilité thermique	_____	_____	_____

5. Nomme la substance correspondant à chaque propriété caractéristique.

a) Gaz ayant un point de fusion
de -219 °C.   _____

b) Liquide à l'odeur forte dont le
point d'ébullition est de 157 °C.   _____

c) Substance non métallique
qui conduit l'électricité.   _____

d) Substance ayant un pH de 7 et une
masse volumique de 1,000 g/cm³.   _____

e) Liquide qui bout à 13 °C de moins
que l'alcool éthylique.   _____

6. Pour assurer une bonne croissance aux plantes, on leur fournit généralement
de l'engrais. Cet engrais est souvent une poudre composée de divers minéraux.
On mélange ces minéraux dans l'eau et on arrose la plante.

a) Donne une propriété caractéristique importante que doivent avoir ces minéraux.

_____

_____

b) Une fois les minéraux mélangés dans l'eau, on y trempe un papier de
tournesol rouge et il vire au bleu. Quelle conclusion peut-on tirer à propos
du pH du mélange ?

_____

_____

7. Parmi les matériaux énumérés ci-dessous, indique celui qui convient le mieux pour chaque utilisation.

Alcool éthylique	Fer
Aluminium	Mercure
Bois d'érable	Plastique
Bicarbonate de sodium	Styromousse
Eau	Tungstène

UTILISATION	MATÉRIAU
a) Contenir une tarte qui cuit au four.	
b) Fabriquer un thermomètre qui sera utilisé au pôle Nord.	
c) Transporter de la glace avec ses mains.	
d) Fabriquer une petite embarcation de pêche.	
e) Construire un pont.	
f) Transporter du fer en fusion.	
g) Diminuer l'acidité d'une sauce à spaghetti.	

8. Selon toi, pourquoi est-il avantageux d'utiliser et de recycler l'aluminium? Réponds en reliant chaque propriété caractéristique de l'aluminium (à gauche) à l'avantage qui en découle (à droite).

a) L'aluminium est un des métaux dont la masse volumique est la plus faible.

    •   • Certains câbles électriques sont en aluminium.

    • Il est moins cher à transporter que d'autres métaux.

b) C'est un conducteur électrique.

    •

c) C'est aussi un conducteur thermique.

    •   • On peut facilement le faire fondre, le refaçonner et le refroidir pour l'utiliser de nouveau.

d) Son point de fusion est assez bas.

    •   • On s'en sert pour fabriquer des chaudrons, des canettes et des rouleaux de papier aluminium.

Synthèse du chapitre 1

1. Comment sait-on qu'un ordinateur est fait de matière ?

_____

_____

_____

2. Nomme le changement d'état correspondant à chacune des descriptions suivantes.

a) Lors d'un orage, des grêlons énormes sont tombés sur la voiture. _____

b) La pastille qui était sur la table semble avoir disparu dans l'air. _____

c) La soupe a diminué de moitié sans que personne la touche. _____

d) Des gouttelettes d'eau se sont déposées sur le pare-brise de la voiture ce matin. _____

e) Le soir venu, les gouttelettes d'eau se sont transformées en givre. _____

3. Comment t'y prendrais-tu pour comparer la masse de deux objets sans utiliser une balance ?

_____

_____

_____

_____

_____

_____

4. Laquelle de ces mesures n'indique pas une masse ? Entoure-la.

A. 10 hg   B. 17 mg   C. 21 kg   D. 15 t   E. 16,1 m^3

5. Parmi les mesures suivantes, entoure celle qui n'indique pas un volume.

A. 120 hg   B. 17 ml   C. 21 mm^3 D. 158 dl   E. 1,5 m^3

6. Tu dois choisir un contenant pour refroidir rapidement du jus de pomme (pH de 3) au réfrigérateur. Tu as le choix entre trois contenants : un en verre, un en styromousse et un en aluminium. Lequel choisiras-tu ? Explique pourquoi tu choisis ou tu ne choisis pas chacun des contenants. Sers-toi des données du tableau et du pH du jus.

LA CONDUCTIBILITÉ THERMIQUE DES TROIS CONTENANTS		
VERRE	**STYROMOUSSE**	**ALUMINIUM**
Moyenne	Faible	Élevée

- _____
  _____
  _____

- _____
  _____
  _____
  _____

- _____
  _____
  _____
  _____

7. Quand l'eau bout, des bulles de gaz se forment dans le liquide et remontent à la surface. Explique ce phénomène en complétant le texte. Certaines réponses te sont données dans la marge.

Lorsqu'on chauffe un liquide, on augmente l'_____ de ses _____. En même temps, celles-ci _____ les unes des autres, ce qui provoque une _____. Lorsque la _____ atteint le _____ du liquide, celui-ci _____ et se transforme en gaz. Des bulles de gaz se forment alors dans le liquide. Les particules de gaz sont beaucoup plus éloignées les unes des autres que celles du liquide. Les bulles de gaz sont donc plus _____ que le liquide et elles remontent à la surface.

Change d'état

Légères

Particules

S'éloignent

Température

Les transformations de la matière

QU'EST-CE QU'UNE TRANSFORMATION ?

Dans ce chapitre, tu verras un type de transformation qui ne change pas la nature des substances : les mélanges.

Tu découvriras ensuite un type particulier de mélanges : les solutions.

Tu apprendras enfin différentes techniques pour séparer les constituants d'un mélange.

Les colibris, aussi appelés « oiseaux-mouches », se nourrissent du nectar des fleurs à l'aide de leur long bec effilé. Si tu veux les observer, tu n'as qu'à dissoudre du sucre blanc dans de l'eau bouillie, puis à verser ce mélange dans un abreuvoir à colibris.

Si tu examines bien la photo ci-dessous, peux-tu voir si l'eau contenue dans l'abreuvoir est sucrée ? Non, en effet. On dirait que le sucre a disparu. Pourtant, cette eau attire bel et bien le colibri, un amateur d'eau sucrée.

La transformation de l'eau bouillie et du sucre en eau sucrée est un changement physique. Cette transformation ne modifie pas la nature des substances. L'eau a toujours le même aspect. Le sucre a perdu sa forme solide et sa couleur, mais sa nature est toujours la même. Il a toujours le même goût. En fait, aucune nouvelle substance n'est produite au cours d'un changement physique.

(Tu verras l'an prochain qu'il existe aussi des changements chimiques. Ceux-ci changent la nature et les propriétés caractéristiques de la matière.)

Une **transformation** correspond soit à un changement physique soit à un changement chimique de la matière.

Un **changement physique** est une transformation qui ne change ni la nature ni les propriétés caractéristiques de la matière. Aucune nouvelle substance n'est produite au cours d'un changement physique. Un tel changement est réversible, c'est-à-dire que les substances qui le subissent peuvent revenir à leur état initial.

2.1 Les mélanges

Les mélanges font partie de ta vie de tous les jours. L'air que tu respires, le muffin aux bleuets que tu manges à l'heure de la collation et le verre de jus que tu bois pour te désaltérer sont des exemples de mélanges. En fait, la plupart des substances présentes dans la nature sont des mélanges.

2.1.1 Qu'est-ce qu'un mélange?

Il est facile de conclure qu'un muffin aux bleuets est un mélange : les bleuets sont bien visibles dans la pâte. Dans le cas d'un jus de fruits sans pulpe, c'est plus difficile, parce qu'on ne voit qu'une substance à l'œil nu. Pourtant, il s'agit bien d'un mélange d'eau, de sucre, de vitamines, etc. Voyons ce qui caractérise un mélange.

> **DÉFINITION**
>
> Un **mélange** est le résultat d'un changement physique qui consiste à associer deux ou plusieurs substances. Les propriétés d'un mélange dépendent des substances qui le composent.
>
> Un mélange peut comprendre une ou plusieurs phases. Une phase correspond à chaque constituant solide, liquide ou gazeux qu'on peut distinguer dans un mélange. Par exemple, dans un muffin aux bleuets, la pâte forme une phase solide et les bleuets forment une autre phase solide.

Des mélanges et leurs phases

Voyons quelques mélanges et les phases qui les composent.

Ce récipient contient un mélange formé de deux phases solides : une poudre composée de grains blancs et une autre composée de grains bleus.

Ce bol contient deux phases : une phase solide (les céréales) et une phase liquide (le lait).

Le lait est un mélange qui ne comporte qu'une phase liquide.

Un mélange est une association de substances qui forment une ou plusieurs phases.

2.1.2 Qu'est-ce qu'un mélange hétérogène ?

Les mélanges montrant plusieurs phases sont aussi appelés « mélanges hétérogènes ». Voyons leur cas plus en détail.

DÉFINITION	Un **mélange hétérogène** est composé de deux ou de plusieurs substances qu'on peut distinguer à l'œil nu. Un mélange hétérogène a donc plus d'une phase visible.

Des mélanges hétérogènes

Voyons des exemples de mélanges hétérogènes.

Ce morceau de granite est un mélange hétérogène. On peut différencier les substances qui le composent par leur couleur. Chaque couleur correspond à une phase solide du mélange.

Dans un mélange hétérogène, les particules des constituants (représentées ici par des billes rouges et des billes grises) ne sont pas distribuées uniformément.

Les propriétés du mélange, comme l'état, la forme ou la couleur, ne sont pas identiques d'un endroit à un autre.

Cette boisson gazeuse est un mélange hétérogène, car on y distingue une phase liquide et une phase gazeuse (les bulles de gaz carbonique).

Comme le montrent ces exemples, il est facile de conclure que les substances qui montrent plus d'une phase sont des mélanges hétérogènes.

PETITE HISTOIRE DE LA SCIENCE

La dynamite   1867 SUÈDE

Après la découverte de la nitroglycérine en 1847, le Suédois Alfred Nobel essaie de la rendre moins dangereuse en la mélangeant avec d'autres substances. Plusieurs explosions surviennent, dont une qui entraîne la mort de son frère. Finalement, en mélangeant la nitroglycérine avec de la diatomite (une roche d'origine fossile), il réussit à fabriquer un explosif plus sûr : la dynamite. À son décès, Nobel lègue sa fortune à la création des prix Nobel.

Alfred Bernhard Nobel (1833-1896)

2.1.3 Qu'est-ce qu'un mélange homogène?

Un mélange qui ne comporte qu'une phase visible est un mélange homogène.

Des mélanges homogènes

Voyons des exemples de mélanges homogènes.

Ce saxophone est en laiton, un mélange homogène de cuivre et de zinc. On ne peut pas distinguer les constituants du laiton.

Dans un mélange homogène, les particules des constituants (représentées ici par des billes bleues et des billes rouges) sont distribuées uniformément. Les propriétés du mélange sont partout identiques.

Le thé est un mélange homogène, car on ne distingue qu'une phase liquide. Pourtant, le thé est constitué de deux substances, soit de l'eau et des particules de thé dissoutes.

Il est parfois difficile de déterminer si les substances qui ne montrent qu'une phase sont des mélanges ou non. Cependant, il faut savoir qu'il existe très peu de substances pures à l'état naturel.

DES IDÉES POUR ALLER PLUS LOIN

QUELQUES FAITS SUR LES MÉLANGES

- Un mélange peut sembler homogène à l'œil nu, mais pas si on l'examine à la loupe ou au microscope. Par exemple, le lait homogénéisé paraît uniforme; pourtant, si on l'observe au microscope, on peut voir des gouttelettes de gras dispersées dans le liquide. C'est pourquoi certains scientifiques classent tous les mélanges opaques (non transparents) dans la catégorie des mélanges hétérogènes.

- Certains scientifiques ne font pas de distinction entre les mélanges homogènes et les solutions (voir la section 2.2 sur les solutions).

1. À l'aide de la définition du mot «mélange», explique pourquoi une orange est un mélange.

_____

_____

_____

_____

_____

_____

2. Maxime est allé à la mer avec ses parents. Après la baignade, il s'est fait sécher au soleil et a découvert de petits cristaux blancs au goût salé sur sa peau. Explique ce qui s'est passé.

_____

_____

_____

_____

3. Ces images montrent-elles des mélanges homogènes ou hétérogènes?

a) _____

_____

b) _____

_____

c) _____

_____

d) _____

_____

e) _____

_____

f) _____

_____

4. Pour chaque mélange de la question précédente, nomme le nombre de phases qu'on peut y observer. Indique ensuite l'état de ces phases (solide, liquide ou gazeux) en précisant l'élément du mélange, par exemple : liquide (bouillon).

NOMBRE DE PHASES	ÉTAT DES PHASES
a) _____	_____ _____
b) _____	_____ _____
c) _____	_____ _____
d) _____	_____ _____
e) _____	_____ _____
f) _____	_____ _____

5. Classe les mélanges suivants selon qu'ils forment un mélange homogène ou hétérogène.

Acier

Eau de piscine

Jus d'orange avec pulpe

Laiton

Lasagne

Salade de chou

Terre à jardin

Vin

MÉLANGE HOMOGÈNE	MÉLANGE HÉTÉROGÈNE

6. Indique si ces mélanges sont homogènes ou hétérogènes.

a) Une tisane à la menthe. _____

b) Un verre d'eau. _____

c) Un yogourt aux pêches. _____

d) La lame d'une épée en bronze. _____

e) Une pièce de deux dollars. _____

f) Une sauce à spaghetti aux tomates et au basilic. _____

g) Une voiture. _____

h) Une feuille de papier parchemin. _____

7. Une bouteille de boisson gazeuse présente un mélange différent si elle est ouverte ou fermée. Lorsqu'on ouvre la bouteille, le gaz carbonique forme des bulles qui remontent à la surface afin de s'échapper du liquide.

a) Quel type de mélange contient une bouteille de boisson gazeuse fermée?

_____

b) Quel type de mélange contient une bouteille ouverte?

_____

8. a) Lorsque plusieurs personnes nagent dans une piscine, l'eau se brouille. Explique pourquoi.

_____

_____

_____

_____

_____

b) L'eau d'une piscine au repos est très claire. S'agit-il d'un mélange? Explique ta réponse.

_____

_____

_____

_____

2.2 Les solutions

Les solutions sont des mélanges très étudiés en science. Il existe même une branche de la chimie appelée «chimie des solutions». Cette branche étudie comment les substances dissoutes, par exemple dans le sang ou dans l'eau, réagissent entre elles.

Les mélanges, p. 49

2.2.1 Qu'est-ce qu'une solution?

Tu te souviens de l'eau sucrée de l'abreuvoir à colibris? Même si tu regardes attentivement la photo de la page 48, tu ne peux pas voir si cette eau est sucrée ou non. Voilà un exemple parfait de solution.

> **DÉFINITION**
>
> Une **solution** est un mélange homogène dans lequel une ou plusieurs substances sont dissoutes dans une autre substance. Ce mélange a des propriétés nouvelles, mais la nature des substances qui le composent ne change pas.
>
> **Soluté**
>
> Dans une solution, la substance solide, liquide ou gazeuse qui est dissoute est le soluté. Le soluté est généralement la substance présente en plus petite quantité dans la solution.
>
> **Solvant**
>
> La substance solide, liquide ou gazeuse dans laquelle le soluté est dissous est le solvant. Le solvant est généralement la substance présente en plus grande quantité dans la solution.

PETITE HISTOIRE DE LA SCIENCE

L'eau de Javel

1777 PARIS

Claude Louis Berthollet, un chimiste français, découvre les propriétés décolorantes du chlore en 1775. Il met alors au point une solution de chlore capable de blanchir les tissus: l'eau de Javel. Cette solution est nommée ainsi parce que la première usine à la fabriquer est située à Javel, près de Paris. L'eau de Javel connaît rapidement du succès. En effet, auparavant, il fallait exposer les tissus au Soleil plusieurs mois pour les blanchir.

Claude Louis Berthollet (1748-1822)

Des solutions solide, liquide et gazeuse

Les solutions peuvent se présenter sous forme solide, liquide ou gazeuse, comme le montrent les photos ci-dessous.

Les éviers de cuisine sont souvent fabriqués en acier inoxydable. Ce métal est un mélange à base de fer (le solvant). Il contient également du chrome, du nickel et un peu de carbone (solutés).

Les mélanges entre un métal et d'autres substances s'appellent des «alliages». On se sert de ces solutions solides pour améliorer les propriétés de certains métaux. Ainsi, contrairement au fer, l'acier inoxydable ne rouille pas.

L'eau de mer est une solution liquide d'eau et de sel. Ce mélange présente des propriétés différentes de l'eau pure. Par exemple, le point d'ébullition de l'eau salée est plus élevé que celui de l'eau pure.

L'air est une solution gazeuse. L'azote, le gaz présent en plus grande quantité dans l'air, est le solvant. Les autres gaz contenus dans l'air, tels que l'oxygène, le gaz carbonique et la vapeur d'eau, sont les solutés.

Comme tu peux le constater, la différence entre les mélanges homogènes de la page 51 et les solutions de cette page n'est pas très grande. Retiens seulement qu'une solution contient toujours au moins une substance dissoute.

D'où vient le sel des océans?

Lorsqu'il pleut, l'eau qui ruisselle, que ce soit à la surface du sol ou de façon souterraine, dissout au passage certains sels minéraux. Ces sels sont ensuite entraînés dans les rivières, dans les fleuves et, enfin, dans les océans où ils s'accumulent. Les océans contiennent généralement de 2% à 4% de sel. La mer Morte (photo ci-contre) est une exception : elle contient près de 30% de sel. Aucune espèce animale ou végétale ne peut y survivre, d'où son nom.

2.2.2 Qu'est-ce qu'une solution aqueuse?

Les solutions ont une grande importance en science, mais aussi dans la vie de tous les jours. Elles sont utilisées en cuisine (solution d'eau et de sel pour cuire les pâtes alimentaires), dans les soins d'hygiène (désinfectant pour les mains) et pour le nettoyage (nettoyant pour les vitres). En fait, la majorité des phénomènes chimiques qui nous intéressent concernent des substances dissoutes dans l'eau.

DÉFINITION

Une **solution aqueuse** est une solution dont le solvant est l'eau.

Une solution aqueuse et ses solutés

Voyons à quoi correspond une solution aqueuse.

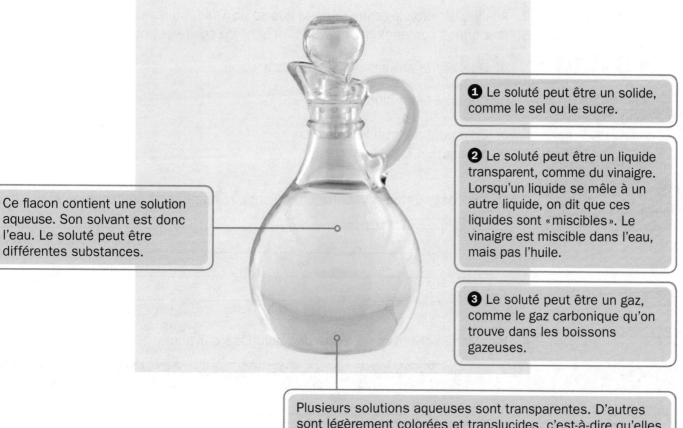

Ce flacon contient une solution aqueuse. Son solvant est donc l'eau. Le soluté peut être différentes substances.

❶ Le soluté peut être un solide, comme le sel ou le sucre.

❷ Le soluté peut être un liquide transparent, comme du vinaigre. Lorsqu'un liquide se mêle à un autre liquide, on dit que ces liquides sont «miscibles». Le vinaigre est miscible dans l'eau, mais pas l'huile.

❸ Le soluté peut être un gaz, comme le gaz carbonique qu'on trouve dans les boissons gazeuses.

Plusieurs solutions aqueuses sont transparentes. D'autres sont légèrement colorées et translucides, c'est-à-dire qu'elles laissent passer les rayons lumineux. Le thé est un exemple de solution translucide.

Les solutions aqueuses sont composées d'un solide, d'un liquide ou d'un gaz dissous dans l'eau.

1. Que suis-je?

a) Je suis la substance présente en plus
grande quantité dans une solution. _____

b) J'ai la capacité de me dissoudre
dans une solution. _____

c) Je peux dissoudre des substances. _____

d) Je suis un mélange homogène dont
le solvant est l'eau. _____

e) Je suis composé de deux ou
de plusieurs substances. _____

f) Je suis un mélange présentant
une seule phase visible. _____

2. Achille, le héros légendaire de la guerre de Troie, utilisait des armes en bronze.
Ces armes contenaient entre 80% et 90% de cuivre et entre 10% et 20% d'étain.

a) Quel est le solvant de ces armes? _____

b) Quel est leur soluté? _____

c) Comment nomme-t-on ce type
de solution? _____

3. Quelle est la différence entre un mélange homogène et une solution?

_____

_____

_____

_____

4. Indique le solvant et le soluté des solutions suivantes.

SOLUTION	SOLVANT	SOLUTÉ
a) Eau salée (eau et sel)		
b) Vinaigre (eau et acide acétique)		
c) Eau gazéifiée (eau et gaz carbonique)		
d) Alcool à 90 % (alcool et eau)		

5. Nomme au moins deux caractéristiques communes aux mélanges suivants : l'eau potable, le vinaigre, le vin et l'eau de mer.

_____

_____

_____

_____

6. a) Parmi les substances suivantes, surligne celles qui sont des solutions.

Acier	Salade de fruits
Air	Soupe au poulet et aux nouilles
Eau de source	Tisane à la menthe
Jus d'orange avec pulpe	Vinaigrette

   b) Parmi tes réponses à la question a), lesquelles correspondent à des solutions aqueuses ?

_____

7. Indique si ces substances sont miscibles. Si la réponse est non, précise pourquoi.

   a) De l'eau et de l'alcool.

_____

   b) De l'eau et de l'huile.

_____

   c) De l'eau et du vinaigre.

_____

   d) Du sucre et de l'eau.

_____

8. Laurie veut repeindre sa chambre à coucher. Au magasin, elle constate qu'il existe des peintures à l'eau et des peintures à l'huile. Selon toi, quelle est la différence entre ces deux sortes de peinture ?

_____

_____

_____

_____

2.3 La séparation des mélanges

Il arrive souvent qu'on veuille récupérer les substances présentes dans un mélange. Par exemple, une fois la cuisson des pâtes alimentaires terminée, on sépare les pâtes de l'eau de cuisson à l'aide d'une passoire. Un autre exemple : pour récupérer le sucre contenu dans la sève de l'érable, on fait bouillir la sève pour que l'eau s'évapore.

Les mélanges, p. 49

Les solutions, p. 55

2.3.1 Quelles sont les techniques de séparation des mélanges ?

Séparer les constituants d'un mélange peut sembler complexe. Pourtant, il existe des techniques adaptées aux divers types de mélanges. Le tableau suivant en présente les principales.

LES PRINCIPALES TECHNIQUES DE SÉPARATION DES MÉLANGES		
DÉCANTATION	PRINCIPE	USAGES
	La **décantation** permet de séparer les constituants d'un mélange hétérogène grâce à l'action de la gravité. Cette séparation peut être plus ou moins lente selon les constituants (solides, liquides) présents dans le mélange. Lorsqu'on observe une séparation nette entre les différentes phases du mélange, on transverse doucement le liquide dans un autre récipient.	• Séparer les constituants solides des constituants liquides. • Séparer deux constituants liquides non miscibles (comme l'eau et l'huile).
CENTRIFUGATION	PRINCIPE	USAGES
	La **centrifugation** repose sur le même principe que la décantation, sauf que le mélange est placé dans un appareil qui tourne à grande vitesse : une « centrifugeuse ». Comme le mélange tourne très vite, la séparation des constituants est beaucoup plus rapide que lors d'une décantation. Lorsque les constituants du mélange sont séparés, on procède comme pour la décantation : on transverse doucement le liquide dans un autre récipient.	• Séparer les constituants solides des constituants liquides. • Séparer deux constituants liquides non miscibles. • Séparer les constituants plus rapidement que par décantation ou par filtration.

TAMISAGE	PRINCIPE	USAGES
	Le **tamisage** consiste à faire passer un mélange à travers un tamis dont les trous ont une taille déterminée. (Un tamis est un instrument formé d'un grillage généralement en métal ou en plastique.) Cette technique permet de séparer les constituants solides selon leur taille.	• Séparer les constituants des mélanges qui présentent une ou des phases solides : on sépare ainsi les plus grosses particules des plus fines.

FILTRATION	PRINCIPE	USAGES
	La **filtration** consiste à faire passer un mélange à travers un filtre (souvent en papier ou en tissu). Le filtre retient les constituants solides et laisse passer les constituants liquides. Le filtre est choisi selon la taille des particules solides à retenir.	• Séparer les constituants solides des constituants liquides.

ÉVAPORATION	PRINCIPE	USAGES
	L'**évaporation** consiste à laisser le constituant liquide d'un mélange s'évaporer à la température ambiante. On récupère ensuite le solide.	• Récupérer le constituant solide d'un mélange hétérogène ou le soluté solide d'une solution. • Éviter de détériorer le constituant solide en chauffant le mélange.

DISTILLATION	PRINCIPE	USAGES
	La **distillation** consiste à chauffer un mélange jusqu'à ébullition, afin de récupérer les gaz produits. On refroidit ensuite ces gaz dans un tube réfrigérant ou dans la glace pour les liquéfier.	• Séparer les solutés des solvants dans les solutions liquides. • Récupérer les différents liquides des mélanges liquides.

Comment décanter un mélange?

Ces méthodes permettent de séparer les constituants d'un mélange hétérogène contenant au moins un liquide.

UNE MÉTHODE POUR DÉCANTER UN MÉLANGE SOLIDE-LIQUIDE

1. Verser le mélange dans un contenant transparent. Un contenant étroit, comme un cylindre gradué, facilite l'opération.

2. Laisser reposer le mélange jusqu'à ce qu'on puisse observer une séparation nette entre la partie liquide et la partie solide.

3. Transvider délicatement le liquide dans un autre récipient en évitant de brouiller le mélange.

4. Si nécessaire, assécher le solide par évaporation.

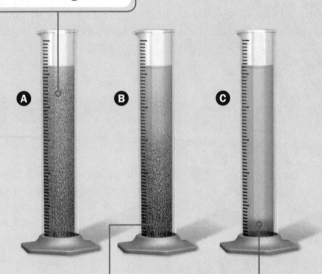

Au départ, le solide et le liquide sont mélangés.

Après quelque temps, les deux constituants commencent à se séparer sous l'effet de la gravité.

Après plusieurs minutes ou plusieurs heures, on voit nettement une séparation entre le solide et le liquide.

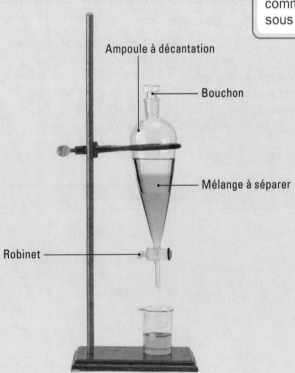

Ampoule à décantation

Bouchon

Mélange à séparer

Robinet

UNE MÉTHODE POUR DÉCANTER UN MÉLANGE DE PLUSIEURS LIQUIDES

1. Verser le mélange dans une ampoule à décantation.

2. Laisser reposer le mélange jusqu'à ce qu'on puisse observer une séparation nette entre les différents liquides.

3. Enlever le bouchon de l'ampoule afin que les liquides s'écoulent librement.

4. Ouvrir le robinet de l'ampoule et laisser passer les liquides un à un. Recueillir chaque liquide dans un contenant différent.

Comment tamiser un mélange?

Cette méthode permet de séparer les constituants solides d'un mélange hétérogène selon leur taille.

UNE MÉTHODE POUR TAMISER UN MÉLANGE

1. Choisir un ou plusieurs tamis selon la taille de chacun des solides à séparer.

2. Verser le mélange à séparer dans le tamis ayant les plus gros trous.

3. Agiter doucement le tamis au-dessus d'un contenant afin de faire tomber toutes les particules plus petites que les trous du tamis.

4. Refaire l'étape précédente avec chacun des autres tamis, en utilisant chaque fois des trous de plus en plus petits.

> Ce tamis retiendra des particules plus petites que le tamis de gauche, mais plus grosses que les trous.

> Ce tamis retiendra toutes les particules plus grosses que les trous.

A

B

On peut aussi employer un tamis pour séparer les constituants d'un mélange liquide contenant de grosses particules solides.

Comment enlève-t-on l'encre lorsqu'on fabrique du papier recyclé?

Pour enlever l'encre du papier, on procède en plusieurs étapes. D'abord, on ajoute de l'eau au papier pour en faire une pâte. Puis, on ajoute des produits qui séparent l'encre du papier. On injecte alors des bulles d'air pour amener l'encre à former une mousse qui flotte au-dessus de la pâte. Il reste ensuite à retirer cette mousse noire. Pour finir, on peut ou non ajouter des produits blanchissants à la pâte.

Comment filtrer un mélange?

Cette méthode permet de séparer les constituants d'un mélange hétérogène solide-liquide.

UNE MÉTHODE POUR FILTRER UN MÉLANGE

1. Choisir le papier-filtre le plus approprié. Un filtre grossier laissera couler le liquide plus rapidement, mais peut aussi laisser passer quelques particules de solide. Un filtre fin laissera couler le liquide plus lentement, mais retiendra davantage les particules solides.

Filtre grossier (gros plan)   Filtre fin (gros plan)

2. Plier le papier-filtre de façon à former un cône (voir les étapes A à D ci-contre). L'insérer dans un entonnoir et le mouiller un peu pour qu'il colle à l'entonnoir.

3. Placer l'entonnoir dans le goulot d'un erlenmeyer ou d'un bécher. S'assurer que le bout de l'entonnoir ne touche pas le fond de l'erlenmeyer ou du bécher et ne trempe pas dans le liquide filtré. Au besoin, utiliser un support à entonnoir ou un anneau de support.

4. Verser doucement le mélange à séparer dans l'entonnoir. Attendre le temps nécessaire pour qu'il ne reste que le solide dans le papier-filtre.

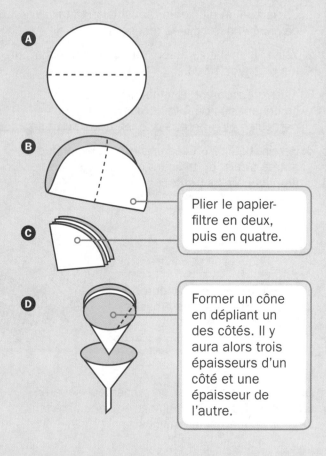

Plier le papier-filtre en deux, puis en quatre.

Former un cône en dépliant un des côtés. Il y aura alors trois épaisseurs d'un côté et une épaisseur de l'autre.

Pourquoi l'eau et l'huile ne se mélangent-elles pas?

Les particules d'huile ont la propriété de repousser l'eau. Si on secoue vigoureusement un mélange d'eau et d'huile, l'huile formera des gouttelettes qui remonteront peu à peu à la surface. Le savon, par contre, peut lier les particules d'eau et d'huile, ce qui permet à ces dernières d'être entraînées avec l'eau lors du rinçage.

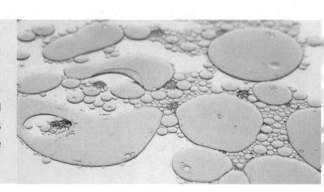

Comment distiller un mélange ?

Cette méthode permet de recueillir un liquide contenu dans un mélange hétérogène ou homogène.

UNE MÉTHODE POUR DISTILLER UN MÉLANGE

1. Verser le mélange à séparer dans un récipient tel qu'un erlenmeyer, un ballon ou une éprouvette.

2. Placer le récipient sur une plaque chauffante.

3. Mettre un bouchon troué dans l'ouverture du récipient.

4. Insérer un tube de verre coudé dans le trou du bouchon. Relier le tube de verre à un tube de caoutchouc.

5. Placer une éprouvette dans un bécher rempli de glace. Insérer l'extrémité libre du tube en caoutchouc dans l'éprouvette.

6. Chauffer doucement.

7. Lorsque le liquide commence à bouillir, surveiller l'éprouvette. Cesser de chauffer lorsque l'accumulation de liquide dans l'éprouvette diminue ou cesse.

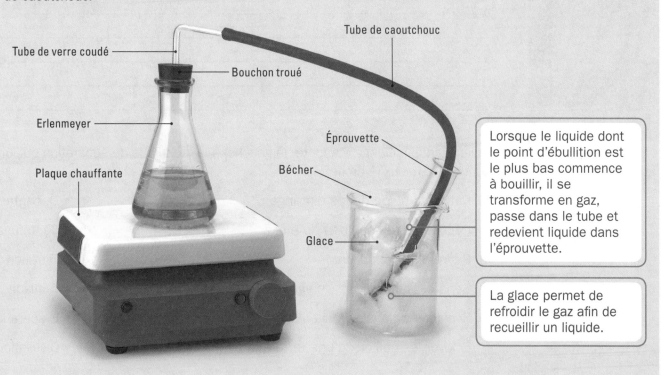

Tube de verre coudé

Bouchon troué

Tube de caoutchouc

Erlenmeyer

Éprouvette

Bécher

Plaque chauffante

Glace

> Lorsque le liquide dont le point d'ébullition est le plus bas commence à bouillir, il se transforme en gaz, passe dans le tube et redevient liquide dans l'éprouvette.

> La glace permet de refroidir le gaz afin de recueillir un liquide.

Comment sépare-t-on les constituants du pétrole ?

Le pétrole est un mélange de plusieurs combustibles. Pour séparer ces substances, on chauffe habituellement le pétrole dans une tour de distillation. Chaque constituant ayant sa propre température d'ébullition, on retire les vapeurs à différentes hauteurs de la tour afin de les isoler et de les refroidir. Les constituants les plus légers sont le gaz naturel et l'essence, puis viennent le kérosène et le mazout. Enfin, parmi les produits les plus lourds, on compte le goudron et le bitume.

1. Nomme le type de mélange (hétérogène ou homogène) qui se prête le mieux à chaque technique de séparation.

   a) Décantation _____

   b) Filtration _____

   c) Distillation _____

   d) Centrifugation _____

2. William veut séparer la phase solide et la phase liquide d'un jus de pomme frais par décantation. Il attend depuis une heure et le résultat est peu concluant. Quelle technique plus rapide aurait-il pu utiliser? Explique ta réponse.

   _____

   _____

   _____

   _____

   _____

   _____

3. Relie chaque mélange à séparer (à gauche) à la technique de séparation qui lui convient le mieux (à droite).

   a) Retirer la pulpe du jus d'orange.   •   • Décantation

   b) Récolter le sel de l'eau de mer.   •   • Centrifugation

   c) Retirer l'alcool du vin.   •   • Filtration

   d) Séparer l'huile d'une vinaigrette.   •   • Tamisage

   e) Séparer les globules rouges du sang.   •   • Évaporation

   f) Enlever les cailloux d'une terre à jardin. •   • Distillation

4. Replace en ordre les étapes de la méthode de séparation suivante.

   A. Choisir un ou plusieurs tamis selon la taille de chacun des solides à séparer.

   B. Agiter doucement le tamis au-dessus d'un contenant afin de faire tomber toutes les particules plus petites que les trous du tamis.

   C. Verser le mélange à séparer dans le tamis ayant les plus gros trous.

   D. Refaire l'étape précédente avec chacun des autres tamis, en utilisant chaque fois des trous de plus en plus petits.

   _____

5. Nomme la méthode la plus appropriée pour séparer et conserver les constituants des mélanges suivants.

a) Récupérer les phases liquides des mélanges hétérogènes. _____

b) Séparer les solutés des solvants dans des solutions liquides. _____

c) Récupérer le constituant solide d'un mélange hétérogène ou le soluté solide d'une solution. _____

d) Séparer les constituants le plus rapidement possible. _____

e) Séparer les constituants solides des constituants liquides dans les mélanges hétérogènes. _____

f) Séparer des mélanges hétérogènes qui ont plusieurs phases solides. _____

6. Alison a perdu une de ses boucles d'oreille dans le jardin. Elle décide de prélever une mince couche de terre pour la retrouver. La terre est très humide. Comment Alison pourrait-elle s'y prendre pour récupérer sa boucle d'oreille?

_____

_____

_____

_____

_____

_____

7. Une recette de dessert exige l'utilisation de sucre d'orange. Il s'agit de la partie solide du jus d'orange. Propose une méthode pour fabriquer du sucre d'orange à partir d'une orange entière.

_____

_____

_____

_____

_____

_____

_____

Synthèse du chapitre 2

1. En arts plastiques, lorsqu'on fait de la peinture, on garde souvent près de soi un pot rempli d'eau pour nettoyer ses pinceaux.

   a) Quel type de mélange contient ce pot après une séance de peinture? _____

   b) Quel est le rôle de l'eau dans ce mélange? _____

   c) Quel est celui de la peinture? _____

2. Complète le texte à l'aide des mots dans la marge.

Décantation
Évaporation
Hétérogène
Homogène
Liquide
Papier-filtre
Solides
Soluté
Tamis

Tu verses le contenu d'une boîte de soupe au poulet et aux nouilles dans un bécher de 1000 ml. Lorsque tu laisses ce mélange _____ au repos, la majorité des particules _____ descendent progressivement au fond du bécher: c'est une _____. Si tu utilises un _____ ou un _____, la séparation des parties solides de la partie _____ devient plus rapide. Une fois les particules solides retirées, tu peux faire une autre décantation pour retirer l'huile et obtenir un mélange _____. Pour recueillir le _____, tu dois faire une _____.

3. Mathieu doit séparer les composants d'un mélange de trois substances: de l'eau, du sulfate de cuivre et de l'huile. Le sulfate de cuivre est une poudre bleue qui se dissout dans l'eau. Remplis le tableau suivant pour décrire la procédure que Mathieu doit utiliser.

TECHNIQUE	PROCÉDURE	COMPOSANTS À SÉPARER
Première étape: _____		
Deuxième étape: _____		

4. Nomme la meilleure méthode pour séparer et conserver les constituants des mélanges suivants.

a) 255 billes de différentes tailles. _____

b) De l'huile et du vinaigre. _____

c) De l'eau sucrée. _____

d) Du sang. _____

e) Des pêches en conserve. _____

5. Voici la liste des ingrédients, en ordre de quantité, de quelques produits courants. Observe chaque étiquette, puis remplis le tableau.

Jus de pomme: eau, sucre, jus de pomme concentré, acide malique, arômes naturels et artificiels, colorant et vitamine C.

Vinaigrette: eau, vinaigre balsamique, huile de soya, huile de canola, sucre, sel, ail séché, huile d'olive, épices, agents de conservation, colorant, moutarde, persil séché.

Ketchup: tomates, sucre, vinaigre blanc, sel, oignon en poudre et épices.

PRODUIT	TYPE DE MÉLANGE (HÉTÉROGÈNE OU HOMOGÈNE)	SOLVANT (DANS LE CAS D'UNE SOLUTION)	DEUX SOLUTÉS (DANS LE CAS D'UNE SOLUTION)	NOMBRE DE PHASES
Jus de pomme				
Vinaigrette				
Ketchup				

L'univers vivant

Un être naît, grandit, se reproduit, vieillit et meurt. Mais pour les biologistes, ces différentes étapes ne suffisent pas à définir la vie. Selon eux, la vie est d'une telle diversité qu'il faut la voir comme un échange constant d'énergie et de matière entre les êtres vivants et leur milieu. Alors, comment déterminer ce qui est vivant ? Que font les êtres vivants que les objets ne font pas ?

La section de cet ouvrage qui porte sur l'univers vivant t'amènera à mieux saisir la définition suivante de la vie.

La vie, c'est un échange constant d'énergie et de matière entre les êtres vivants et leur milieu.

Un être vivant est composé d'au moins une cellule. Il peut se reproduire et il peut s'adapter à son milieu.

La diversité de la vie

QU'EST-CE QUE L'ÉCOLOGIE ?

Dans ce chapitre, tu verras ce qu'est une espèce et les catégories dans lesquelles on classe les êtres vivants.

Tu découvriras également les notions de population, d'habitat et de niche écologique.

Puis, tu apprendras comment les espèces s'adaptent à leur milieu, ce qui provoque leur évolution sur une longue période de temps.

En général, le renard roux réside à l'abri dans les forêts tempérées. Il se nourrit à la bordure des forêts. Il mange surtout de petits mammifères (souris, lièvres), mais aussi des insectes, des poissons et des fruits. Il s'adapte à des milieux très différents et modifie son alimentation selon le mois de l'année. Les renardeaux sont parfois victimes de prédateurs, comme le loup ou le lynx.

Comme dans le cas du renard roux, les êtres vivants dépendent du milieu dans lequel ils vivent et des autres êtres vivants qui habitent ce milieu. Les écologistes se penchent sur ces relations entre les êtres vivants et leur milieu. Ils s'intéressent aussi aux façons qu'ont les êtres vivants de s'adapter à leur environnement sur une certaine période de temps. L'écologie est ainsi fortement liée à d'autres branches de la biologie, dont les sciences de l'évolution.

> **L'écologie** est la science qui a pour objet l'étude des relations des êtres vivants entre eux et avec le milieu dans lequel ils vivent.

3.1 L'espèce

Tu as déjà entendu dire qu'il existe des millions d'espèces d'êtres vivants sur la Terre. Certaines espèces sont en voie de disparition. Certaines sont envahissantes et prennent la place d'autres espèces. Mais sais-tu vraiment ce qu'est une espèce ?

3.1.1 Qu'est-ce qu'une espèce ?

Qu'ont en commun des êtres vivants comme le chat angora et le chat siamois qui font partie de la même espèce ? Des animaux très ressemblants tels que le chien et le loup sont-ils de la même espèce ? Et qu'en est-il de végétaux comme l'érable à sucre et l'érable rouge ?

DÉFINITION

Une **espèce** regroupe des êtres vivants (animaux, végétaux, etc.) qui ont des caractéristiques semblables. Trois critères permettent de déterminer que deux êtres vivants sont de la même espèce.

Critère 1

En général, ils se ressemblent physiquement (couleur, longueur, masse, forme, etc.).

Critère 2

Ils peuvent se reproduire entre eux, c'est-à-dire produire des descendants semblables à eux et viables (qui pourront survivre).

Critère 3

Ils donnent naissance à des descendants féconds (qui pourront, eux aussi, se reproduire).

PETITE HISTOIRE DE LA SCIENCE

Le concept d'espèce   1686 ANGLETERRE

John Ray, un naturaliste anglais, est le premier à utiliser le mot « espèce » dans le sens scientifique. Pour lui, une espèce rassemble des êtres vivants dont les caractéristiques se perpétuent d'une génération à l'autre. Pour arriver à cette conclusion, il se fonde sur l'étude de 18 600 espèces de plantes.

John Ray (1627-1705)

Deux écureuils de la même espèce

Prenons l'exemple de deux animaux qui sont de la même espèce : l'écureuil noir et l'écureuil gris. Observons ce qui caractérise ces deux animaux qui vivent au Québec.

L'écureuil noir et l'écureuil gris ont une apparence semblable, sauf pour ce qui est de la couleur de leur pelage.

À l'âge adulte, l'écureuil noir et l'écureuil gris sont de même taille et de même masse.

L'écureuil noir et l'écureuil gris vivent tous les deux de 6 ans à 10 ans.

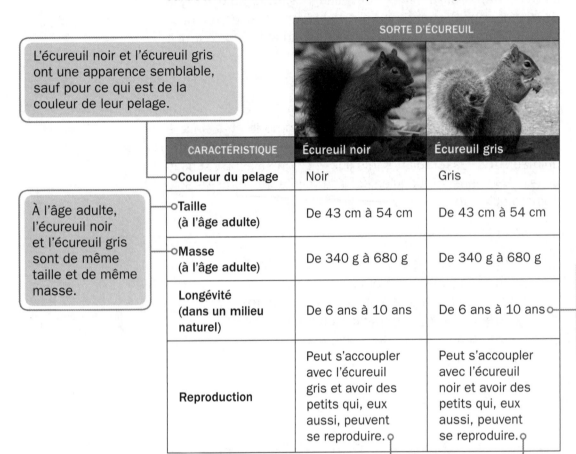

	SORTE D'ÉCUREUIL	
CARACTÉRISTIQUE	Écureuil noir	Écureuil gris
Couleur du pelage	Noir	Gris
Taille (à l'âge adulte)	De 43 cm à 54 cm	De 43 cm à 54 cm
Masse (à l'âge adulte)	De 340 g à 680 g	De 340 g à 680 g
Longévité (dans un milieu naturel)	De 6 ans à 10 ans	De 6 ans à 10 ans
Reproduction	Peut s'accoupler avec l'écureuil gris et avoir des petits qui, eux aussi, peuvent se reproduire.	Peut s'accoupler avec l'écureuil noir et avoir des petits qui, eux aussi, peuvent se reproduire.

L'écureuil noir et l'écureuil gris peuvent donner naissance à des descendants viables et féconds.

Parce qu'ils ont des caractéristiques communes, qu'ils peuvent se reproduire entre eux et que leurs descendants sont féconds, l'écureuil noir et l'écureuil gris font partie de la même espèce.

Le chat domestique d'aujourd'hui est-il de la même espèce que le chat vénéré dans l'Égypte ancienne ?

Le chat était un animal sacré dans l'Égypte ancienne. Pendant longtemps, il a représenté l'incarnation de la déesse Bastet, symbole de la fertilité et de la maternité. On a retrouvé des millions de chats momifiés dans des tombeaux en Égypte. Des analyses d'ADN ont montré que ces chats étaient proches des chats domestiques actuels, mais qu'ils étaient distincts des espèces de chats sauvages de la région égyptienne.

Des écureuils qui ne sont pas de la même espèce

L'écureuil roux est une autre sorte d'écureuil qui vit au Québec. Comparons-le avec l'écureuil noir et l'écureuil gris pour montrer qu'il n'appartient pas à la même espèce.

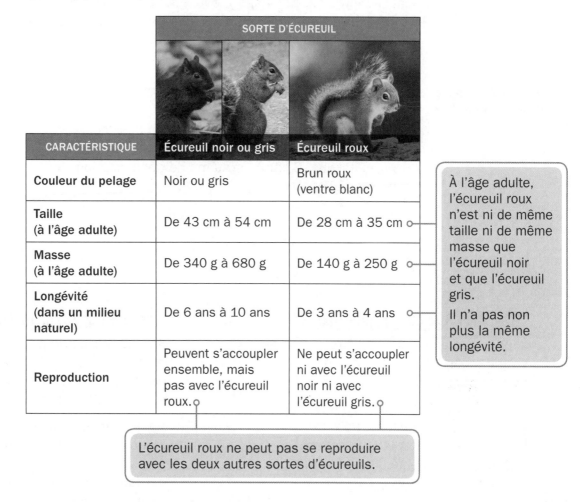

CARACTÉRISTIQUE	Écureuil noir ou gris	Écureuil roux
Couleur du pelage	Noir ou gris	Brun roux (ventre blanc)
Taille (à l'âge adulte)	De 43 cm à 54 cm	De 28 cm à 35 cm
Masse (à l'âge adulte)	De 340 g à 680 g	De 140 g à 250 g
Longévité (dans un milieu naturel)	De 6 ans à 10 ans	De 3 ans à 4 ans
Reproduction	Peuvent s'accoupler ensemble, mais pas avec l'écureuil roux.	Ne peut s'accoupler ni avec l'écureuil noir ni avec l'écureuil gris.

À l'âge adulte, l'écureuil roux n'est ni de même taille ni de même masse que l'écureuil noir et que l'écureuil gris.

Il n'a pas non plus la même longévité.

L'écureuil roux ne peut pas se reproduire avec les deux autres sortes d'écureuils.

L'écureuil roux possède des caractéristiques différentes de celles de l'écureuil noir et de l'écureuil gris. De plus, il ne peut pas se reproduire avec ces écureuils. Nous pouvons donc conclure que l'écureuil roux est d'une espèce différente.

Que se passe-t-il dans la tête d'un chien de berger lorsqu'il garde des moutons ?

Si un chien de berger est élevé avec des moutons, il apprend à vivre en société avec les moutons comme s'ils étaient des chiens. Il fait ainsi partie du troupeau. Les chercheurs croient que le chien de berger traite les moutons comme s'il s'agissait d'individus de son espèce.

3.1.2 Qu'est-ce que la nomenclature binominale?

La taxonomie, p. 82

Les noms «écureuil noir», «écureuil gris» et «écureuil roux» sont employés dans le langage courant. Pour bien différencier les espèces, et ce, dans toutes les langues, les scientifiques ont adopté la nomenclature binominale.

DÉFINITION

La **nomenclature binominale** sert à désigner une espèce à l'aide de deux mots latins écrits en italique. C'est un système de dénomination international.

Premier mot de la nomenclature

Il indique le genre auquel l'être vivant appartient. Ce mot prend une majuscule.

Un genre est un groupe d'espèces étroitement apparentées. Par exemple, le chien et le loup ont un fort degré de parenté. Ils font partie du même genre (*Canis*).

Deuxième mot de la nomenclature

Il vient qualifier le premier mot et préciser l'espèce. Pour désigner une espèce, il faut unir le nom du genre et ce deuxième mot qui le qualifie.

Par exemple, en latin, *lupus* signifie «loup» et *familiaris* signifie «familier». Ainsi, le nom scientifique du loup est *Canis lupus* et celui du chien est *Canis familiaris*.

PETITE HISTOIRE DE LA SCIENCE

La nomenclature binominale   1758 SUÈDE

Passionné des plantes, Carl Linné est surnommé «le petit botaniste» par ses camarades de classe dès l'âge de huit ans. La nomenclature binominale nous vient de ce naturaliste suédois. Carl Linné choisit le latin pour nommer les espèces, car c'est la langue que tous les savants du monde comprennent au 18e siècle. C'est Linné qui donne à l'espèce humaine le nom *Homo sapiens*, ce qui signifie «homme sage».

Carl Linné (1707-1778)

Le nom scientifique des trois écureuils

Reprenons l'exemple des trois écureuils du Québec et voyons comment les scientifiques les ont nommés.

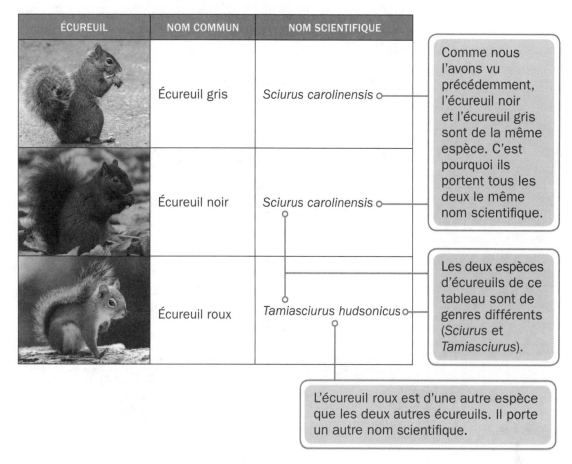

ÉCUREUIL	NOM COMMUN	NOM SCIENTIFIQUE
	Écureuil gris	*Sciurus carolinensis*
	Écureuil noir	*Sciurus carolinensis*
	Écureuil roux	*Tamiasciurus hudsonicus*

Comme nous l'avons vu précédemment, l'écureuil noir et l'écureuil gris sont de la même espèce. C'est pourquoi ils portent tous les deux le même nom scientifique.

Les deux espèces d'écureuils de ce tableau sont de genres différents (*Sciurus* et *Tamiasciurus*).

L'écureuil roux est d'une autre espèce que les deux autres écureuils. Il porte un autre nom scientifique.

En observant le tableau qui précède, nous pouvons conclure que l'écureuil roux n'est ni du même genre ni de la même espèce que les écureuils gris et noir. L'emploi de la nomenclature binominale est donc un bon outil pour déterminer si des êtres vivants font partie de la même espèce.

Un zèbre et une jument peuvent-ils se reproduire entre eux?

Le zèbre (*Equus burchelli*) et la jument (*Equus caballus*) peuvent s'accoupler ensemble et avoir des petits, car ils sont fortement apparentés. Ils appartiennent en effet au même genre. Toutefois, comme leurs parents ne sont pas de la même espèce, les petits (appelés des «zébrules» ou des «zorses») sont stériles, autrement dit, ils ne peuvent pas avoir de descendants. Jusqu'à présent, toutes les tentatives pour accoupler un zèbre femelle avec un cheval mâle semblent avoir échoué.

La nomenclature binominale et les végétaux

Jusqu'à maintenant, nous avons vu des exemples d'espèces animales. Toutefois, le concept d'espèce et la nomenclature binominale s'appliquent à tous les êtres vivants, y compris aux végétaux. Nous allons à présent observer un exemple d'espèces végétales.

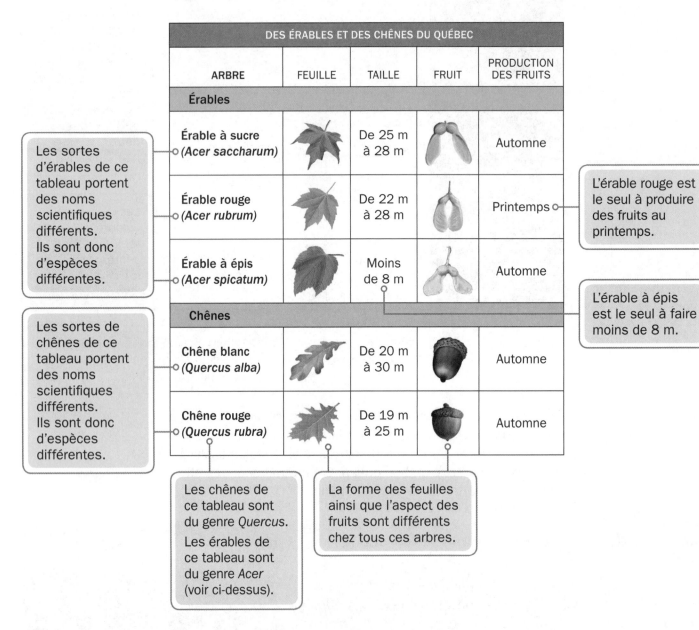

DES ÉRABLES ET DES CHÊNES DU QUÉBEC				
ARBRE	FEUILLE	TAILLE	FRUIT	PRODUCTION DES FRUITS
Érables				
Érable à sucre (*Acer saccharum*)		De 25 m à 28 m		Automne
Érable rouge (*Acer rubrum*)		De 22 m à 28 m		Printemps
Érable à épis (*Acer spicatum*)		Moins de 8 m		Automne
Chênes				
Chêne blanc (*Quercus alba*)		De 20 m à 30 m		Automne
Chêne rouge (*Quercus rubra*)		De 19 m à 25 m		Automne

Les sortes d'érables de ce tableau portent des noms scientifiques différents. Ils sont donc d'espèces différentes.

Les sortes de chênes de ce tableau portent des noms scientifiques différents. Ils sont donc d'espèces différentes.

L'érable rouge est le seul à produire des fruits au printemps.

L'érable à épis est le seul à faire moins de 8 m.

Les chênes de ce tableau sont du genre *Quercus*. Les érables de ce tableau sont du genre *Acer* (voir ci-dessus).

La forme des feuilles ainsi que l'aspect des fruits sont différents chez tous ces arbres.

Les cinq sortes d'arbres de ce tableau ont des caractéristiques différentes et portent des noms scientifiques différents. Il y a donc cinq espèces dans ce tableau : trois espèces d'érables et deux espèces de chênes. Pour arriver à nommer ces arbres, les scientifiques ont d'abord dû observer leurs diverses caractéristiques.

LES LIMITES DE LA DÉFINITION D'UNE ESPÈCE

Le concept biologique de l'espèce possède certaines limites. Que fait-on pour déterminer si des espèces fossiles, des bactéries ou des plantes «peuvent se reproduire entre elles»? C'est pour cette raison que d'autres définitions de l'espèce sont aussi utilisées par les scientifiques. Par exemple, pour définir une espèce, on peut se baser sur des caractéristiques physiques distinctives, sur l'étude de l'ADN ou sur la niche écologique (rôle d'un être vivant dans son milieu).

LE NOMBRE D'ESPÈCES CONNUES SUR TERRE

Selon les chercheurs, il y aurait plusieurs millions d'espèces sur Terre. Cependant, seul un petit nombre de ces espèces est connu, comme le montre le diagramme qui suit.

Le nombre d'espèces sur Terre

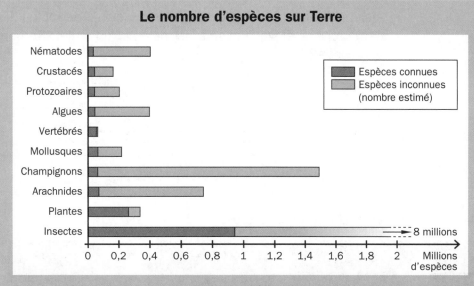

Source : WCMC, *Global biodiversity assessment*, Chapman & Hall, 1992.

QUELQUES DONNÉES SUR LES ESPÈCES DU QUÉBEC

- Au total, il y a environ 9000 espèces de plantes, d'algues et de champignons connues au Québec.

- Il y a environ 650 espèces d'animaux vertébrés (mammifères, oiseaux, poissons, amphibiens et reptiles).

- Il y a des milliers d'espèces d'invertébrés, dont environ 30 000 insectes.

- Certaines de ces espèces sont vulnérables, c'est-à-dire qu'elles sont en péril à cause de bouleversements de leur environnement.

- Certaines de ces espèces sont menacées, c'est-à-dire qu'elles subissent un risque encore plus grand de disparition.

ACTIVITÉS

1. Afin d'augmenter le nombre de castors de la réserve du parc Forillon, en Gaspésie, un chercheur projette d'introduire dans le parc des castors provenant de Norvège. Comment peut-il s'assurer que les castors de Norvège appartiennent à la même espèce que ceux du parc?

_____

_____

_____

_____

_____

2. Le cheval (*Equus caballus*) et l'âne (*Equus asinus*) peuvent se reproduire et donner naissance à un animal qui a des caractéristiques à la fois de l'âne et du cheval : la mule ou le mulet.

Alexandro aimerait mettre sur pied un élevage de mules. Il pense pouvoir démarrer son élevage avec trois mules et un mulet. Son entreprise aura-t-elle du succès? Explique ta réponse.

_____

_____

_____

_____

_____

3. Voici différents conifères.

Pin blanc
(*Pinus strobus*)

Pin gris
(*Pinus banksiana*)

Épinette blanche
(*Picea glauca*)

Épinette noire
(*Picea mariana*)

Pin rouge
(*Pinus resinosa*)

a) Combien y a-t-il d'espèces différentes? _____

b) Nomme les conifères de la même espèce.

_____

c) Combien y a-t-il de genres différents? Nomme-les.

_____

4. Voici quelques grenouilles du Québec, identifiées par leur nom scientifique.

Pseudacris crucifer

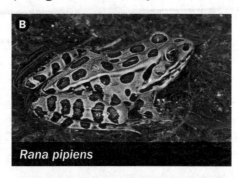
Rana pipiens

Rana sylvaticus

Rana pipiens

Rana clamitans

Hyla versicolor

a) Parmi ces grenouilles, lesquelles appartiennent à la même espèce ?
Explique ta réponse.

_____

_____

b) Lesquelles appartiennent au même genre ? Explique ta réponse.

_____

_____

c) Aurais-tu pu déterminer quelles grenouilles appartiennent à la même espèce
uniquement en observant leur apparence ? Explique ta réponse.

_____

_____

_____

5. Il existe des milliers de variétés de roses. Les cultivateurs de rosiers cherchent
sans cesse à en créer de nouvelles. Ils veulent obtenir les fleurs les plus
belles, les plus parfumées, les plus durables, etc. Cependant, la plupart des
roses qu'ils obtiennent ne peuvent pas se reproduire. Explique pourquoi.

_____

_____

_____

_____

3.2 La taxonomie

L'espèce, p. 73

Dans le but de t'impressionner, une amie te dit qu'elle a mangé un salmonidé hier soir pour souper. Tu lui réponds : «*Salmo salar* ou *Oncorhynchus mykiss*?» Traduction : «Du saumon de l'Atlantique ou de la truite arc-en-ciel?» Comme tu le devines, ces deux espèces sont des salmonidés, une famille de poissons. Tous les êtres vivants sont ainsi classés dans des catégories, selon leurs ressemblances.

3.2.1 Qu'est-ce que la taxonomie?

Devant la multitude des espèces qui vivent sur la Terre, les biologistes ont dû trouver une façon de les regrouper pour pouvoir les étudier. C'est ce qu'on appelle la «taxonomie» des êtres vivants.

DÉFINITION

La **taxonomie** est la science qui classifie les êtres vivants dans diverses catégories. Pour classifier les espèces, les scientifiques se basent sur les caractéristiques communes des êtres vivants et de leurs ancêtres (fossiles).

[Les scientifiques différencient aussi parfois les individus par leur ADN (leur code génétique), par exemple lorsqu'ils veulent catégoriser des bactéries très semblables.]

Système de classification le plus répandu

Ce système range les êtres vivants dans cinq règnes.

- Un règne possède plusieurs embranchements.
- Les classes sont divisées en ordres, les ordres en familles, les familles en genres et les genres en espèces.
- Dans un embranchement, il y a plusieurs classes.
- L'espèce est donc l'unité de base de cette classification.

PETITE HISTOIRE DE LA SCIENCE

La *Flore laurentienne*   1935 CANADA

Après avoir fondé le Jardin botanique de Montréal, ce professeur dresse un inventaire de la flore québécoise. En 1935, il publie les résultats de ses travaux dans un ouvrage intitulé la *Flore laurentienne*, qui décrit 1568 plantes et contient 2800 illustrations. Réédité en 1964, puis en 1995, cet ouvrage est encore utilisé de nos jours.

Frère Marie-Victorin, né Conrad Kirouac (1885-1944)

Les cellules végétales et animales, p. 117

Les cinq règnes

Voyons schématiquement les cinq règnes dans lesquels les êtres vivants sont classés. Nous donnons quelques-unes des caractéristiques de ces règnes pour que tu puisses voir comment les scientifiques les ont définis. Ces caractéristiques pourront te paraître complexes. Plusieurs seront approfondies dans le chapitre 4.

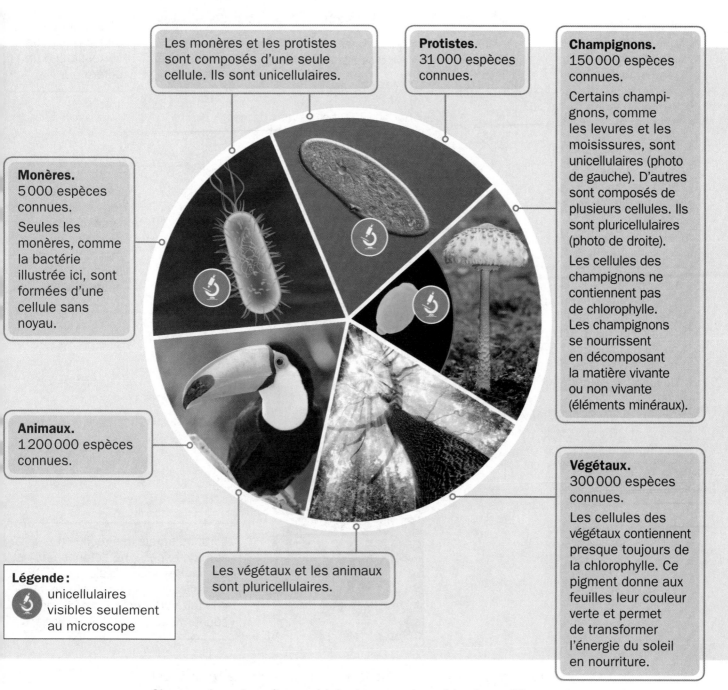

Les monères et les protistes sont composés d'une seule cellule. Ils sont unicellulaires.

Protistes. 31 000 espèces connues.

Champignons. 150 000 espèces connues.

Certains champignons, comme les levures et les moisissures, sont unicellulaires (photo de gauche). D'autres sont composés de plusieurs cellules. Ils sont pluricellulaires (photo de droite).

Les cellules des champignons ne contiennent pas de chlorophylle. Les champignons se nourrissent en décomposant la matière vivante ou non vivante (éléments minéraux).

Monères. 5 000 espèces connues.

Seules les monères, comme la bactérie illustrée ici, sont formées d'une cellule sans noyau.

Animaux. 1 200 000 espèces connues.

Légende :
unicellulaires visibles seulement au microscope

Les végétaux et les animaux sont pluricellulaires.

Végétaux. 300 000 espèces connues.

Les cellules des végétaux contiennent presque toujours de la chlorophylle. Ce pigment donne aux feuilles leur couleur verte et permet de transformer l'énergie du soleil en nourriture.

Chacun des cinq règnes biologiques rassemble des milliers d'êtres vivants qui partagent certaines caractéristiques.

Les autres niveaux de la classification

Nous venons de voir que les êtres vivants sont regroupés en cinq règnes. Comme chaque règne comprend de très nombreuses espèces, les biologistes ont créé des catégories de plus en plus précises pour les classifier. Prenons l'exemple du loup gris (*Canis lupus*).

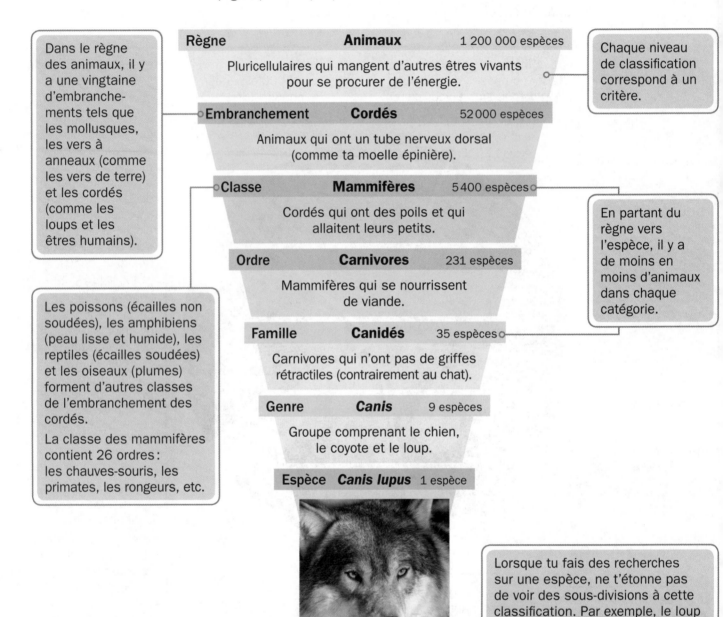

Dans le règne des animaux, il y a une vingtaine d'embranchements tels que les mollusques, les vers à anneaux (comme les vers de terre) et les cordés (comme les loups et les êtres humains).

Les poissons (écailles non soudées), les amphibiens (peau lisse et humide), les reptiles (écailles soudées) et les oiseaux (plumes) forment d'autres classes de l'embranchement des cordés.

La classe des mammifères contient 26 ordres : les chauves-souris, les primates, les rongeurs, etc.

Règne	**Animaux**	1 200 000 espèces

Pluricellulaires qui mangent d'autres êtres vivants pour se procurer de l'énergie.

Embranchement	**Cordés**	52 000 espèces

Animaux qui ont un tube nerveux dorsal (comme ta moelle épinière).

Classe	**Mammifères**	5 400 espèces

Cordés qui ont des poils et qui allaitent leurs petits.

Ordre	**Carnivores**	231 espèces

Mammifères qui se nourrissent de viande.

Famille	**Canidés**	35 espèces

Carnivores qui n'ont pas de griffes rétractiles (contrairement au chat).

Genre	***Canis***	9 espèces

Groupe comprenant le chien, le coyote et le loup.

Espèce	***Canis lupus***	1 espèce

Chaque niveau de classification correspond à un critère.

En partant du règne vers l'espèce, il y a de moins en moins d'animaux dans chaque catégorie.

Lorsque tu fais des recherches sur une espèce, ne t'étonne pas de voir des sous-divisions à cette classification. Par exemple, le loup gris fait partie du sous-ordre des caniformes.

Les espèces sont tellement nombreuses sur Terre qu'il est nécessaire de les classifier dans divers groupes selon leurs traits communs.

3.2.2 Qu'est-ce qu'une clé taxonomique ?

Comment s'y retrouver dans tous ces niveaux de classification des espèces ? Pour y arriver, les biologistes se servent d'un outil qu'ils appellent une « clé taxonomique ».

DÉFINITION

Une **clé taxonomique** est un outil servant à identifier le groupe dont fait partie une espèce. Elle prend la forme d'une succession de choix entre deux ou plusieurs descriptions qui mène à une conclusion sur la catégorie recherchée (classe, ordre, espèce, etc.).

La clé taxonomique de quelques conifères du Québec

Voyons comment utiliser une clé taxonomique. Supposons que tu veuilles connaître le nom de l'arbre d'où vient la branche ci-contre. Suis la clé en te servant des repères de gauche.

■ L'arbre à identifier appartient à l'embranchement des conifères.

■ Ses feuilles sont en forme d'aiguilles, et non d'écailles.

□ Elles sont regroupées en faisceaux de 3 aiguilles.

La branche illustrée provient donc d'un pin rigide (*Pinus rigida*).

Conifères (Feuilles en forme d'aiguilles ou d'écailles. Fruits : cônes)

FEUILLES EN FORME D'AIGUILLES

AIGUILLES REGROUPÉES EN FAISCEAUX

Faisceaux de plus de 5 aiguilles (qui tombent de l'arbre à l'automne) .... **Mélèze laricin** *Larix laricina*

Faisceaux de 5 aiguilles ou moins
- 5 aiguilles .... **Pin blanc** *Pinus strobus*
- 3 aiguilles .... **Pin rigide** *Pinus rigida*
- 2 aiguilles tordues de 2 cm à 4 cm .... **Pin gris** *Pinus banksiana*
- 2 aiguilles de 10 cm à 15 cm .... **Pin rouge** *Pinus resinosa*

AIGUILLES ISOLÉES, UNE À UNE SUR LES RAMEAUX

Aiguilles aplaties (qui ne roulent pas entre les doigts)....**Sapin baumier** *Abies basalmea*

Aiguilles à section carrée (qui roulent entre les doigts)....**Épinette blanche** *Picea glauca*

FEUILLES EN FORME D'ÉCAILLES

(Fruits : petits cônes formés de 8 à 17 écailles).............**Thuya de l'Est, « Cèdre »** *Thuja occidentalis*

Feuille en forme d'aiguille	Feuille en forme d'écailles	Aiguilles regroupées en faisceaux	Aiguilles isolées	Aiguille aplatie	Aiguille à section carrée	

Une clé taxonomique est un outil qui permet de distinguer les espèces les unes des autres.

1. Remplis le tableau en cochant les caractéristiques qui correspondent à chaque règne.

RÈGNE	CHLOROPHYLLE		NOYAU CELLULAIRE		NOMBRE DE CELLULES	
	Présence	Absence	Avec noyau	Sans noyau	Unicellulaires	Pluricellulaires
Animaux						
Végétaux						
Champignons						
Protistes						
Monères						

2. Quelle est la principale différence entre les champignons et les végétaux?

_____

_____

_____

_____

3. À quel règne appartiennent ces êtres vivants?

a) Un chat. _____   b) Une tortue. _____

c) Une rose. _____   d) Une levure. _____

e) Un ver de terre. _____   f) Un sapin. _____

4. Écris les niveaux de classification en ordre croissant selon le nombre d'espèces qui les composent.

_____

_____

5. Utilise la clé taxonomique de la page précédente pour identifier l'arbre auquel appartient cette branche. Explique ta démarche.

_____

_____

_____

_____

_____

_____

6. Nomme trois caractéristiques qui seraient utiles pour déterminer à quelle espèce d'arbres appartient chacune des feuilles illustrées. Par exemple, tu pourrais noter si la feuille est composée d'une seule feuille ou de plusieurs petites feuilles (folioles).

_____

_____

_____

_____

_____

7. Vrai ou faux? Si un énoncé est faux, corrige-le.

a) L'embranchement est le plus grand groupe taxonomique.

_____

b) Il faut utiliser un microscope pour voir un protiste.

_____

c) Il existe plusieurs systèmes de classification des êtres vivants.

_____

8. Remplis le tableau à l'aide des mots indiqués dans la marge.

Animaux

Balaenoptera

Balaenoptera musculus

Balaenoptéridés

Cétacés

Cordés

Mammifères

LA CLASSIFICATION DE LA BALEINE BLEUE	
Règne	_____
Embranchement	_____
Classe	_____
Ordre	_____
Famille	_____
Genre	_____
Espèce	_____

L'espèce, p. 73

3.3 La population

Lorsqu'on parle de la population d'une ville, d'un village ou d'un quartier, on se réfère à toutes les personnes qui y habitent. On peut faire la même chose pour les autres espèces. Par exemple, on peut vouloir décrire la population des chats d'un village, celle des cactus d'un désert ou la population des protistes d'un lac.

3.3.1 Qu'est-ce qu'une population ?

Examinons de plus près ce qu'on entend par le mot « population » en biologie.

DÉFINITION

Une **population** est l'ensemble des individus de la même espèce qui vivent sur un territoire déterminé.

Des populations animales africaines

La savane africaine est un bel exemple pour démontrer ce qu'est une population. En effet, plusieurs groupes d'animaux s'y côtoient : éléphants, antilopes, zèbres, gnous, etc.

Parmi ces animaux, il y a deux espèces : les zèbres et les gnous. L'ensemble des zèbres qui occupent ce territoire forme une population et l'ensemble des gnous en forme une autre.

Les zèbres n'habitent pas tous au même endroit en Afrique. C'est pourquoi il est important de préciser où habite une population. Par exemple, nous observons ici la population des zèbres du parc national du Serengeti, en Tanzanie.

Une population ne comporte pas tous les individus d'une espèce, mais tous ceux qui habitent à un endroit déterminé.

La taille d'une population

Dans une érablière, tout comme dans la savane, différentes espèces se côtoient. Chacune de ces espèces compte plusieurs individus.

Dans une érablière, certaines espèces sont très abondantes, comme l'érable à sucre. D'autres sont plus rares, comme le cerf de Virginie. Par exemple, un acériculteur peut dire que, dans son érablière, il y a une population de 600 érables à sucre et une population de 10 cerfs de Virginie.

600 érables à sucre

10 cerfs de Virginie

Dans une autre érablière ou dans un autre milieu, les populations d'érables à sucre et de cerfs de Virginie seraient différentes. Les populations sont généralement plus abondantes là où les conditions sont les plus favorables à leur survie.

Pourquoi mesurer la taille d'une population ?

- Pour connaître l'habitat le plus favorable à une espèce.
- Pour comparer la taille d'une population à divers moments de l'année et d'une année à l'autre. On peut ainsi connaître la fragilité de l'espèce dans un habitat.

Comment mesurer la taille d'une population ?

- En comptant le nombre d'individus, si c'est possible.
- En se servant d'indices ou d'échantillons. Par exemple, on peut compter le nombre approximatif de fourmis dans une colonie et le nombre de colonies dans une érablière.

Le nombre d'individus qui forment une population varie d'un endroit à un autre et d'un moment de l'année à un autre.

PETITE **HISTOIRE** DE LA SCIENCE

L'étude des chimpanzés

1960 TANZANIE

Il y a plus de 50 ans, la primatologue britannique Jane Goodall étudie la population de chimpanzés du parc national de Gombe, en Tanzanie (Afrique). Un jour, elle fait une découverte majeure : elle observe un chimpanzé enlever les feuilles d'une branche pour attraper des termites dans leur nid. Avant cette découverte, les scientifiques croyaient que seuls les êtres humains étaient capables de fabriquer des outils.

Jane Goodall (1934-)

1. Quelle est la différence entre une population et une espèce ?

_____

_____

_____

_____

_____

_____

2. Lorsqu'on décrit une population, on doit préciser deux choses. Lesquelles ? Donne un exemple.

_____

_____

_____

_____

3. Parmi les énoncés suivants, coche ceux qui désignent une population.

a) Les phégoptères à hexagones (une sorte de fougères)
du mont Saint-Bruno. ☐

b) L'étude des grands singes nous permet de comprendre la parenté
des différentes espèces d'hominidés. ☐

c) Les _Homo sapiens_ (êtres humains) de Montréal. ☐

d) Les _Felis domestica_ (chats). ☐

e) On a dénombré moins d'ours polaires sur la banquise de l'Arctique
cet été. ☐

4. Le lac Bleu est un vaste étang d'une beauté saisissante. Pour mieux en profiter, les habitants de la ville Mont-Blanc y ont construit une passerelle et une aire d'observation.

Avant les aménagements

Après les aménagements

a) Dresse le portrait des populations du lac Bleu avant et après les aménagements en remplissant le tableau suivant. Sers-toi de la légende des pictogrammes pour dénombrer les animaux et les plantes.

LÉGENDE DES PICTOGRAMMES	AVANT LES AMÉNAGEMENTS	APRÈS LES AMÉNAGEMENTS	VARIATION DE LA POPULATION
= 20 grenouilles	3 × 20 = 60 60 grenouilles	1 × 20 = 20 20 grenouilles	60 – 20 = 40 40 grenouilles de moins
= 30 truites			
= 5 brochets			
= 40 nénuphars			
= 25 quenouilles			

b) D'après toi, quelle population est la plus touchée par les aménagements? Explique ta réponse.

_____

_____

c) D'après toi, qu'arriverait-il si la population indiquée en b) disparaissait complètement du lac Bleu?

_____

_____

_____

d) Que pourraient faire les habitants de la ville Mont-Blanc pour diminuer les effets des aménagements sur la faune et sur la flore?

_____

_____

_____

3.4 L'habitat

L'espèce, p. 73

Qu'est-ce que le relief ?, p. 158

Connais-tu l'expression « être heureux comme un poisson dans l'eau » ? Cette expression donne une idée de ce qu'on entend par un habitat. En effet, un poisson ne peut pas vivre dans le désert ni dans la neige. Cependant, selon son espèce, il peut vivre en eau douce ou salée, en eau chaude ou froide, etc.

3.4.1 Qu'est-ce qu'un habitat ?

Chaque espèce vit dans un milieu précis, qui répond à ses besoins. Voyons de plus près ce qui caractérise un habitat.

DÉFINITION	
	L'**habitat** est le lieu précis où l'on rencontre habituellement une espèce et où cette espèce trouve les conditions nécessaires à sa survie.
	Les caractéristiques d'un habitat sont sa situation géographique, son climat, son relief (montagnes, vallées, etc.), sa faune (animaux), sa flore (végétaux), la présence d'un cours d'eau, la proximité de constructions humaines, etc.

Des habitats variés

Les habitats des animaux et des végétaux présentés ci-dessous sont très différents. Examinons-en brièvement quelques-uns.

Le paon bleu est répandu dans les régions chaudes et humides de l'Inde et du Sri Lanka. Il vit dans les forêts et le long des rivières, de même qu'en bordure des grandes clairières.

Le nénuphar jaune pousse dans les étangs et les zones calmes des rivières et des lacs. Son habitat s'étend de l'Amérique centrale jusqu'au sud du Canada.

Le wallaby, un cousin du kangourou, vit dans les forêts côtières au climat tempéré de l'Est australien.

L'ours blanc habite la banquise, au bord de l'océan Arctique, en climat polaire.

Ce cactus est originaire du désert de Sonora, situé au sud des États-Unis et au nord du Mexique. Il s'agit de la plus grande zone désertique de l'Amérique du Nord.

Comme tu peux le constater, on peut décrire l'habitat d'un être vivant par sa situation géographique, son climat, son relief, sa flore ou sa faune, etc.

1. Décris l'habitat du fou de Bassan en remplissant le tableau. Sers-toi de l'information contenue dans le texte suivant.

> On trouve le fou de Bassan (*Morus bassanus*) sur les côtes de l'Atlantique Nord. La plus grosse colonie de fous de Bassan est située à l'île Bonaventure, en Gaspésie. On peut l'observer de mars à novembre. Cet oiseau marin niche dans les falaises. Il se nourrit de petits poissons, comme le maquereau, le hareng, le capelan et le lançon. De nombreux touristes se déplacent chaque année dans l'espoir de le voir plonger dans l'eau glacée pour pêcher ses proies.

ÉLÉMENT	HABITAT DU FOU DE BASSAN
Situation géographique	
Climat	
Relief	
Faune	
Présence humaine	
Présence d'un cours d'eau	

2. Décris l'habitat d'un raton laveur qui vivrait près de chez toi.

ÉLÉMENT	HABITAT DU RATON LAVEUR
Situation géographique	
Climat	
Relief	
Faune	
Flore	
Présence humaine	
Présence d'un cours d'eau	

3. Relie chaque espèce (à gauche) à son habitat (à droite).

a) Ours polaire   •   • Forêt tropicale

b) Poisson clown   •   • Forêt tempérée

c) Koala   •   • Savane

d) Grand requin blanc •   • Banquise

e) Castor   •   • Récif de corail

f) Girafe   •   • Océan

4. Au Québec, la route pour se rendre au Saguenay–Lac-Saint-Jean traverse la réserve faunique des Laurentides. Ce territoire est l'habitat de plusieurs espèces, dont le caribou, l'orignal et l'ours noir. Selon toi, quels sont les effets de cette route sur les espèces qui y vivent?

_____

_____

_____

_____

_____

3.5 La niche écologique

L'espèce, p. 73
L'habitat, p. 92

Tous les êtres vivants ne jouent pas le même rôle dans leur milieu.

3.5.1 Qu'est-ce qu'une niche écologique ?

Chaque espèce occupe une niche écologique différente.

DÉFINITION

La **niche écologique** correspond au rôle qu'une espèce joue dans son milieu. Elle comprend toutes ses interactions avec les éléments vivants et non vivants de son milieu.

La niche écologique d'une espèce se décrit notamment par son régime alimentaire, son rythme journalier (diurne ou nocturne), son habitat, etc.

La niche écologique du castor

Voici une brève description de la niche écologique du castor.

Régime alimentaire. Le castor se nourrit de l'écorce, du bois et des feuilles des arbres qu'il coupe. Pendant l'été, il se nourrit aussi de plantes aquatiques.

Rythme journalier. Le castor est un animal diurne : il vit le jour et dort la nuit.

Habitation. Le castor habite une hutte de branchages. Il construit un barrage pour que l'entrée de sa hutte soit inondée et inaccessible aux prédateurs. Il crée ainsi de nouveaux étangs.

Relations avec les autres espèces. Le castor limite la croissance de la population des arbres dont il se nourrit en les abattant.

Relations avec les autres espèces. Les poissons profitent du nouvel étang créé par la construction d'un barrage par le castor.

Relations avec ses prédateurs. Le castor sert de nourriture à quelques prédateurs, dont l'ours noir.

Une niche écologique correspond à la place qu'occupe une espèce dans son milieu. Chaque espèce occupe sa propre niche. Chaque niche est différente de celle des autres espèces.

LES FACTEURS ABIOTIQUES ET LES FACTEURS BIOTIQUES

Les facteurs écologiques, c'est-à-dire les facteurs du milieu qui agissent sur les êtres vivants, se classent en deux catégories : les facteurs abiotiques et les facteurs biotiques.

Les facteurs abiotiques correspondent à tous les éléments non vivants d'un milieu. Par exemple :

- la quantité de lumière ;
- la température ;
- les précipitations ;
- le vent ;
- le relief ;
- la nature du sol ;
- la quantité d'oxygène dans l'eau ;
- la salinité (proportion de sel dans l'eau).

Les facteurs biotiques se rapportent à toutes les interactions entre les êtres vivants d'un milieu. Par exemple :

- les végétaux qui servent de nourriture ou d'abri ;
- les animaux qui servent de proies ou qui sont des prédateurs ;
- les champignons et les bactéries qui agissent comme décomposeurs (ils recyclent la matière provenant des êtres vivants) ;
- les bactéries qui fournissent aux plantes des éléments nutritifs ;
- les protistes qui ont un rôle de décomposeurs ou de prédateurs.

LES PRODUCTEURS, LES CONSOMMATEURS ET LES DÉCOMPOSEURS

- Un producteur est un être vivant dont le rôle est de produire de la matière vivante en absorbant et en réorganisant la matière non vivante.
  Les végétaux (plantes vertes) font partie des producteurs parce qu'ils font de la photosynthèse.
- Un consommateur est un être vivant dont le rôle est de consommer d'autres êtres vivants. Les herbivores (qui se nourrissent de plantes), les carnivores (qui se nourrissent d'animaux) et les omnivores (qui se nourrissent de plantes et d'animaux) sont des consommateurs.
- Un décomposeur est un être vivant dont le rôle est de se nourrir des déchets et des cadavres d'autres êtres vivants, que ceux-ci soient des animaux ou des végétaux.

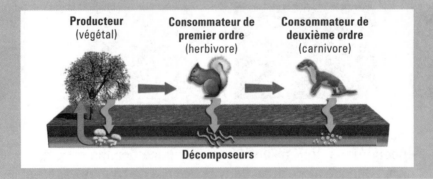

1. Explique pourquoi deux espèces différentes ne peuvent pas occuper la même niche écologique.

_____

_____

_____

_____

_____

2. Depuis le début de l'année, Juliette observe deux espèces d'oiseaux dans sa cour : des mésanges à tête noire et des chardonnerets jaunes. Voici ce qu'elle a appris sur ces deux espèces.

ESPÈCE	RÉGIME ALIMENTAIRE	TERRITOIRE	LIEU DE REPRODUCTION	RYTHME JOURNALIER
Mésange à tête noire (*Poecile atricapillus*)	Se nourrit principalement d'insectes, mais aussi de bourgeons, de baies et de graines.	On la trouve en Alaska, au Canada et dans le nord des États-Unis. Elle vit aussi bien en forêt que dans les parcs et les jardins.	Niche dans un nichoir ou dans une cavité qu'elle creuse dans un arbre mort.	Active le jour. Se repose la nuit.
Chardonneret jaune (*Carduelis tristis*)	Se nourrit principalement de graines, mais parfois aussi d'insectes.	Il vit surtout dans les champs et les prairies de l'Amérique du Nord. On le trouve aussi dans les vergers, les jardins et aux abords des routes.	Niche dans les branches de petits arbres et arbustes.	Se nourrit principalement le jour.

a) Nomme trois éléments communs aux deux oiseaux.

- _____

_____

- _____

_____

- _____

_____

b) Ces oiseaux occupent-ils la même niche écologique ? Explique ta réponse.

_____

_____

_____

3. Lis le texte ci-dessous, puis réponds aux questions.

La niche écologique de l'ours polaire

L'ours polaire (*Ursus maritimus*) vit principalement dans les régions arctiques, autour du pôle Nord. On le trouve également au Groenland et dans quelques régions au sud du cercle polaire en Amérique du Nord et en Asie.

L'ours polaire est un mammifère diurne. Sa fourrure abondante, sa queue courte et ses oreilles arrondies l'aident à réduire les pertes de chaleur. Il possède une épaisse couche de graisse qui le protège du froid. Sa peau noire lui permet de conserver sa chaleur efficacement.

Surtout carnivore, l'ours polaire se nourrit de phoques, de poissons, d'oiseaux de mer et de caribous. L'été, lorsqu'une partie de la banquise est fondue, il se nourrit également de baies et d'autres végétaux. À part l'homme, c'est le plus grand prédateur de l'Arctique. Sa fourrure blanche lui sert de camouflage. C'est un excellent nageur : il peut chasser ses proies aussi bien dans l'eau glacée que sur la banquise.

L'ours polaire peut vivre de 15 ans à 30 ans. Il est le seul ours à ne pas hiberner. Cependant, lorsque la femelle porte ses petits, elle se retire dans une tanière pour s'assurer que les oursons naîtront en sécurité. Après une gestation de neuf mois, l'ourse accouche de un à quatre oursons. Elle s'occupe de ses petits pendant deux ou trois ans. Elle les protège des prédateurs, comme les morses mâles et les autres ours polaires.

La survie de l'ours blanc est menacée par le réchauffement climatique, en particulier par la fonte de la banquise. On a déjà commencé à observer une baisse de la population dans des zones comme la baie d'Hudson.

a) Quel est le régime alimentaire de l'ours polaire ?

_____

_____

_____

_____

_____

b) Quel est son habitat ?

_____

_____

_____

_____

c) Quels sont ses prédateurs ?

_____

_____

_____

_____

d) Quelles sont ses relations avec les autres espèces ?

_____

_____

_____

e) Quelles sont ses habitudes de reproduction ?

_____

_____

_____

_____

_____

f) Quel est son rythme journalier ?

_____

_____

_____

3.6 L'évolution

Les adaptations physiques et comportementales, p. 103

Les êtres vivants n'ont pas toujours été tels que nous les connaissons aujourd'hui. Il y a 100 millions d'années, il n'y avait ni chevaux, ni chiens, ni êtres humains. Et de nombreux êtres vivants qui existaient il y a 100 millions d'années ne sont plus là aujourd'hui. Les dinosaures, par exemple, ont disparu il y a environ 65 millions d'années. Quant aux mammouths, ils se sont éteints il y a 10 000 ans.

3.6.1 Qu'est-ce que l'évolution ?

Comment et pourquoi les êtres vivants évoluent-ils d'une forme à une autre ? C'est ce que tu verras ici.

DÉFINITION

L'**évolution** est le lent processus qui amène des modifications chez les êtres vivants, ce qui leur permet de s'adapter aux changements de leur milieu. La théorie de l'évolution explique pourquoi les formes de vie sont si variées sur Terre.

C'est la sélection naturelle qui entraîne l'adaptation d'une espèce à son milieu au fil des générations. Ainsi, les individus qui possèdent des caractéristiques qui les avantagent dans leur milieu ont plus de chances de survivre et de se reproduire.

L'évolution vers l'éléphant

Les êtres vivants changent au fil du temps, comme le montre l'évolution de ces cinq espèces.

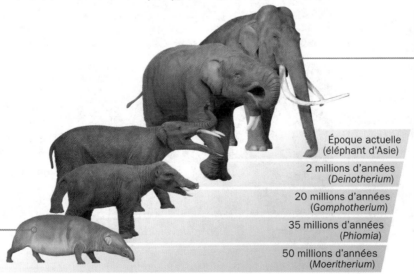

L'ancêtre de l'éléphant, *Moeritherium*, a existé il y a 50 millions d'années. Il était plus petit que l'éléphant que l'on connaît aujourd'hui et avait une trompe plus courte.

Époque actuelle (éléphant d'Asie)

2 millions d'années (*Deinotherium*)

20 millions d'années (*Gomphotherium*)

35 millions d'années (*Phiomia*)

50 millions d'années (*Moeritherium*)

Les scientifiques ont pu reconstituer l'évolution de l'éléphant en étudiant des fossiles.

Au fil des générations, les ancêtres des éléphants ont grossi, leurs défenses et leur trompe se sont allongées.

Comme le montre cet exemple, l'évolution se fait étape par étape et s'échelonne sur des millions d'années.

Les étapes de l'évolution

Pour illustrer les étapes de l'évolution, prenons l'exemple de la girafe. L'ancêtre de la girafe était un animal qui n'avait pas de long cou ni de longues pattes.

Imaginons un endroit, en Afrique, il y a des millions d'années, où vit une population de ces «petites girafes». Dans ce milieu, les «petites girafes» ont l'habitude de brouter de l'herbe.

❶ Il se produit un changement dans le milieu. Le climat change, l'herbe devient plus rare. Les animaux qui se nourrissent d'herbe entrent en compétition. Certaines «petites girafes» commencent à manger les feuilles des arbres plutôt que de l'herbe.

❷ Les individus de la population des «petites girafes» ne sont pas tous identiques. Certaines «petites girafes» ont un cou un peu plus long et sont un peu plus grandes que les autres.

❸ Une sélection naturelle se produit. Avec le temps, cette sélection favorise les plus grandes girafes. En effet, les girafes qui sont un peu plus grandes ont un léger avantage sur les autres. Elles peuvent manger les feuilles des arbres qui sont situées plus haut. Elles se nourrissent donc mieux, sont en meilleure condition physique et s'occupent mieux de leurs petits. Elles peuvent aussi échapper plus facilement à leurs prédateurs et se reproduire davantage.

❹ Les caractères sélectionnés sont héréditaires. Un caractère héréditaire est une caractéristique qui peut se transmettre des parents aux descendants, comme la couleur des yeux ou des cheveux. Chez les girafes, les parents qui ont un long cou et qui sont grands donnent naissance à des girafons qui ont plus de chances d'avoir un long cou et d'être grands. Ils peuvent même être plus grands que leurs parents.

D'une génération à l'autre, les plus grandes girafes ont plus de chances de survivre. Les girafes plus petites disparaissent graduellement. Et, peu à peu (de génération en génération), les cous et les pattes des girafes s'allongent.

❺ Les girafes se sont adaptées à leur nouveau milieu. Au fil du temps, les «petites girafes» ont été remplacées par des «grandes girafes». La population des girafes a changé. Elle s'est adaptée à son nouveau milieu. Les grandes girafes sont devenues une nouvelle espèce.

Le phénomène de la sélection naturelle explique pourquoi et comment les espèces changent au cours des millénaires.

1. Voici une série d'affirmations concernant l'évolution. Pour chaque étape de l'évolution, deux affirmations sont données. L'une est vraie, l'autre est fausse. Dans chaque cas, surligne l'affirmation qui est vraie.

Il y a des millions d'années, une population d'une certaine espèce vivait dans un milieu donné. Cette espèce n'existe plus aujourd'hui. Elle a été remplacée par une autre espèce. Les fossiles qui ont été trouvés démontrent que l'espèce disparue est l'ancêtre de l'espèce qui vit aujourd'hui dans ce même milieu. Comment peut-on expliquer cette évolution ?

ÉTAPE 1

A. Un changement est survenu dans le milieu où vivait cette espèce.

B. Le milieu où vivait cette espèce n'a subi aucun changement.

ÉTAPE 2

A. Tous les individus de cette espèce étaient identiques et avaient les mêmes chances de s'adapter au nouveau milieu.

B. Les individus de cette espèce étaient légèrement différents les uns des autres.

ÉTAPE 3

A. Les individus de cette espèce se sont efforcés de s'adapter au nouveau milieu. Ce faisant, ils ont réussi à modifier certaines de leurs caractéristiques.

B. Les individus de l'espèce qui avaient déjà une caractéristique leur permettant de s'adapter au nouveau milieu ont eu plus de chances de survivre et de se reproduire.

ÉTAPE 4

A. Les individus qui ont hérité de leurs parents la caractéristique leur permettant de s'adapter au nouveau milieu ont transmis cette caractéristique à leurs descendants.

B. Les individus qui se sont efforcés de s'adapter au nouveau milieu ont transmis à leurs descendants les caractéristiques qu'ils avaient réussi à modifier durant leur vie.

ÉTAPE 5

A. Avec le temps, une sélection naturelle s'est faite au profit des individus qui avaient la caractéristique héréditaire leur permettant de s'adapter au nouveau milieu. Cette population est devenue une nouvelle espèce.

B. Avec le temps, les individus qui se sont efforcés de s'adapter au nouveau milieu se sont effectivement adaptés. Ces individus appartiennent toujours à la même espèce.

2. Explique dans tes mots ce qu'est la sélection naturelle.

_____

_____

_____

3. Vrai ou faux? Si un énoncé est faux, corrige-le.

a) Les espèces ne changent pas.

_____

_____

b) Les espèces actuelles sont adaptées à leur milieu et vont donc survivre dans l'avenir.

_____

_____

c) Tous les individus d'une même espèce sont identiques.

_____

_____

d) Un des indices de l'évolution provient des fossiles.

_____

_____

4. Replace en ordre les étapes de l'évolution d'une espèce.

A. Les caractères sélectionnés sont héréditaires.

B. Les individus d'une population ne sont pas tous identiques.

C. Il se produit un changement dans le milieu.

D. Les individus se sont adaptés à leur nouveau milieu.

E. Une sélection naturelle se produit.

_____

5. Explique dans tes mots ce que signifie un « caractère héréditaire ».

_____

_____

_____

_____

3.7 Les adaptations physiques et comportementales

L'évolution, p. 99

Pourquoi les formes de vie sont-elles si diversifiées ? C'est parce que les êtres vivants ont dû s'adapter au cours de leur évolution.

3.7.1 Qu'est-ce qu'une adaptation physique ?

S'adapter, c'est un peu comme se transformer pour pouvoir continuer à vivre au même endroit.

DÉFINITION

Une **adaptation physique** est une caractéristique physique qui favorise la survie d'une espèce dans son milieu.

Les pattes des oiseaux

Voici un premier cas d'adaptation physique : la forme des pattes des oiseaux varie selon leur utilisation.

Les oiseaux nageurs, comme les canards, ont des pattes palmées. Cela leur permet de nager dans les marais et autres milieux aquatiques.

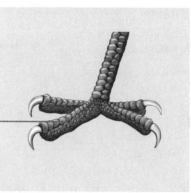

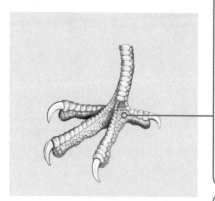

Les oiseaux marcheurs, comme les poules et les gélinottes huppées, ont des doigts qui reposent à plat sur le sol. Cela leur permet de marcher et de courir.

Les oiseaux grimpeurs, comme les pics, ont deux doigts dirigés vers l'avant et deux doigts dirigés vers l'arrière. Cela leur permet de s'agripper à l'écorce des arbres.

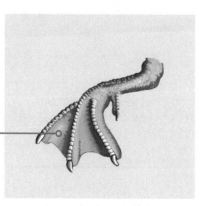

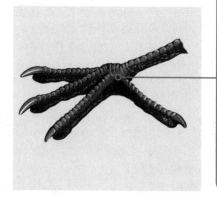

Les oiseaux percheurs, comme les merles bleus de l'Est, ont trois doigts devant et un derrière. Cela leur permet d'entourer une branche et d'y rester perchés.

Ces exemples montrent bien que la forme des pattes des oiseaux est adaptée à leur mode de vie.

Les dents des mammifères

Voici un deuxième cas d'adaptation physique. Avec le temps, les dents des mammifères se sont modifiées. Elles se sont adaptées à leur mode de vie et à leur régime alimentaire.

Les rongeurs, comme les castors, ont des incisives coupantes et des molaires puissantes. Ils peuvent ainsi couper des branches et en broyer l'écorce.

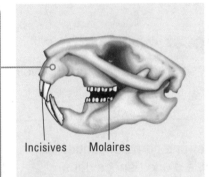

Incisives   Molaires

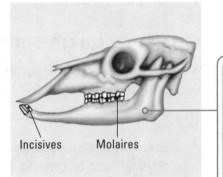

Incisives   Molaires

Les ruminants, comme les vaches, ont des incisives seulement à la mâchoire inférieure. C'est avec leurs incisives qu'ils arrachent l'herbe. Puis, ils la ruminent en l'écrasant avec leurs molaires aplaties.

Les insectivores, comme les taupes, ont de nombreuses dents pointues pour percer la carapace des insectes.

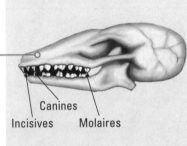

Canines
Incisives   Molaires

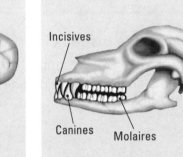

Incisives

Canines   Molaires

Les carnivores, comme les loups, ont des canines pointues qui leur permettent de déchiqueter leurs proies. Leurs molaires sont tranchantes.

Comme le montrent ces exemples, les dents des mammifères diffèrent selon leur régime alimentaire.

La sélection naturelle

1859 ANGLETERRE

Charles Darwin, un naturaliste anglais, est connu pour avoir publié un ouvrage révolutionnaire pour son époque : *De l'origine des espèces au moyen de la sélection naturelle*. Dans cet ouvrage, Darwin expose la théorie de l'évolution qu'il a développée en observant les adaptations de multiples spécimens de plantes et d'animaux au cours d'un voyage autour du monde. Cette théorie a jeté les bases des théories modernes sur l'évolution.

Charles Darwin
(1809-1882)

Le mimétisme et le camouflage

Le mimétisme et le camouflage sont deux autres sortes d'adaptations physiques.

Mimétisme

Dans le mimétisme, une espèce en imite une autre, par exemple pour se protéger des prédateurs.

Le monarque se nourrit d'une plante qui lui donne un goût désagréable. Les oiseaux évitent donc de le manger.

Monarque

Vice-roi

Le vice-roi a des couleurs semblables à celles du monarque. Les oiseaux évitent de le consommer parce qu'ils croient que c'est un monarque.

Camouflage

Le camouflage vise à rendre l'animal presque invisible dans son environnement.

Lièvre arctique en été

Lièvre arctique en hiver

En été, le pelage du lièvre arctique est brun-gris. En hiver, il devient blanc et sert de camouflage dans la neige.

Les exemples des pages 103 à 105 t'ont permis de connaître quelques-unes des nombreuses adaptations physiques des animaux. En fait, tous les êtres vivants possèdent des adaptations physiques.

Pourquoi les palmiers et les cactus ont-ils des feuilles si différentes ?

Les plantes ont développé des adaptations physiques. Les palmiers vivent dans des zones où il y a souvent des ouragans. Leurs feuilles découpées leur permettent de résister au vent. Les cactus vivent dans le désert. Leurs feuilles se sont transformées en épines pour limiter l'évaporation de l'eau. Ces épines les protègent également des herbivores.

3.7.2 Qu'est-ce qu'une adaptation comportementale?

Pourquoi certains oiseaux du Québec migrent-ils vers le sud à l'automne tandis que d'autres passent l'hiver dans nos régions nordiques? C'est une adaptation comportementale qui dépend du régime alimentaire de l'oiseau et du climat. Par exemple, les insectivores quittent le climat froid du Québec parce que leur nourriture devient trop rare en hiver.

DÉFINITION	Une **adaptation comportementale** est un comportement qui favorise la survie d'une espèce dans son milieu.

Des adaptations comportementales des végétaux

Voyons deux exemples d'adaptations comportementales chez les végétaux.

Le géotropisme est une adaptation des plantes au phénomène de la gravité. Ainsi, les racines poussent vers le bas et la tige, vers le haut.

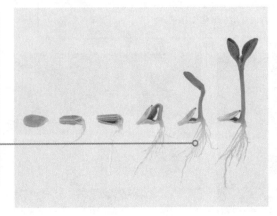

Le phototropisme correspond à une adaptation des plantes à la lumière: la tige et les feuilles s'orientent en direction de la lumière.

Les plantes croissent dans la direction qui leur permet de mieux répondre à leurs besoins (eau, soleil, minéraux, etc.). Elles se comportent de façon à s'adapter à leur milieu.

Pourquoi les insectes se compliquent-ils la vie en volant en zigzag plutôt qu'en ligne droite?

Un insecte qui volerait toujours en ligne droite serait une proie facile pour les oiseaux. Ceux-ci n'auraient aucun mal à prévoir sa position. De plus, lorsqu'un insecte cherche de la nourriture, il effectue un grand nombre de courts trajets, ce qui donne l'impression d'un déplacement au hasard. Mais, si l'on provoque une abeille, on constatera qu'elle est parfaitement capable de foncer en ligne droite!

1. Dans le texte suivant, surligne en jaune les adaptations physiques et surligne en bleu les adaptations comportementales.

Le gecko à crête (*Rhacodactylus ciliatus*) possède des lamelles collantes à chacun de ses doigts, ce qui lui permet de s'agripper à la plupart des surfaces sur lesquelles il se déplace. Il vit au sommet des arbres, dans les forêts tropicales. Si un prédateur l'attrape par la queue, le gecko la laisse tomber, comme la plupart des geckos. Sa couleur marron lui permet de se camoufler facilement sur l'écorce des arbres. Il se lèche les yeux pour les nettoyer, puisqu'il ne possède pas de paupières. Ses pattes arrière musclées lui permettent de sauter pour attraper des insectes au vol.

2. Remplis les tableaux a) et b) en plaçant chaque adaptation indiquée au bon endroit.

a) Les adaptations animales.

Avoir un dard pour piquer ses ennemis.

Chanter pour attirer une femelle.

Chasser en meute.

Construire un nid de brindilles.

Crier pour avertir ses proches d'un danger.

Produire du lait pour nourrir ses petits.

ÉLÉMENT	ADAPTATIONS PHYSIQUES	ADAPTATIONS COMPORTEMENTALES
Alimentation		
Protection contre les prédateurs		
Reproduction		

b) Les adaptations végétales.

| Le rosier produit des épines pour se protéger des herbivores. | Les graines sont recouvertes d'une enveloppe difficile à digérer. |
| Les fleurs sont colorées pour attirer les insectes et les oiseaux pollinisateurs. | Plus il y a de lumière, plus les feuilles sont grandes. |

ÉLÉMENT	ADAPTATIONS
Alimentation	
Protection contre les prédateurs	
Reproduction	

3. Indique si les adaptations suivantes sont physiques (P) ou comportementales (C).

a) La nageoire caudale du poisson (la nageoire qui forme sa queue) lui permet de nager et de changer de direction. _____

b) Chez les abeilles, les ouvrières butinent les fleurs pour rapporter leur nectar à la ruche. _____

c) Les chevaux ont des sabots pour courir sur les sols très durs. _____

d) Certaines plantes carnivores ont un organe digestif qui ressemble à une fleur et qui attire les insectes. _____

4. Il y a très longtemps, l'ours polaire s'est transformé pour survivre dans les régions arctiques. À l'aide du texte décrivant sa niche écologique (voir la page 98), énumère quatre de ses adaptations physiques à son environnement.

• _____

_____

• _____

_____

• _____

_____

• _____

_____

5. Quelle est la différence entre le mimétisme et le camouflage ?

- _____
_____
_____

- _____
_____
_____

6. Dans chaque cas, indique si l'espèce se protège en recourant au mimétisme ou au camouflage.

a) La sole est un poisson plat qui se glisse sous le sable pour échapper à ses prédateurs.

_____

b) La sauterelle feuille imite les feuilles des arbres pour ne pas être repérée par les prédateurs.

_____

c) Le serpent corail (à gauche) est un des serpents les plus venimeux du monde. La couleuvre faux-corail (à droite) imite le serpent corail pour ne pas être attaquée par ses prédateurs.

_____

Synthèse du chapitre 3

1. Voici la classification du grand panda et celle de l'ours noir.

NIVEAU	GRAND PANDA	OURS NOIR
Règne	Animaux	Animaux
Embranchement	Cordés	Cordés
Classe	Mammifères	Mammifères
Ordre	Carnivores	Carnivores
Famille	Ursidés	Ursidés
Genre	*Ailuropoda*	*Ursus*
Espèce	*Ailuropoda melanoleuca*	*Ursus americanus*

Qu'est-ce que la taxonomie de ces deux animaux nous apprend sur leur parenté et sur leurs différences ?

_____

_____

_____

2. Lis le texte suivant, puis réponds aux questions.

Les biologistes classent le grand panda dans l'ordre des carnivores, comme tous les autres ursidés. Cependant, son régime alimentaire est composé à 95 % de végétaux, essentiellement de feuilles de bambou. Comme cet aliment est peu nutritif et que son système digestif est mal adapté au régime végétarien, il passe près de 23 heures par jour à manger. En Chine, la forêt de bambou disparaît peu à peu. Elle fait place aux habitations et à l'agriculture. La femelle panda donne naissance à un ou deux petits, mais elle ne peut prendre soin que d'un seul.

a) Selon toi, que risque-t-il d'arriver aux populations de grands pandas ?

_____

_____

b) Décris trois adaptations que le grand panda devrait acquérir.

- _____
  _____
  _____
  _____

- _____
  _____
  _____

- _____
  _____
  _____

3. Décris la niche écologique de l'être humain en remplissant le tableau suivant.

ÉLÉMENT	NICHE ÉCOLOGIQUE
_____	Actif toute l'année (n'hiberne pas), généralement diurne.
Habitat	_____ _____
_____	L'être humain est généralement omnivore.
Prédateurs	_____ _____
Abri pour les petits et la reproduction	_____ _____ _____

4. Les énoncés suivants sont partiellement vrais. Apporte les précisions nécessaires pour les rendre totalement vrais.

a) Les espèces qui vivent actuellement sont toutes adaptées à leur milieu.

_____

_____

_____

_____

_____

b) L'évolution peut être provoquée, entre autres, par un changement dans le milieu.

_____

_____

c) Tous les ancêtres des espèces actuelles appartiennent à des espèces disparues.

_____

_____

_____

_____

_____

CHAPITRE 4

Le maintien de la vie et la perpétuation des espèces

QU'EST-CE QUE LA CELLULE ?

Dans ce chapitre, tu découvriras d'abord les caractéristiques qui définissent un être vivant.

Tu découvriras ensuite la structure ainsi que les fonctions des cellules végétales et des cellules animales.

Tu verras enfin divers modes de reproduction chez les végétaux et les animaux.

Le monde cellulaire est fascinant. Même si elles sont très petites, les cellules sont à la base de tous les êtres vivants. Tu n'as qu'à penser au fait que le noyau d'une seule de tes cellules contient tout ton bagage génétique : cette information vient des cellules de tes parents et se transmet de génération en génération.

Certains êtres vivants, comme les bactéries, ne sont composés que d'une cellule. D'autres en possèdent plusieurs : le corps humain en possède entre 60 000 milliards et 100 000 milliards.

Chaque cellule contient de minuscules constituants qui ont des fonctions particulières : la respiration, la nutrition, la reproduction, etc. Les cellules d'un être vivant assument aussi chacune un rôle. Par exemple, certaines cellules participent à la reproduction de l'espèce, comme celles qui ont mené à la production des œufs de grenouille que l'on voit ci-dessous.

> La **cellule** est l'unité de base de tous les êtres vivants. C'est la plus petite unité de vie.

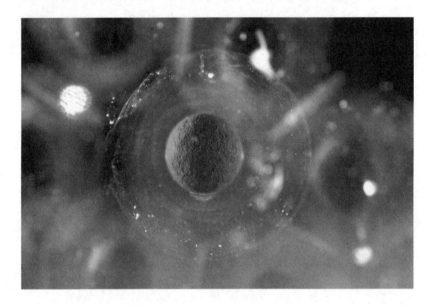

L'univers | **112** | vivant

4.1 Les caractéristiques du vivant

Qu'est-ce qui caractérise l'univers vivant? Sur quoi se base-t-on pour affirmer qu'une roche n'est pas vivante et qu'un brin d'herbe est vivant?

4.1.1 Qu'est-ce que les caractéristiques du vivant?

Tous les êtres vivants, malgré leur très grande diversité, ont certaines caractéristiques communes.

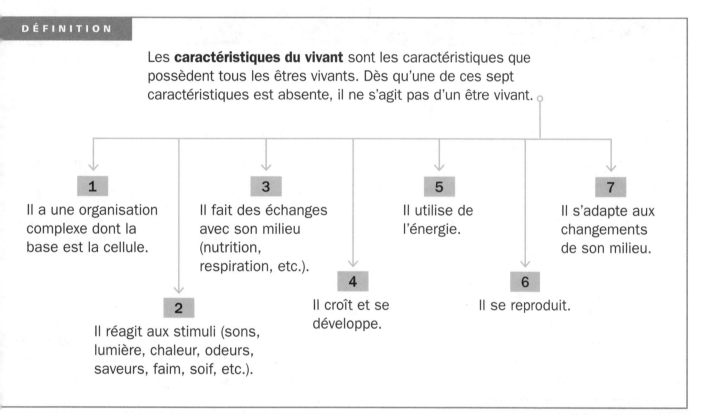

Les **caractéristiques du vivant** sont les caractéristiques que possèdent tous les êtres vivants. Dès qu'une de ces sept caractéristiques est absente, il ne s'agit pas d'un être vivant.

1 Il a une organisation complexe dont la base est la cellule.

2 Il réagit aux stimuli (sons, lumière, chaleur, odeurs, saveurs, faim, soif, etc.).

3 Il fait des échanges avec son milieu (nutrition, respiration, etc.).

4 Il croît et se développe.

5 Il utilise de l'énergie.

6 Il se reproduit.

7 Il s'adapte aux changements de son milieu.

PETITE HISTOIRE DE LA SCIENCE

La fin d'une théorie

1861 FRANCE

Au milieu du 19e siècle, on croit toujours à une théorie très ancienne: la «génération spontanée». Selon cette théorie, certains êtres vivants, comme les mouches, naissent de substances non vivantes, telles que les ordures. Avec des expériences scientifiques, Louis Pasteur démontre qu'il y a toujours des germes, des œufs, à l'origine des êtres vivants. C'est ce qui met fin à la théorie de la génération spontanée.

Louis Pasteur (1822-1895)

Une démonstration des caractéristiques du vivant

Le tableau suivant montre comment les sept caractéristiques du vivant s'appliquent chez deux espèces : le vervet (un singe) et le pissenlit (une plante).

L'évolution, p. 99

Les adaptations physiques et comportementales, p. 103

Les cellules végétales et animales, p. 117

La reproduction asexuée ou sexuée, p. 126

	ESPÈCE	
CARACTÉRISTIQUE DU VIVANT	Vervet	Pissenlit
1. Il a une organisation complexe dont la base est la cellule. Toutes les parties d'un être vivant sont faites de cellules ou de substances fabriquées par les cellules.	• Constitué de cellules animales.	• Constitué de cellules végétales.
2. Il réagit aux stimuli (sons, lumière, chaleur, odeurs, saveurs, faim, soif, etc.). Les stimuli sont des excitations qui provoquent une réaction.	• Réagit au cri d'alerte lancé par un autre membre du groupe en s'enfuyant.	• Réagit à la lumière en grandissant dans sa direction (phototropisme).
3. Il fait des échanges avec son milieu (nutrition, respiration, etc.). Les êtres vivants font des échanges pour assurer leur croissance et leur entretien.	• Consomme de l'eau et des végétaux ou de petits animaux. • Rejette des matières fécales et de l'urine. • Inspire de l'oxygène et expire du gaz carbonique.	• Absorbe du gaz carbonique dans l'air. • Puise l'eau et les minéraux dont il a besoin dans le sol. • Rejette de l'oxygène et de la vapeur d'eau dans l'air.
4. Il croît et se développe. Les êtres vivants croissent particulièrement au début de leur vie. La croissance résulte de l'augmentation du nombre de cellules.	• Se développe dans le ventre de sa mère pendant 160 jours. • Peut vivre environ 30 ans.	• Naît d'une graine qui se transforme en une plante à fleurs jaunes, puis à graines ornées de soies blanches.
5. Il utilise de l'énergie. Les êtres vivants ont besoin d'énergie pour se déplacer, bouger, grandir, se reproduire et faire leurs activités.	• Utilise l'énergie contenue dans ses aliments.	• Utilise l'énergie du Soleil.
6. Il se reproduit. Les êtres vivants se reproduisent pour remplacer les individus qui meurent et éviter la disparition de leur espèce.	• Se reproduit de façon sexuée. • N'a généralement qu'un seul petit par portée.	• Se reproduit de façon sexuée ou asexuée. • La fleur produit des graines (futurs plants).
7. Il s'adapte aux changements de son milieu. Si son milieu change, une espèce doit s'adapter ou disparaître. Cette adaptation peut mettre des milliers d'années à s'accomplir.	• Adapté à se tenir debout, comme les autres primates, ce qui lui permet de voir au loin s'il y a un danger.	• Adapté à se reproduire en grande quantité, grâce à ses graines facilement dispersées par le vent.

Tous les êtres vivants partagent sept caractéristiques. Ces caractéristiques s'expriment différemment d'une espèce à l'autre.

1. Parmi ces éléments, surligne ceux qui désignent un être vivant.

Un champignon	Une fourmi	Un plant de tomate
Une étoile	Une pierre	Un pommier
Une fillette	Une planche en érable	Un robot

2. Complète les phrases.

   a) Les êtres vivants _____ pour remplacer les individus qui meurent.

   b) Les êtres vivants ont besoin _____ pour bouger, grandir et accomplir leurs activités.

   c) Les êtres vivants réagissent _____.

   d) Les êtres vivants sont faits _____.

   e) Les êtres vivants doivent _____ aux changements de leur milieu.

   f) Les êtres vivants _____ et se développent.

   g) Les êtres vivants font _____ avec leur milieu.

   h) Si une caractéristique du vivant est _____, il _____ d'un être vivant.

3. Parmi les sept caractéristiques du vivant, indique celle ou celles qui correspondent le mieux à chaque énoncé.

   a) Les grenouilles coassent au printemps, car c'est leur période de reproduction. _____

   b) Le haricot grandit de quelques millimètres par jour. _____

   c) La pupille de l'œil humain s'agrandit lorsqu'il fait sombre. _____

   d) La chlorophylle des plantes absorbe la lumière pour faire la photosynthèse. _____

   e) Le cou de la girafe lui permet de manger les feuilles des grands arbres. _____

4. Démontre qu'un érable est un être vivant en te servant des sept
caractéristiques du vivant.

1 _____

_____

2 _____

_____

3 _____

_____

4 _____

_____

5 _____

_____

6 _____

_____

7 _____

_____

5. Quelle caractéristique du vivant est démontrée sur chaque image?

a) _____

_____

_____

_____

_____

b) _____

_____

_____

_____

_____

c) _____

_____

_____

_____

_____

4.2 Les cellules végétales et animales

La cellule est l'unité de base de tous les êtres vivants. Comment sont faites les cellules ? Sont-elles toutes identiques ? Comment fonctionnent-elles ?

4.2.1 Quelles sont les fonctions vitales de la cellule ?

Pour qu'un être vivant se maintienne en vie, il faut que sa ou ses cellules assument certaines fonctions.

DÉFINITION

Les **fonctions vitales de la cellule** correspondent aux fonctions nécessaires à sa survie : les cellules se nourrissent, digèrent, produisent de l'énergie grâce à la respiration, échangent de l'information, fabriquent des substances utiles, éliminent des déchets, se multiplient et meurent.

La structure et les fonctions d'une cellule animale

Examinons les principaux constituants d'une cellule animale et le rôle que chacun joue.

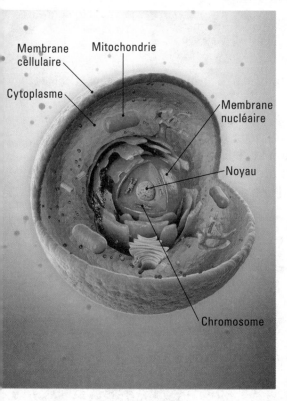

Membrane cellulaire
Mitochondrie
Cytoplasme
Membrane nucléaire
Noyau
Chromosome

CONSTITUANT	RÔLE
Membrane cellulaire	• Enveloppe et protège la cellule. • Contrôle les échanges entre l'intérieur de la cellule et le milieu extérieur.
Cytoplasme	• Sorte de gelée contenant des constituants appelés «organites». Les organites sont un peu comme les organes du corps : ils permettent la digestion, la respiration, la fabrication de substances utiles, etc. • Diverses substances circulent dans le cytoplasme : eau, oxygène, éléments nutritifs, déchets, etc.
Mitochondrie	• Produit l'énergie nécessaire au fonctionnement de la cellule grâce à la respiration cellulaire.
Membrane nucléaire	• Mince barrière entourant le noyau. • Contrôle les échanges entre le noyau et le cytoplasme.
Noyau	• Contrôle les activités de la cellule. On peut le considérer comme le «cerveau» de la cellule.
Chromosome	• Porte des milliers de gènes. Contient l'information héréditaire.

Chaque constituant cellulaire joue un rôle important pour la cellule et pour l'ensemble de l'être vivant.

La structure et les fonctions d'une cellule végétale

Tout comme il y a des différences entre les animaux et les végétaux, il y a aussi des différences entre les cellules animales et les cellules végétales. Nous avons schématisé ici une cellule végétale afin de faire ressortir ses différences avec la cellule animale. Les mots en vert correspondent à des constituants que seules les cellules végétales possèdent.

Les cellules végétales possèdent les mêmes constituants que les cellules animales. Elles ont donc un noyau (contenant des chromosomes), une membrane nucléaire, une membrane cellulaire et un cytoplasme (contenant des mitochondries).

Les chloroplastes contiennent de la chlorophylle, un pigment qui donne la couleur verte aux plantes. Cette substance capte la lumière solaire et permet la fabrication de nourriture par les végétaux (photosynthèse).

Chez les végétaux, la membrane cellulaire est entourée d'une épaisse paroi cellulosique. Cette paroi contient beaucoup de cellulose, une substance qui donne de la rigidité aux plantes.

Les vacuoles sont des sortes de sacs qui servent à emmagasiner de la nourriture et des déchets.

Dans la cellule végétale, la vacuole centrale peut représenter de 80% à 90% du volume.

Dans la cellule animale, les vacuoles sont plus petites et portent souvent le nom de «vésicules».

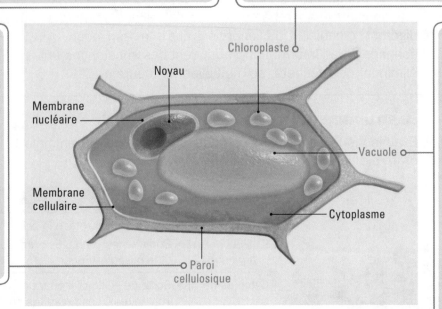

En général, la cellule végétale ressemble à la cellule animale. Toutefois, chez la cellule végétale, on note la présence de chloroplastes, d'une paroi cellulosique et d'une grande vacuole.

Pourquoi les cellules ne sont-elles pas toutes identiques?

Chez un être vivant, les cellules peuvent présenter une grande diversité de formes et de fonctions. Par exemple, les cellules nerveuses, ou neurones, ont comme rôle de transmettre de l'information à travers tout le corps. C'est pourquoi elles sont équipées de prolongements qui servent à conduire les messages comme le font les fils électriques. Au total, chez un être humain, il existe à peu près 200 types de cellules différents (cellules musculaires, cellules de l'estomac, cellules de la peau, etc.). Malgré tout, ces cellules présentent une ressemblance de base, avec leur cytoplasme, leur noyau, etc.

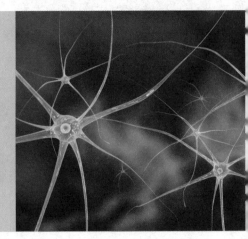

1. Que suis-je ?

a) Je suis l'organite qui produit l'énergie de la cellule. _____

b) Je donne de la rigidité aux plantes. _____

c) Nous sommes responsables de la transmission des caractères héréditaires. _____

d) Je suis l'unité de base de tous les êtres vivants. _____

2. a) Voici une cellule végétale. Complète le schéma en reliant chaque constituant à sa représentation.

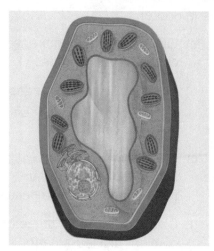

Vacuole   Paroi cellulosique

Chloroplaste   Membrane cellulaire

Cytoplasme   Membrane nucléaire

Noyau   Mitochondrie

b) Voici une cellule animale. Complète le schéma en reliant chaque constituant à sa représentation.

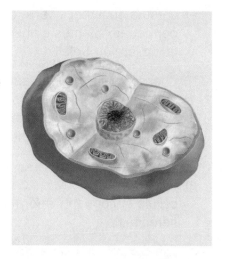

Membrane cellulaire

                                                    Mitochondrie

Cytoplasme

                                                    Membrane nucléaire

Noyau

c) Surligne les constituants de la cellule végétale illustrée en a) qui ne se trouvent pas dans la cellule animale illustrée en b).

3. La cellule effectue quatre fonctions principales :

1. La respiration.   2. La nutrition.
3. L'élimination des déchets.   4. La reproduction.

Indique la fonction assumée dans chaque cas.

a) La membrane cellulaire absorbe du glucose (sucre).   _____

b) Une cellule se divise en deux cellules identiques.   _____

c) La mitochondrie transforme l'oxygène et les nutriments
en gaz carbonique, en eau et en énergie.   _____

4. Relie chaque fonction (à gauche) au constituant de la cellule qui l'assume
(à droite).

a) Elle entoure la membrane
cellulaire des plantes.   •   • Membrane
nucléaire

b) Elle contrôle les échanges
entre le noyau et les organites   •
du cytoplasme.   • Paroi cellulosique

c) Ces organites produisent
l'énergie nécessaire au   •
fonctionnement de la cellule.   • Vacuole

d) C'est une sorte de gelée qui
contient plusieurs petits
constituants appelés   •
« organites ».   • Mitochondries

e) C'est la substance verte qui
permet aux plantes d'absorber   •
la lumière du Soleil.   • Cytoplasme

f) Chez les animaux, elle sert
à emmagasiner les graisses.
Chez les végétaux, elle sert à   •
emmagasiner des nutriments   • Chlorophylle
et des déchets.

g) Il contrôle les activités de la
cellule et contient l'information   •
héréditaire.   • Membrane
cellulaire

h) Elle contrôle les échanges
entre l'intérieur de la cellule et   •
le milieu extérieur.   • Noyau

4.3 Les constituants cellulaires visibles au microscope

Les cellules végétales et animales, p. 117

As-tu déjà observé des cellules au microscope ? Leur aspect peut surprendre ceux et celles qui ne les ont vues que sur des schémas.

4.3.1 Quels sont les principaux constituants cellulaires visibles au microscope ?

Les microscopes optiques qu'on emploie dans le cours de science et technologie sont, en général, limités à un grossissement de 400 fois à 2000 fois. Que peut-on voir avec ce type de microscope ?

> **DÉFINITION**
>
> Les quatre principaux **constituants de la cellule visibles au microscope** optique sont la membrane cellulaire, le cytoplasme, le noyau et la membrane nucléaire.
>
> Dans la cellule végétale, la paroi cellulosique, la vacuole et les chloroplastes sont également visibles.

Des images visibles au microscope

Voici des exemples d'images qu'on peut obtenir avec un microscope optique.

Cellules végétales

Paroi cellulosique

Chloroplaste

Vacuole

La photo montre des cellules végétales provenant d'une feuille d'élodée du Canada (plante aquatique).

Cellules animales

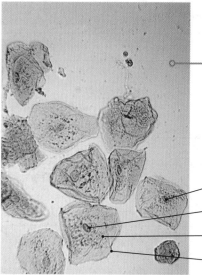

La photo montre des cellules animales provenant de la paroi interne d'une joue humaine (épithélium buccal). Les parties visibles au microscope sont indiquées.

Noyau

Membrane nucléaire

Cytoplasme

Membrane cellulaire

Certaines parties de la cellule ne sont pas visibles au microscope optique. Il faut d'autres types de microscopes (par exemple, un microscope électronique) pour observer ces autres constituants.

Comment utiliser un microscope ?

Un microscope est un instrument qui permet de voir des objets trop petits pour être vus à l'œil nu.

Pour observer un objet au microscope, on le dépose sur une lame porte-objet et on le couvre d'une lamelle (petite lame). On fait tenir la lame sur un chariot mécanique ou à l'aide de valets.

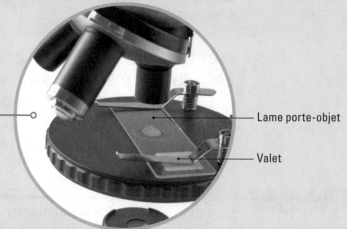

Lame porte-objet

Valet

LES PARTIES DU MICROSCOPE ET LEURS FONCTIONS

PARTIE	FONCTION
Oculaire	Lentille dans laquelle on regarde. Son grossissement est généralement de 10X.
Potence	Pièce reliant la tête et le pied du microscope et permettant de le transporter.
Objectifs	Lentilles permettant de grossir l'image de l'objet observé. Sur chaque lentille, un nombre indique le grossissement. Les grossissements les plus courants sont : 4X, 10X, 45X et 100X. Certains microscopes sont munis d'un seul objectif qui permet de varier le grossissement (zoom).
Revolver porte-objectifs	Pièce cylindrique dans laquelle sont logés les objectifs. Pour changer d'objectif, on tourne le revolver porte-objectifs.
Platine	Plateau sur lequel on dépose les lames de verre contenant l'objet à observer.
Chariot mécanique	Système mécanique permettant de déplacer horizontalement les lames de verre sur la platine. Certains microscopes possèdent des valets, c'est-à-dire des pièces qui tiennent la lame sur la platine.
Système d'éclairage	Système permettant d'éclairer l'objet à observer.
Diaphragme	Dispositif permettant d'ajuster l'éclairage de l'objet à observer. Certains microscopes sont munis d'un disque situé sous la platine qui joue le même rôle que le diaphragme.
Vis macrométrique	Vis permettant de déplacer verticalement la platine de façon à la rapprocher ou à l'éloigner de l'objectif. Son mouvement rapide permet de faire une mise au point grossière de l'image de l'objet observé.
Vis micrométrique	Vis permettant de déplacer verticalement la platine. Son mouvement lent permet de faire une mise au point précise de l'image de l'objet observé.

Comment utiliser un microscope? *(suite)*

Pour observer un objet au microscope, on utilise d'abord le plus faible grossissement, puis on l'augmente si nécessaire.

UNE MÉTHODE POUR OBSERVER UN ÉCHANTILLON AU MICROSCOPE

1. Brancher le microscope et allumer le système d'éclairage.

2. Déposer la lame porte-objet sur la platine. La maintenir en place à l'aide du chariot mécanique ou des valets.

3. Centrer l'objet à observer dans l'ouverture de la platine.

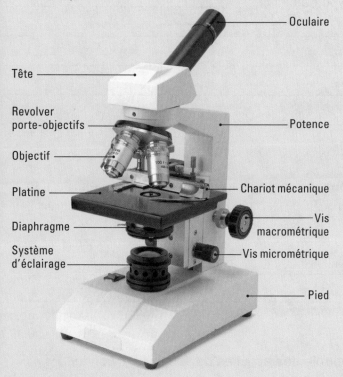

- Oculaire
- Tête
- Revolver porte-objectifs
- Objectif
- Platine
- Diaphragme
- Système d'éclairage
- Potence
- Chariot mécanique
- Vis macrométrique
- Vis micrométrique
- Pied

4. Sélectionner le plus faible grossissement en tournant le revolver porte-objectifs ou la bague du zoom.

5. Régler l'ouverture du diaphragme ou du disque à la moitié.

6. Noter dans quel sens il faut tourner la vis macrométrique pour éloigner ou rapprocher la platine de l'objectif.

7. Rapprocher l'objet à observer le plus près possible de l'objectif **sans y toucher**. Pour cela, regarder de côté, au niveau de la platine, la distance entre la lame et l'objectif.

8. Regarder dans l'oculaire et éloigner **lentement** la platine de l'objectif avec la vis macrométrique. Arrêter quand l'image apparaît.

9. Ajuster l'image en rapprochant ou en éloignant **légèrement** la platine de l'objectif avec la vis micrométrique. Arrêter lorsque l'image est nette.

10. Recommencer la manipulation à partir de l'étape 3 s'il est impossible de voir l'image clairement.

11. Augmenter ou diminuer l'éclairage à l'aide du diaphragme ou du disque, au besoin.

12. Au besoin, augmenter le grossissement en changeant d'objectif. Refaire les étapes 9 à 11 pour obtenir une image nette.

PETITE HISTOIRE DE LA SCIENCE

La cellule vue au microscope   1665 ANGLETERRE

Robert Hooke (1635-1703), un savant anglais, découvre la cellule grâce à un microscope rudimentaire de son invention. Il est l'un des premiers à construire un microscope comportant un objectif, une lentille et un oculaire. Il emploie cet appareil pour observer des insectes, des plumes d'oiseaux, des éponges et des tranches de liège. Les dessins de ses observations paraissent dans un ouvrage intitulé *Micrographia*, publié en 1665.

Une réplique du microscope de Hooke.

1. Nomme le type de cellule présenté et les constituants qui sont pointés.

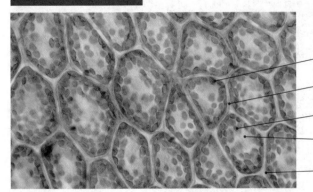

a) Type de cellule : _____

_____

_____

_____

_____

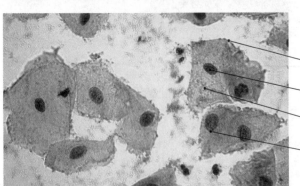

b) Type de cellule : _____

_____

_____

_____

_____

2. Décris le rôle des constituants suivants en complétant les phrases. Sers-toi des mots de la liste ci-contre. Tu peux consulter la page 117, s'il y a lieu.

L'information héréditaire

L'information héréditaire

La cellule

La cellule

Le cytoplasme

Le milieu extérieur

Le noyau

Le noyau

Les échanges

Les organites

a) La membrane cellulaire.

Elle délimite et entoure _____. Elle assure

_____ avec _____.

b) Le noyau.

Il est responsable du contrôle des activités de la cellule. Il contient

_____ (chromosomes).

c) Le cytoplasme.

Cette substance gélatineuse donne sa forme à _____.

Elle contient _____.

d) La membrane nucléaire.

Elle délimite et protège _____ contenue dans

_____. Elle contrôle les échanges entre

_____ et _____.

3. Dans chaque boîte, inscris la lettre correspondant à la pièce du microscope illustré sur la photo.

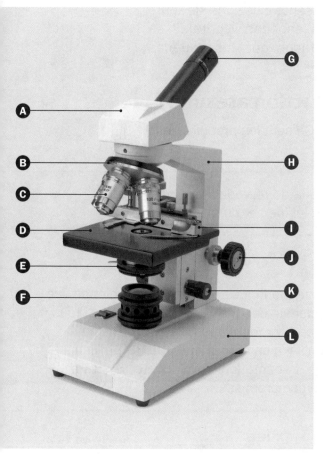

Voici les étapes de l'utilisation d'un microscope optique.

1. Brancher le microscope et allumer le système d'éclairage [____].

2. Déposer la lame porte-objet sur la platine [____]. La maintenir en place à l'aide du chariot mécanique [____] ou des valets.

3. Centrer l'objet à observer dans l'ouverture de la platine.

4. Sélectionner le plus faible grossissement en tournant le revolver porte-objectifs [____] ou la bague du zoom.

5. Régler l'ouverture du diaphragme [____] ou du disque à la moitié.

6. Noter dans quel sens il faut tourner la vis macrométrique [____] pour éloigner ou rapprocher la platine de l'objectif [____].

7. Rapprocher l'objet à observer le plus près possible de l'objectif **sans y toucher**. Pour cela, regarder de côté, au niveau de la platine, la distance entre la lame et l'objectif.

8. Regarder dans l'oculaire [____] et éloigner **lentement** la platine de l'objectif avec la vis macrométrique. Arrêter quand l'image apparaît.

9. Ajuster l'image en rapprochant ou en éloignant **légèrement** la platine de l'objectif avec la vis micrométrique [____]. Arrêter lorsque l'image est nette.

10. Recommencer la manipulation à partir de l'étape 3 s'il est impossible de voir l'image clairement.

11. Augmenter ou diminuer l'éclairage à l'aide du diaphragme ou du disque, au besoin.

12. Au besoin, augmenter le grossissement en changeant d'objectif. Refaire les étapes 9 à 11 pour obtenir une image nette.

L'évolution, p. 99

Tous les êtres vivants se reproduisent : c'est une de leurs caractéristiques. D'après toi, les espèces végétales se reproduisent-elles de la même façon que les espèces animales ?

4.4.1 Qu'est-ce que la reproduction asexuée ?

Les clones existent dans la nature. Ce sont les produits de la reproduction asexuée.

DÉFINITION

La **reproduction asexuée** est un mode de reproduction dans lequel un seul parent produit une copie de lui-même, puis s'en sépare.

Avantages

C'est un mode de reproduction facile et rapide, car il se fait sans partenaire. Un seul individu joue le rôle de parent.

Inconvénients

Tous les descendants sont identiques au parent. Du point de vue génétique, ce sont des clones (des individus identiques). Si tous les individus d'une espèce sont identiques, ils ont moins de chances de survie lorsqu'il y a un changement dans le milieu, car aucun n'est avantagé. L'adaptation, l'évolution et la survie de l'espèce peuvent être compromises.

Un exemple de reproduction asexuée

Tu as peut-être déjà vu quelqu'un couper une tige d'une plante et la placer dans l'eau pour qu'elle y développe des racines. Voilà un exemple de reproduction asexuée qu'on appelle « bouturage ».

Au départ, on dépose une tige comprenant quelques feuilles de la plante à bouturer dans l'eau. Après un certain temps, des racines se développent.

Lorsqu'il y a suffisamment de racines, on transplante la pousse dans la terre. On obtient ainsi une nouvelle plante, génétiquement identique à la plante mère.

Certains végétaux peuvent se reproduire de façon asexuée. Ce type de reproduction existe aussi chez d'autres groupes d'êtres vivants.

4.4.2 Qu'est-ce que la reproduction sexuée?

Comme tu le sais déjà, la reproduction nécessite souvent la présence d'un individu mâle et d'un individu femelle.

DÉFINITION

La **reproduction sexuée** est un mode de reproduction qui repose sur l'union de deux cellules spécialisées (gamètes) : une cellule mâle et une cellule femelle.

Avantages

Ce mode de reproduction a l'avantage de produire des descendants qui ne sont pas identiques à leurs parents. Les descendants ont donc des caractéristiques qui leur sont transmises par un parent et d'autres par leur autre parent. Cette diversité des individus favorise l'adaptation de l'espèce à son milieu.

Inconvénients

Ce mode de reproduction est assez complexe. Il faut trouver un ou une partenaire, produire des cellules spécialisées pour la reproduction et faire en sorte que ces cellules se rencontrent. Tout cela entraîne une dépense d'énergie plus grande que celle qui est requise pour la reproduction asexuée.

Un exemple de reproduction sexuée

Bien sûr, les êtres humains se reproduisent de façon sexuée.

Un être humain naît de la rencontre d'un spermatozoïde, c'est-à-dire une cellule sexuelle provenant du père, et d'un ovule, soit une cellule sexuelle provenant de la mère.

Le bébé n'est pas entièrement identique à ses parents. Il présente certaines caractéristiques de sa mère et certaines caractéristiques de son père.

Presque tous les végétaux, les champignons et les animaux peuvent se reproduire de façon sexuée.

1. Remplis le tableau suivant en répondant «Oui» ou «Non» à chaque question.

CARACTÉRISTIQUE	REPRODUCTION SEXUÉE	REPRODUCTION ASEXUÉE
a) Présence d'un partenaire?		
b) Diversité des individus?		
c) Présence de cellules mâles et femelles?		

2. Indique si chacune des situations suivantes décrit une reproduction sexuée ou une reproduction asexuée.

a) Le fraisier produit des stolons, c'est-à-dire des tiges qui s'enracinent dans le sol et forment de nouveaux plants, identiques au premier. _____

b) Le cheval et la jument doivent s'accoupler afin de produire des descendants. _____

c) La femelle grenouille des marais pond des milliers d'œufs qui sont ensuite fécondés par la grenouille mâle. _____

d) Certains champignons produisent des hyphes, c'est-à-dire des filaments qui ressemblent à des racines, d'où émergent de nouveaux champignons identiques aux premiers. _____

e) Pour que les poires se forment, le vent doit transporter le pollen des fleurs d'un poirier à un autre. _____

3. Vrai ou faux? Si un énoncé est faux, corrige-le.

a) La reproduction sexuée permet de créer des descendants identiques aux parents.

_____

_____

b) La reproduction asexuée permet une grande capacité d'adaptation.

_____

_____

c) La reproduction asexuée est rapide et peu complexe.

_____

_____

d) Pour la reproduction sexuée, un individu n'a pas besoin de partenaire.

_____

_____

4. Complète le texte suivant en te servant des mots de la liste ci-contre.

Adaptation

Femelle

Identiques

L'espèce

Mâle

Partenaire

Rencontrent

Reproduction

Reproduction asexuée

Spécialisées

La reproduction sexuée se fait par l'union de deux cellules : une cellule sexuelle

_____ et une cellule sexuelle _____.

Ce mode de reproduction a l'avantage de produire des descendants qui ne

sont pas _____ à leurs parents. Cette diversité

d'individus permet une meilleure _____ de

_____ à son milieu. Cependant, ce mode de reproduction

est complexe. Il faut trouver un ou une _____, produire

des cellules _____ pour la _____

et faire en sorte que ces cellules se _____. Tout cela

entraîne une dépense d'énergie plus grande que celle qui est requise pour la

_____.

5. La lentille d'eau, une plante aquatique, se reproduit de deux façons. Indique
dans chaque cas le mode de reproduction qu'elle emploie.

a) L'été, la lentille d'eau se reproduit très rapidement.
Elle peut ainsi recouvrir tout un étang, même si de
nombreuses espèces s'en nourrissent.

_____

_____

_____

b) Lorsque l'automne arrive et que les conditions
deviennent plus difficiles, la lentille d'eau se met
à produire des fleurs mâles et des fleurs femelles.

_____

_____

_____

4.5 Les modes de reproduction chez les végétaux

■ *La reproduction asexuée ou sexuée, p. 126*

Comment un pommier ou un cactus se reproduisent-ils ? Y a-t-il des arbres mâles et des arbres femelles ? Comment les graines peuvent-elles parfois pousser si loin de la plante originale ?

4.5.1 Qu'est-ce que la reproduction asexuée chez les végétaux ?

Les plantes à fleurs et à graines peuvent se reproduire de plusieurs façons. Selon leur constitution, elles peuvent se reproduire de façon asexuée ou sexuée.

DÉFINITION

Chez les végétaux, la **reproduction asexuée** peut se faire, naturellement ou artificiellement, par bouturage ou par marcottage. Elle peut aussi se faire grâce à un organe spécial, comme un bulbe (exemple : la tulipe) ou un tubercule (exemple : la pomme de terre).

Bouturage

Bouturage naturel : une partie de la plante (tige, feuilles ou racines) se détache et s'enracine.

Bouturage artificiel : on coupe une partie de la plante pour qu'elle s'enracine.

Marcottage

Marcottage naturel : une tige s'enracine au sol sans se détacher de la plante.

Marcottage artificiel : on enterre une tige de la plante pour qu'elle s'enracine.

Reproduction par bulbe

Un bulbe est une sorte de bourgeon assurant une vie au ralenti. Il se compose de petits bulbes, les «bulbilles», qui peuvent chacun former une nouvelle plante.

Reproduction par tubercule

Un tubercule est une tige arrondie sur laquelle chaque bourgeon peut donner une nouvelle tige.

PETITE HISTOIRE DE LA SCIENCE

Les Jardins de Métis

1926 CANADA

Aujourd'hui, les Jardins de Métis, situés en Gaspésie, offrent aux visiteurs les splendeurs de quelque 3000 espèces et variétés de plantes. C'est Elsie Reford, née en Ontario en 1872, qui est à l'origine de ces jardins. En 1918, l'oncle d'Elsie, Lord Mount Stephen, lui lègue son immense domaine. Elsie commence à y jardiner en 1926. Pendant plus de 30 ans, elle dessinera des jardins et les réalisera elle-même. Elle meurt à Montréal à l'âge de 96 ans.

Elsie Reford (1872-1967)

Quelques modes de reproduction asexuée

Les exemples de reproduction asexuée sont nombreux chez les végétaux. En voici quelques-uns.

Bouturage

Les tiges du figuier de Barbarie ressemblent à de petites raquettes. (Les feuilles de ce cactus sont les épines.) Si une de ces petites raquettes tombe sur le sol, elle peut s'enraciner et donner un nouveau cactus.

Marcottage

Les tiges de la plante araignée se développent en s'éloignant de la plante mère. Si une de ces tiges entre en contact avec le sol, elle prend racine et finit par se détacher de la plante mère.

Plantation d'un bulbe

Les tulipes peuvent se développer de façon asexuée à l'aide de bulbes.

Plantation d'un tubercule

Chaque bourgeon de la pomme de terre peut former une nouvelle tige.

Il existe de nombreuses façons pour les végétaux de se reproduire de façon asexuée, comme le montrent les exemples ci-dessus.

4.5.2 Qu'est-ce que la reproduction sexuée chez les végétaux?

C'est bien connu que les abeilles qui butinent de fleur en fleur favorisent la reproduction des végétaux. Nous verrons ici pourquoi et comment.

DÉFINITION

La **reproduction sexuée** est le principal mode de reproduction des végétaux. Elle varie selon la sorte de plantes: fougères (spores), conifères (cônes) ou plantes à fleurs (fleurs).

Dans le cas des plantes à fleurs, la reproduction sexuée se fait en plusieurs étapes. (Tu peux te référer au schéma de la page ci-contre pour mieux comprendre les descriptions qui suivent.)

1. Floraison	→	2. Pollinisation	→	3. Fécondation	→	4. Fructification	→	5. Germination

La floraison est le développement des fleurs, qui contiennent les organes mâles (étamines) et les organes femelles (pistils).

La pollinisation est le transport du pollen (qui contient les cellules mâles) de l'anthère de l'étamine vers le stigmate du pistil (qui contient les cellules femelles).

La fécondation est l'union d'une cellule sexuelle mâle (contenue dans un grain de pollen) et d'une cellule sexuelle femelle (ou ovule).

La fructification est la formation d'un fruit portant des graines.

La germination est le développement de l'embryon contenu dans la graine: on voit apparaître des racines et une tige.

DES IDÉES POUR ALLER PLUS LOIN

LES PLANTES QUI PRODUISENT DES GRAINES

- La plupart des plantes se reproduisent à l'aide de graines.
- Si les graines sont contenues dans un fruit plus ou moins charnu, il s'agit d'une plante à fleurs. La majorité des espèces végétales sont des plantes à fleurs.
- Si la graine n'est pas protégée par un fruit, il s'agit d'un conifère.

LES PLANTES QUI NE PRODUISENT PAS DE GRAINES

- Les algues sont des plantes qui vivent dans l'eau et dans des endroits humides où elles flottent ou se fixent au sol.
- Les mousses sont des plantes terrestres, qui possèdent des poils absorbants jouant le rôle de racines. Elles se reproduisent par des spores.
- Les fougères et les prêles sont des plantes terrestres, qui se reproduisent par des spores, de façon plus complexe que les mousses.

Les parties d'une fleur

Avant de pousser plus loin la description de la reproduction des plantes à fleurs, voyons comment une fleur est faite.

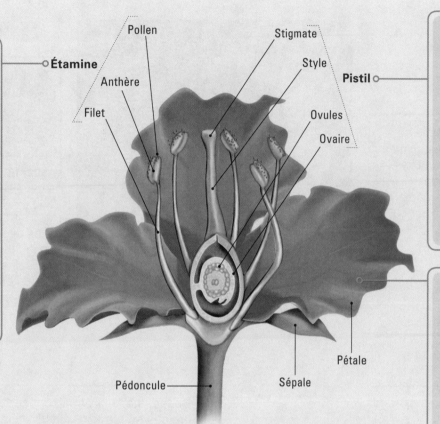

L'organe mâle de la fleur est l'étamine.

L'étamine est composée du filet, qui est une longue tige, et de l'anthère, qui se trouve au bout.

L'anthère est une petite masse recouverte de pollen.

Le pollen est l'équivalent des spermatozoïdes chez les animaux.

Pollen

Étamine

Anthère

Filet

Stigmate

Style

Pistil

Ovules

Ovaire

L'organe femelle de la fleur est le pistil.

Le pistil est composé de l'ovaire, qui contient les ovules, et du style, qui est un long tube reliant l'ovaire au stigmate (l'entrée du pistil).

Avec leurs couleurs, les pétales servent parfois à attirer les insectes.

Les sépales et le pédoncule servent de support à la fleur.

Pétale

Pédoncule

Sépale

Dans cet exemple, la fleur porte des parties mâles et des parties femelles. Cependant, chez certaines espèces, des fleurs sont mâles et d'autres sont femelles.

La fleur porte les organes sexuels d'une plante à fleurs. C'est grâce à elle que la plante se reproduit de façon sexuée.

Pourquoi certaines fleurs se referment-elles parfois?

Certaines fleurs se ferment la nuit pour protéger leur pollen contre la rosée, qui pourrait nuire à son transport par les insectes. D'autres se ferment pour se protéger du froid ou du mauvais temps. D'autres encore, pour éviter les invasions d'insectes nocturnes. Évidemment, les fleurs qui comptent sur les papillons de nuit ou sur les chauves-souris pour se reproduire se ferment, au contraire, durant le jour.

Les étapes de la reproduction sexuée des plantes à fleurs

Voyons en images à quoi correspond chacune des étapes de la reproduction sexuée des plantes qui portent des fleurs.

❶ Floraison

La floraison est l'étape au cours de laquelle les plantes produisent les fleurs. Elle est provoquée par des facteurs de l'environnement, comme la durée du jour ou la température.

❷ Pollinisation

Pour qu'il y ait fécondation, il faut d'abord qu'il y ait pollinisation. Les plantes comptent sur des agents extérieurs pour transporter le pollen de l'anthère au stigmate.

Les agents de pollinisation sont le vent, l'eau et certains animaux (les insectes, les chauves-souris et les oiseaux).

❸ Fécondation

Les grains de pollen qui atteignent le stigmate s'y collent. Ils forment ensuite un long tube qui pénètre jusqu'à l'ovaire. Une cellule mâle du grain de pollen descend alors dans le tube et s'unit à l'ovule (la cellule femelle). C'est la fécondation.

❹ Fructification

Quand une fleur est fécondée, une ou plusieurs graines se forment dans l'ovaire de la fleur. Dans le cas d'une fleur de pommier, ce sont des pépins.
La graine est constituée d'un embryon de plante, d'une réserve de nourriture et d'une enveloppe protectrice.

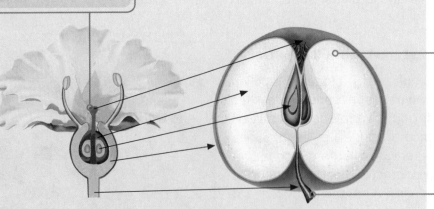

Pendant que la graine grossit, l'ovaire qui l'entoure devient un fruit. Dans le cas d'un pommier, l'ovaire devient une pomme.

Lorsque l'ovaire de la fleur se transforme en fruit, le pédoncule de la fleur devient la queue du fruit. Le bout du stigmate de la fleur reste visible sous la forme d'une rosette.

Les étapes de la reproduction sexuée des plantes à fleurs *(suite)*

❺ Germination

Une fois le fruit formé, les graines qu'il contient germeront si elles se retrouvent dans un endroit propice. Les graines doivent ainsi être dispersées pour avoir plus de chances de se développer.

Le vent disperse les graines de pissenlit. L'eau transporte les graines de cocotier. Certaines graines sont transportées par les animaux : ceux-ci mangent des fruits et rejettent leurs graines dans leurs excréments, loin du plant adulte.

Quand la graine de haricot germe, deux petites parties apparaissent : la radicule, qui fournira les racines, et la gemmule, qui produira une tige et des feuilles.

Le cotylédon sert de réserve de nourriture au jeune plant jusqu'à ce que ses feuilles se développent suffisamment pour utiliser l'énergie du Soleil. Par la suite, le cotylédon disparaît.

Certaines graines n'ont qu'un cotylédon, comme le maïs. D'autres graines en possèdent deux, comme l'arachide et le haricot. On ne voit qu'un des deux cotylédons du haricot sur l'illustration.

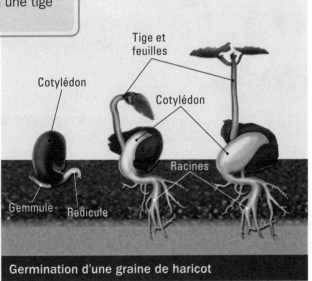

Cotylédon

Tige et feuilles

Cotylédon

Racines

Gemmule   Radicule

Germination d'une graine de haricot

Comme le montre l'explication qui précède, la reproduction sexuée est beaucoup plus complexe que la reproduction asexuée.

Le cycle de vie d'une plante à fleurs

Nous résumons ci-dessous les différents stades de la vie d'une plante à fleurs à l'aide de l'exemple du pommier.

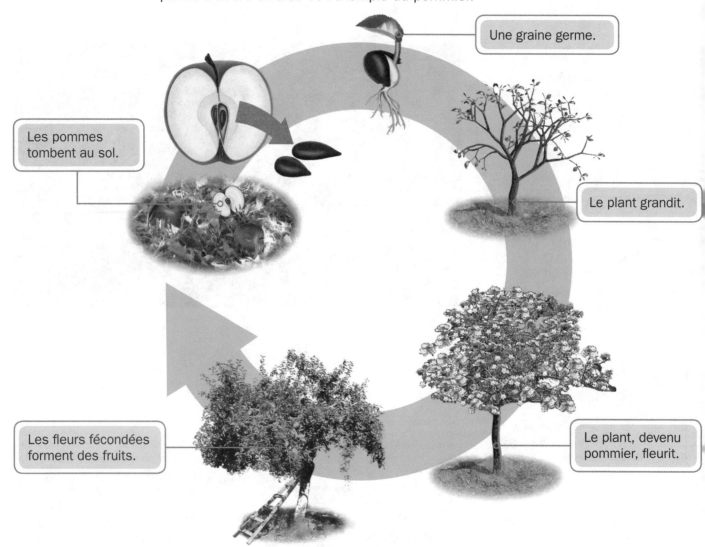

Une graine germe.

Le plant grandit.

Le plant, devenu pommier, fleurit.

Les fleurs fécondées forment des fruits.

Les pommes tombent au sol.

Comme le montre le schéma ci-dessus, la vie des plantes à fleurs forme un cycle qui va de la graine jusqu'au fruit.

Les fruits mûrissent-ils encore après la cueillette ?

Certains fruits mûrissent encore après la cueillette, d'autres non. Parmi ceux qui continuent de mûrir, on compte les bananes, les pommes et les pêches. Parmi ceux qui cessent de mûrir dès qu'on les cueille se trouvent les ananas, les fraises, les cerises et les agrumes. Les fruits qui continuent de mûrir dégagent de l'éthylène, un gaz qui déclenche le mûrissement une fois le fruit tombé de l'arbre. Cette adaptation des plantes à fleurs vise à attirer les animaux pour la dispersion des graines.

1. Relie chaque image (à gauche) à la méthode de reproduction asexuée qu'elle représente (à droite).

a)

•   • Bouturage

b)

•   • Marcottage

c)

        • Reproduction par bulbe

•

        • Reproduction par tubercule

2. Précise le type de reproduction utilisé dans les situations suivantes.

a) Pour cultiver de l'ail, on plante des gousses dans le sol.

_____

b) Lorsque le crassula, une plante grasse, perd ses feuilles, celles-ci produisent des racines et une nouvelle plante près de la plante mère.

_____

c) Le pissenlit produit des fleurs jaunes qui se transforment en graines portant des soies blanches après quelques jours.

_____

d) Samuel a offert une plante verte à Sandrine. Après quelques mois, elle constate que des tiges se sont replantées dans le pot.

_____

e) Le topinambour est un légume racine qu'on peut planter en terre pour le cultiver.

_____

3. Complète le schéma ci-dessous.

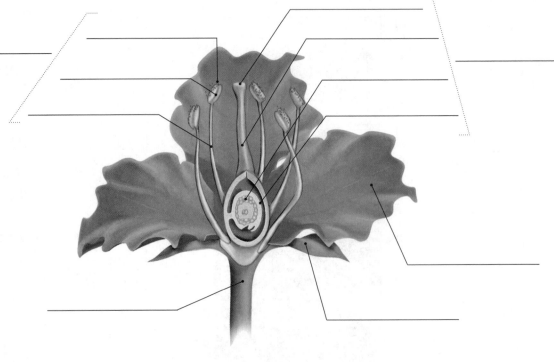

4. a) Comment se nomme l'organe femelle de la fleur? _____

b) Comment se nomme son organe mâle? _____

c) Est-ce que toutes les fleurs comportent à la fois des organes mâles et femelles? Explique ta réponse.

_____

_____

_____

5. Pour que les plantes à fleurs se reproduisent, il faut que le pollen passe d'une fleur à une autre. Comme les plantes ne peuvent pas se déplacer, elles utilisent différentes adaptations pour attirer les agents pollinisateurs.

a) Nomme deux agents pollinisateurs.

_____

_____

b) Décris deux exemples de pollinisation grâce à un agent pollinisateur.

• _____

_____

• _____

_____

6. Complète le schéma suivant, puis réponds aux questions.

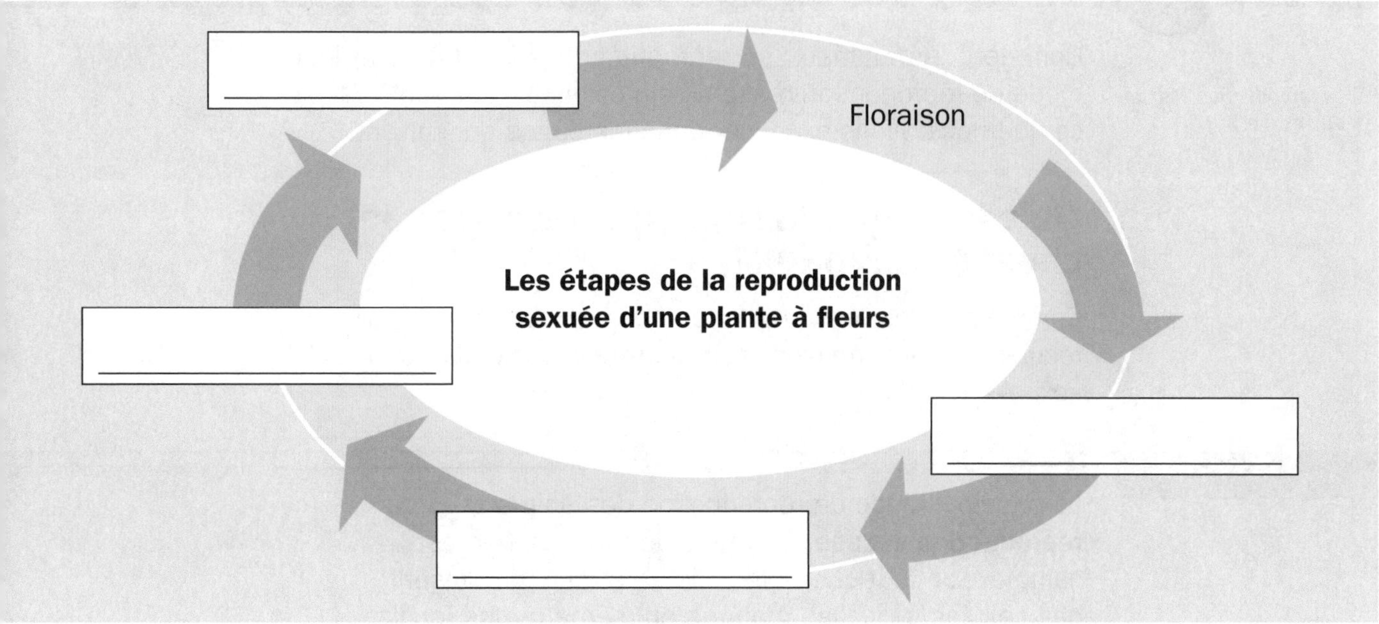

Floraison

Les étapes de la reproduction sexuée d'une plante à fleurs

a) Quel est le rôle de la pollinisation?

_____

_____

b) Qu'est-ce que la fécondation?

_____

_____

c) Quelle est la différence entre la fructification et la germination?

_____

_____

_____

_____

7. Nomme la partie d'une plante à fleurs décrite dans chaque énoncé.

a) Porte l'ensemble des organes sexuels.   _____

b) Devient le fruit après la fécondation.   _____

c) Contient les grains de pollen.   _____

d) Sert de réserve de nourriture
au jeune plant.   _____

e) Organe femelle de la fleur.   _____

Les modes de reproduction
4.6 chez les animaux

La reproduction asexuée ou sexuée, p. 126

Comment les animaux se reproduisent-ils? Est-ce que leur mode de reproduction ressemble à celui des végétaux? C'est ce que nous allons examiner dans les pages qui suivent.

4.6.1 Qu'est-ce que la reproduction sexuée chez les animaux?

Comme pour les végétaux, la reproduction sexuée des animaux requiert la rencontre d'une cellule sexuelle mâle et d'une cellule sexuelle femelle.

DÉFINITION

Le principal mode de reproduction des animaux est la **reproduction sexuée**. Ce mode de reproduction est complexe : il faut que la femelle et le mâle produisent des cellules sexuelles matures en même temps, qu'ils se rencontrent dans un même lieu et qu'ils s'acceptent comme partenaires.

Période de reproduction

Il s'agit de la période de l'année réservée à l'accouplement. Chez les mammifères, on l'appelle la « période de rut ». Chez les poissons, on l'appelle la « période de frai ».

Fécondation

Il s'agit de l'union d'une cellule sexuelle mâle et d'une cellule sexuelle femelle (c'est-à-dire d'un spermatozoïde et d'un ovule).

La fécondation peut se faire à l'extérieur de la femelle : c'est la fécondation externe. Elle peut aussi se faire dans le corps de la femelle : c'est la fécondation interne.

Développement

Ovipares : Se dit des animaux (par exemple, les oiseaux) dont les œufs se développent entièrement à l'extérieur de la femelle. Il n'y a pas d'échange de substances entre la mère et l'embryon.

Vivipares : Se dit des animaux (par exemple, les mammifères) dont les ovules fécondés se développent à l'intérieur de la femelle. L'embryon est relié à la mère, qui lui fournit tout ce qui est nécessaire à son développement.

Ovovivipares : Se dit des animaux (par exemple, certains reptiles) dont les œufs se développent dans le corps de la femelle jusqu'à ce qu'ils soient prêts à éclore. Il n'y a pas d'échange de substances entre la mère et l'embryon.

La période de reproduction et la fécondation

Jetons un coup d'œil sur ce qui se passe chez le cerf de Virginie et chez la grenouille au moment de la reproduction.

ANIMAL	Cerf de Virginie	Grenouille
PÉRIODE DE REPRODUCTION	La période de rut survient à l'automne.	La période de reproduction survient au printemps. Les grenouilles n'ont pas de véritable accouplement: le mâle stimule la ponte des œufs en grimpant sur le dos de la femelle.
TYPE DE FÉCONDATION	Fécondation interne. Après l'accouplement, un spermatozoïde féconde un ovule à l'intérieur du corps de la femelle.	Fécondation externe. La femelle pond ses œufs dans un milieu humide, pour éviter qu'ils se dessèchent. En même temps, le mâle libère son sperme afin que ses spermatozoïdes aillent féconder les œufs. La fécondation externe nécessite un grand nombre d'ovules et de spermatozoïdes. Ainsi, les chances que les ovules et les spermatozoïdes se rencontrent dans l'eau sont plus grandes.
AUTRES ANIMAUX AYANT LE MÊME TYPE DE FÉCONDATION	Les reptiles (crocodiles, serpents, etc.), les oiseaux (canards, autruches, etc.) et les mammifères (singes, êtres humains, etc.).	La majorité des poissons (saumons, perches, etc.), des mollusques (moules, escargots, etc.) et des amphibiens (grenouilles).

À l'aide de ces deux exemples, on peut remarquer que la fécondation interne et la fécondation externe sont des stratégies de reproduction très différentes.

Pourquoi les œufs ont-ils la forme d'une boule allongée?

Un œuf a d'abord une forme arrondie pour faciliter la ponte. Mais s'il était parfaitement rond, il risquerait de rouler hors du nid. Sa forme ovale lui permet de rouler en décrivant un cercle, ce qui le ramène doucement à sa place.

Le développement des petits

Une fois la femelle fécondée, le petit peut se développer de trois façons.

Ovipares

Chez les ovipares, l'œuf se développe entièrement à l'extérieur de la femelle. Tout ce qui est nécessaire au développement de l'embryon est contenu dans l'œuf. Il n'y a pas d'échange de substances entre la mère et l'embryon.

En général, les amphibiens, les poissons, les reptiles et les oiseaux sont des ovipares. Dans certains cas, les œufs sont protégés ou couvés par les parents. Dans d'autres cas, ils sont laissés à eux-mêmes.

Vivipares

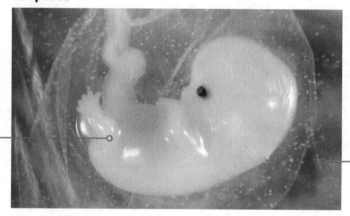

Chez les vivipares, l'ovule fécondé se développe à l'intérieur de la femelle. L'embryon est relié à la femelle, qui lui fournit tout ce qui est nécessaire à son développement. Il y a de nombreux échanges de substances entre la mère et l'embryon.

Les mammifères, y compris l'être humain, sont des vivipares. (La photo montre un fœtus humain de cinq semaines.)

Ovovivipares

Le mode de développement des ovovivipares est identique à celui des ovipares. L'œuf est totalement indépendant de la femelle. Celle-ci le conserve toutefois à l'intérieur de son corps jusqu'à ce qu'il soit prêt à éclore.

Certains reptiles (comme les couleuvres, les boas et les vipères) et certains poissons (comme les requins) sont des ovovivipares.

L'œuf (l'ovule fécondé) peut se développer dans le corps de la mère (vivipares et ovovivipares) ou à l'extérieur de celui-ci (ovipares). Il peut être indépendant de la mère (ovipares et ovovivipares) ou en être dépendant (vivipares).

Le cycle de vie d'un insecte

Parmi les animaux, les insectes ont un cycle de vie particulier. Le schéma suivant présente les divers stades de la vie d'un papillon : le monarque.

1 Au départ, une femelle adulte dépose un œuf sur une feuille. Elle peut pondre ainsi de 200 à 400 œufs. Le mâle les fertilise ensuite. La fécondation est donc externe.

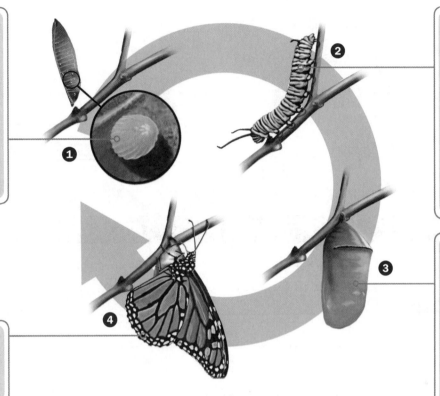

2 L'éclosion de l'œuf se fait de 3 à 12 jours plus tard, selon la température. Une larve sort de l'œuf. C'est une chenille. La chenille grossit rapidement et mue (change de peau) 4 ou 5 fois.

3 À sa dernière mue, la chenille tisse un cocon attaché à une branche. Elle forme alors une enveloppe dure et verte. La chenille devient une pupe (ou une chrysalide). Ce stade dure 14 jours.

4 La pupe (ou la chrysalide) se transforme en papillon.

On appelle cette série de transformations une « métamorphose ». La plupart des insectes passent par des cycles semblables de métamorphose.

Comme le montre le schéma ci-dessus, la vie des animaux comme le monarque constitue un cycle qui va de l'œuf au stade adulte.

Peut-il y avoir plus de deux sexes dans le règne animal ?

Il n'existe pas de troisième sexe chez les êtres vivants. Cependant, il existe des animaux qui sont à la fois mâles et femelles (comme les escargots) et d'autres qui ont la capacité de changer de sexe au cours de leur vie (comme les huîtres). Quelques-uns, comme les hydres (voir la photo), parviennent même à se reproduire de façon asexuée, par bourgeonnement, comme les plantes.

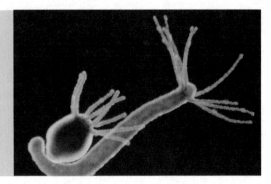

1. Indique si les animaux suivants ont une fécondation interne ou externe.

   a) La grenouille des bois   _____

   b) Le pic chevelu   _____

   c) La chauve-souris   _____

   d) Le saumon   _____

   e) Le serpent à sonnette   _____

   f) L'âne   _____

   g) L'oursin de mer   _____

   h) Le chat   _____

2. Indique le rôle du mâle et de la femelle selon le type de fécondation.

TYPE DE FÉCONDATION	RÔLE DU MÂLE	RÔLE DE LA FEMELLE
Fécondation interne		
Fécondation externe		

3. Qu'est-ce que la période de rut?

   _____

   _____

4. Pourquoi les animaux qui ont un mode de fécondation externe doivent-ils produire un très grand nombre de cellules sexuelles?

   _____

   _____

   _____

5. Nomme la cellule reproductrice mâle et la cellule reproductrice femelle chez les animaux.

   _____

   _____

   _____

6. Quelle est la différence entre un ovipare et un ovovivipare?

_____

_____

_____

_____

_____

_____

7. Une fois la femelle fécondée, le petit peut se développer de trois façons.

a) Nomme ces trois modes de développement dans la colonne de gauche du tableau.

b) Inscris le nom de chaque espèce animale dans la case correspondant à son mode de développement.

Aigle	Être humain	Saumon
Boa	Grenouille	Vache
Chien	Requin	Vipère

MODE DE DÉVELOPPEMENT	ESPÈCES
_____	_____ _____ _____ _____
_____	_____ _____ _____ _____
_____	_____ _____ _____ _____

8. Complète le texte suivant qui porte sur la reproduction de la taupe.

Chez la taupe, une sorte de mammifères, la _____

survient habituellement au printemps. La fécondation est

_____, ce qui signifie que le spermatozoïde

_____.

Pendant son développement, _____ est relié à la

femelle. Il y a des échanges constants entre _____.

La femelle porte de deux à cinq petits. La gestation dure entre quatre et

six semaines.

Synthèse du chapitre 4

1. Que suis-je ? Je suis l'unité de base de tous les êtres vivants et la plus petite unité de vie.

_____

2. Un ordinateur n'est pas vivant. Pourtant, il possède plusieurs caractéristiques du vivant. Parmi ces caractéristiques, énumères-en trois qui prouvent que l'ordinateur n'est pas vivant.

- _____
- _____
- _____

3. Décris trois différences entre la cellule végétale et la cellule animale.

_____

_____

_____

_____

_____

4. Remplis la grille de mots croisés.

Horizontal

2. Constituant de la cellule qui permet de produire de l'énergie.

6. Mode de fécondation qui se produit à l'extérieur du corps de la femelle.

8. Tige arrondie dont les bourgeons peuvent former une nouvelle tige.

11. Sert de réserve de nourriture au jeune plant.

13. Étape du cycle de reproduction au cours de laquelle les végétaux produisent des fleurs.

16. Animaux qui se développent dans un œuf, dans le corps de la femelle.

19. Partie de la cellule responsable du contrôle de ses activités.

20. Excroissance de la graine lors de la germination, qui deviendra les racines.

Vertical

1. Union d'une cellule mâle et d'une cellule femelle.

3. Type de fécondation qui se produit à l'intérieur du corps de la femelle.

4. Type de reproduction par lequel une tige s'enracine dans le sol sans se détacher de la plante mère.

5. Période de reproduction chez les mammifères.

7. Lors de la germination, partie de la graine qui deviendra la tige et les feuilles.

9. Sorte de bourgeon qui assure une vie au ralenti. Se divise pour former de nouveaux plants au printemps.

10. Animaux qui se développent dans un œuf, à l'extérieur de la femelle.

Vertical *(suite)*

12. Mode de reproduction qui ne nécessite la présence que d'un seul individu.

14. Période de reproduction chez les poissons.

15. Procédé qui consiste à couper une partie de la plante pour lui permettre de faire des racines.

17. Animaux qui se développent dans le ventre de la femelle.

18. Mode de reproduction qui permet une plus grande adaptation aux changements du milieu.

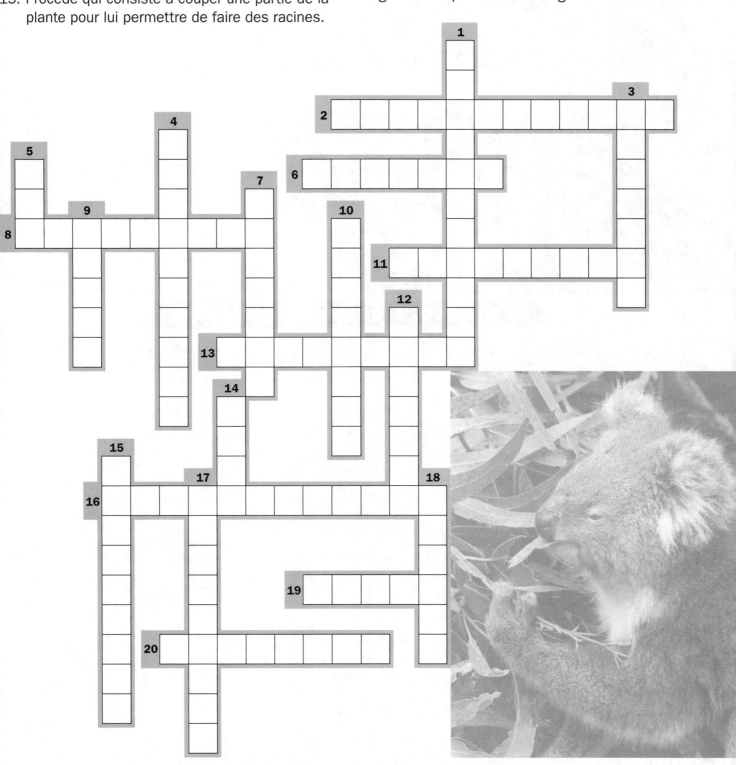

La Terre et l'espace

Notre système solaire compte huit planètes. Parmi celles-ci se trouve la Terre. Ce n'est qu'en 1990 que les scientifiques ont découvert des planètes autour d'autres étoiles que le Soleil. Depuis, ils en ont détecté des centaines et ils estiment qu'il y en aurait des milliards dans notre galaxie. Cela nous fait prendre conscience que notre planète n'est qu'un minuscule point dans l'espace. Pourtant, nous ne connaissons aucune autre planète habitée. La Terre est donc unique et précieuse. Il faut en prendre soin et, pour cela, il faut bien la connaître.

La section de cet ouvrage qui porte sur la Terre et l'espace t'amènera à mieux saisir la définition suivante d'une planète.

Une planète, c'est un corps céleste sphérique qui ne produit pas de lumière et qui tourne autour du Soleil (ou d'une autre étoile).

La Terre est une planète.

La Terre : ses caractéristiques, ses phénomènes

QU'EST-CE QUE LA TERRE ?

Dans ce chapitre, tu examineras la composition de l'intérieur de la Terre.

Tu découvriras également les enveloppes de la Terre et comment elles interagissent entre elles.

Tu exploreras des phénomènes qui surviennent dans les enveloppes de la Terre. Ainsi, tu en sauras plus sur le cycle de l'eau, les plaques tectoniques, la formation des montagnes, les volcans, les tremblements de terre et l'érosion.

La Terre occupe une position privilégiée dans le système solaire. Elle est juste à la bonne distance du Soleil pour que sa surface ne soit ni trop chaude ni trop froide. En effet, la température moyenne y est de 14 °C. L'eau peut donc exister à l'état liquide sur cette planète. C'est une condition essentielle à l'apparition et au maintien de la vie telle que nous la connaissons.

Notre planète est une sphère de 12 760 km de diamètre. Sa masse est de 6×10^{24} kg (6 suivi de 24 zéros). Ce n'est pas une sphère parfaite. Sa rotation rapide la rend légèrement aplatie aux pôles et quelque peu bombée à l'équateur.

La Terre tourne autour du Soleil en environ 365 jours. Elle tourne aussi sur elle-même en 24 heures. Sa distance du Soleil est de 150 millions de kilomètres. Sa superficie s'étend sur 510 millions de kilomètres carrés.

La position de la Terre dans le système solaire et la façon dont elle se déplace dans l'espace déterminent une multitude de phénomènes qui rythment nos vies : l'alternance des saisons, l'alternance du jour et de la nuit, les éclipses, etc.

La **Terre** est l'une des huit planètes du système solaire. Elle occupe une position privilégiée dans le système solaire, ce qui a permis l'éclosion de la vie.

La structure interne et les enveloppes de la Terre

Connais-tu vraiment cette planète que tu habites ? Qu'y a-t-il sous sa surface ? Pourrait-on descendre jusqu'au centre de la Terre ? Quels endroits de la Terre sont habitables ?

5.1.1 Qu'est-ce que la structure interne de la Terre ?

L'intérieur de la Terre est chaud et inhabitable. Il fait 300 °C à 10 km de profondeur et plusieurs milliers de degrés au centre de la Terre. Selon les connaissances actuelles, peu d'êtres vivants survivent au-dessus de 100 °C.

DÉFINITION

La **structure interne de la Terre** est composée de trois grandes parties : le noyau, le manteau et la croûte terrestre.

Noyau

Le noyau est la partie située au centre de la Terre. Cette partie, qui est la plus chaude, comprend une portion solide (noyau interne) et une portion liquide (noyau externe). Elle est composée principalement de fer et de nickel.

Manteau

Le manteau est la partie de la Terre comprise entre la croûte terrestre et le noyau. Il est formé d'une couche de roches solides, près de la croûte terrestre. Au-dessous, les roches sont partiellement fondues et ressemblent à une pâte épaisse. C'est de cette région que provient le magma, qui sort des volcans sous forme de lave.

Croûte terrestre

La croûte terrestre est la partie externe de la Terre. Elle est constituée de roches solides. Elle forme les continents (croûte continentale) et le fond des océans (croûte océanique).

Qu'arriverait-il si on tombait dans un trou qui traverserait la Terre ?

Creuser un trou à travers la Terre est impossible. Si ce trou existait, une personne qui y tomberait finirait par s'immobiliser au centre de la Terre, à 6380 km de profondeur. À cet endroit, en effet, les effets de la gravité s'annulent. La personne devrait toutefois y supporter une chaleur énorme (environ 5000 °C) et une pression gigantesque (14,2 millions de fois la pression atmosphérique).

Une vue de l'intérieur de la Terre

Voici à quoi ressemble l'intérieur de la Terre.

Au centre de la Terre se trouve le noyau, composé d'un noyau interne et d'un noyau externe. Ce noyau est entouré du manteau et d'une fine croûte rocheuse, la croûte terrestre. La température de la Terre diminue constamment du noyau vers la surface.

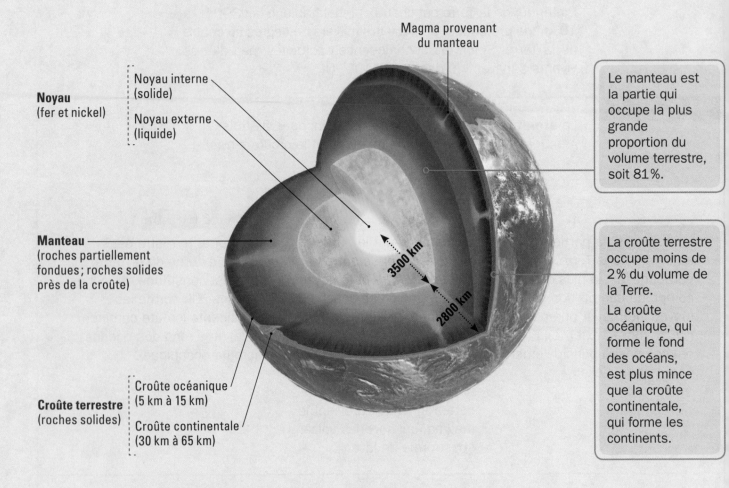

Magma provenant du manteau

Noyau
(fer et nickel)

Noyau interne (solide)

Noyau externe (liquide)

3500 km

2800 km

Le manteau est la partie qui occupe la plus grande proportion du volume terrestre, soit 81 %.

Manteau
(roches partiellement fondues ; roches solides près de la croûte)

La croûte terrestre occupe moins de 2 % du volume de la Terre.

La croûte océanique, qui forme le fond des océans, est plus mince que la croûte continentale, qui forme les continents.

Croûte terrestre
(roches solides)

Croûte océanique (5 km à 15 km)

Croûte continentale (30 km à 65 km)

Partie de la Terre	Pourcentage du volume total de la Terre
Noyau	Environ 17 %
Manteau	Environ 81 %
Croûte terrestre	Moins de 2 %

L'intérieur de la Terre est composé de métaux et de roches, solides ou fondus, formant trois parties aux caractéristiques distinctes.

5.1.2 Quelles sont les enveloppes de la Terre ?

Les êtres vivants habitent à la surface de la Terre, sur la croûte terrestre. Ils dépendent de la couche d'air qui englobe la planète. L'eau qui recouvre la Terre leur est aussi indispensable. En d'autres mots, les êtres vivants dépendent de toutes les « enveloppes de la Terre ». On les considère eux-mêmes comme appartenant à une quatrième enveloppe : la biosphère.

> **DÉFINITION**
>
> Les **enveloppes de la Terre** sont la lithosphère (enveloppe solide), l'hydrosphère (enveloppe d'eau), l'atmosphère (enveloppe d'air) et la biosphère (enveloppe qui contient tous les êtres vivants).

Les quatre enveloppes de la Terre

L'illustration ci-dessous représente les quatre enveloppes terrestres.

L'atmosphère est la couche de gaz qui entoure la Terre. Elle contient l'oxygène que nous respirons et elle nous protège des rayons ultraviolets du Soleil.

La biosphère représente la vie sur la planète, sous toutes ses formes : végétaux, bactéries, animaux, etc.

La lithosphère est l'enveloppe de roches solides de la Terre. Elle comprend tous les éléments du relief : montagnes, plaines, plateaux, volcans, etc.

L'hydrosphère regroupe l'ensemble des eaux (océans, lacs, rivières, etc.) qui recouvrent notre planète. Elle occupe la plus grande partie de la surface de la Terre.

Les quatre enveloppes de la Terre interagissent entre elles. Par exemple, s'il y a de fortes pluies (atmosphère) qui font sortir les rivières (hydrosphère) de leur lit, cela causera des inondations. Ces inondations pourront détruire une partie du sol (lithosphère) et de la végétation (biosphère).

Plusieurs éléments de la biosphère sont traités dans les chapitres sur l'univers vivant. Le présent chapitre porte sur les trois autres enveloppes de la Terre.

1. Indique à quelle partie de la structure interne de la Terre correspond chaque description.

a) Cette partie est entièrement solide. _____

b) Selon sa profondeur, cette partie est faite de roches solides ou de roches fondues. _____

c) C'est la partie dont le rayon est le plus grand. _____

d) L'épaisseur de cette partie varie d'un endroit à un autre. _____

e) C'est la partie la plus chaude. _____

f) C'est la partie la plus volumineuse. _____

2. Complète ce schéma de la structure interne de la Terre.

3. De quelles substances est composé le noyau de la Terre?

_____

_____

4. Qu'est-ce que le magma? Réponds à cette question en complétant le texte suivant.

Le magma est fait de _____

Il a la texture d'une _____. Il se trouve dans le

_____. Il sort des _____

sous forme de lave.

5. Vrai ou faux ? Si un énoncé est faux, corrige-le.

a) Le manteau est composé de roches solides et de magma.

_____

_____

b) Le noyau de la Terre est entièrement composé de matière solide.

_____

_____

c) La couche solide du noyau de la Terre est plus froide que sa couche liquide.

_____

_____

d) La lave et le magma sont tous les deux composés de roches fondues.

_____

_____

e) La croûte continentale est plus mince que la croûte océanique.

_____

_____

6. À ton avis, pourrait-on un jour découvrir une civilisation perdue au centre de la Terre, comme on le voit dans certains romans de Jules Verne ou de Roderick Gordon ? Explique ta réponse.

_____

_____

_____

_____

7. La Terre est recouverte de quatre enveloppes.

a) Nomme chacune de ces enveloppes, puis décris-la à l'aide d'un mot.

ENVELOPPE	MOT QUI LA DÉCRIT

b) Quelle enveloppe partage en partie l'espace des trois autres enveloppes ?

_____

5.2 La lithosphère

La structure interne et les enveloppes de la Terre, p. 151

Le mot « lithosphère » vient du mot grec *lithos* qui signifie « pierre ». La lithosphère est donc une enveloppe de pierre. Cette enveloppe de la Terre n'est pas identique partout. Des volcans, des tremblements de terre et d'autres phénomènes la façonnent.

5.2.1 Qu'est-ce que la lithosphère?

Voyons plus précisément ce qu'est la lithosphère.

> **DÉFINITION**
>
> La **lithosphère** est l'enveloppe de roches solides de la Terre. Elle est formée de la croûte terrestre et de la partie supérieure du manteau. Elle englobe tous les éléments du relief: montagnes, plaines, plateaux, volcans, etc.

Un schéma de la lithosphère

Nous voyons ici une coupe des premiers kilomètres sous la surface de la Terre.

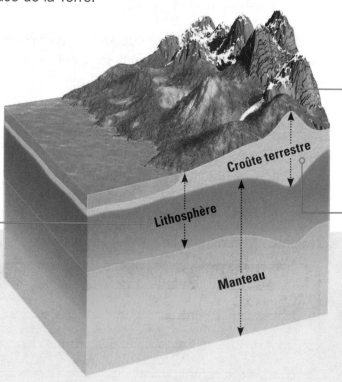

La lithosphère est constituée de la croûte terrestre et de la couche du manteau située sous la croûte terrestre. Ces deux parties de la Terre sont faites de roches solides.

C'est dans la lithosphère que des phénomènes comme la formation des roches, la formation des montagnes, les tremblements de terre et le volcanisme se produisent.

La croûte continentale est plus épaisse que la croûte océanique. C'est pourquoi l'épaisseur de la lithosphère est variable. Elle varie entre 70 km et 150 km.

Croûte terrestre

Lithosphère

Manteau

La lithosphère, ce n'est pas que la croûte terrestre. La partie supérieure du manteau de la Terre en fait aussi partie.

La lithosphère et les activités humaines

L'être humain vit en relation avec la lithosphère. Voyons quelques-unes des activités qui le lient à cette enveloppe de la Terre.

L'être humain exploite la lithosphère pour en extraire des minéraux, comme le cuivre, et des matériaux, par exemple du sable. On voit ici une mine de fer.

La lithosphère est l'endroit où vivent plusieurs êtres vivants, y compris les végétaux. Ceux-ci trouvent dans le sol l'eau et les minéraux dont ils ont besoin pour se développer. L'être humain cultive des plantes et les récolte pour se nourrir, pour nourrir les animaux qu'il a domestiqués, pour se vêtir, etc.

L'être humain transforme la lithosphère, notamment en y enfouissant ses déchets.

L'être humain habite la lithosphère. Il y aménage des rues et il y construit des maisons. Il utilise pour cela des matériaux issus du sol, comme la pierre, le sable et le pétrole.

L'être humain établit de nombreuses relations avec la lithosphère, car il y trouve beaucoup de produits dont il a besoin.

PETITE HISTOIRE DE LA SCIENCE

Principes de géologie

1830-1833 GRANDE-BRETAGNE

De 1830 à 1833, Charles Lyell publie trois volumes de géologie (science qui étudie la croûte terrestre). L'idée principale de ces ouvrages est que « le présent est la clé du passé ». Autrement dit, les phénomènes géologiques actuels peuvent être expliqués par l'accumulation de très petites modifications sur de très longues périodes. Ces ouvrages influencent notamment le naturaliste Charles Darwin, qui s'en inspire pour élaborer sa théorie de l'évolution.

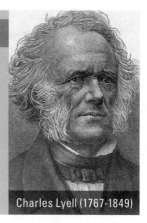

Charles Lyell (1767-1849)

5.2.2 Qu'est-ce que le relief?

L'orogenèse, p. 182

L'érosion, p. 192

La surface de la lithosphère n'est pas uniforme, comme le montre le relief de l'endroit où tu habites. Habites-tu dans les Appalaches, sur le Bouclier canadien, ou encore dans la plaine du Saint-Laurent?

DÉFINITION

Le **relief** est l'ensemble des formes que l'on trouve à la surface de la lithosphère (hauteurs, creux, plateaux).

Plateaux et boucliers

Les plateaux sont de vastes étendues plutôt planes, situées à une certaine altitude (au moins 300 m de hauteur) par rapport à ce qui les entoure.

Les boucliers forment un relief très ancien, qui a l'apparence d'un plateau légèrement bombé. Le Bouclier canadien en est un exemple.

Plaines et collines

Les plaines forment généralement un relief plat et peu élevé. Les plaines sont parfois d'anciennes rivières ou d'anciennes mers au fond desquelles des dépôts de sable, de gravier et de roches se sont accumulés. Au Québec, la plaine du Saint-Laurent en est un exemple.

Les collines sont des renflements du relief de faible élévation qu'on trouve dans les plaines. Le mont Saint-Hilaire en est un exemple.

Montagnes et vallées

Les montagnes présentent un relief très élevé, caractérisé par de fortes pentes. Elles naissent du plissement de la croûte terrestre lors de la collision de deux plaques tectoniques. Lorsque plusieurs montagnes se suivent sur une longue distance et occupent une grande superficie, on parle d'une chaîne de montagnes.

Les vallées sont des étendues basses et allongées, situées généralement entre deux montagnes et façonnées par un cours d'eau. C'est l'érosion causée par l'écoulement de l'eau des montagnes qui creuse les vallées.

D'où viennent tous ces lacs qu'on trouve au Québec?

Il y a plus de 15 000 ans, une couche de glace de plusieurs kilomètres d'épaisseur recouvrait presque tout le Canada. Lorsque cette couche de glace s'est retirée et a fondu, les cavités qui avaient été formées par le poids des glaciers se sont remplies d'eau. Le surplus d'eau s'est écoulé vers les océans. L'eau qui est restée dans les cavités a formé la plupart des lacs que nous trouvons aujourd'hui au nord du fleuve Saint-Laurent.

Le relief du Québec

Voyons les principaux types de relief du Québec.

Le Bouclier canadien est une vaste région qui couvre le nord-est du Canada et qui occupe 90 % du territoire du Québec.

C'est une très vieille chaîne de montagnes, usée par l'érosion, qui a entre un et quatre milliards d'années.

Comme il s'agit d'un plateau, le Bouclier est légèrement surélevé par rapport aux régions environnantes.

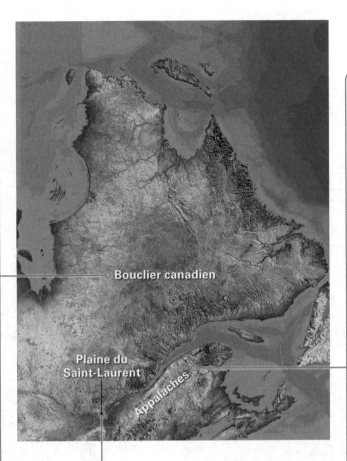

Les Appalaches occupent une bonne partie de l'est du continent nord-américain. Au Québec, cet ensemble montagneux couvre les régions suivantes : Estrie, Centre-du-Québec, Chaudière-Appalaches, Bas-Saint-Laurent et Gaspésie.

La chaîne des Appalaches est très ancienne. Elle est donc plus usée et moins élevée que des chaînes de montagnes plus jeunes, telles que les Rocheuses, en Colombie-Britannique.

La plaine du Saint-Laurent s'étend de part et d'autre du fleuve Saint-Laurent, du sud-ouest de Montréal jusqu'à Québec.

Elle est née de l'assèchement de la mer de Champlain. Cette mer recouvrait presque toute la plaine, du Bouclier canadien jusqu'au pied des Appalaches. La plaine est parsemée de quelques collines, les Montérégiennes, comme le mont Saint-Hilaire, que l'on peut voir sur la photo.

Comme tu peux le remarquer, le Québec offre diverses formes de relief.

Le relief et les activités humaines

L'être humain doit apprendre à vivre avec le relief de la Terre. Une rivière tumultueuse à traverser, une pente raide à escalader, un sol dur à creuser, voilà des exemples d'obstacles que l'être humain peut rencontrer.

La plupart des activités humaines se déroulent dans les plaines. On y trouve 60 % des êtres humains. La circulation et les transports y sont plus faciles. Les sols y sont généralement riches et favorables à l'agriculture.

L'agriculture ne se fait pas seulement dans les plaines. L'être humain a également mis au point la culture du riz en terrasses, comme ici, au Vietnam.

Le viaduc de Millau démontre l'ingéniosité de l'être humain. Ce viaduc franchit la vallée du Tarn, en France. Il mesure 2460 m de longueur et a une hauteur maximale de 270 m.

À l'origine, le ski était un moyen de se déplacer sur les pentes enneigées en hiver. D'autres sports ont une origine semblable, comme le kayak ou le canot, qui permettaient de franchir les étendues d'eau.

Comme le montrent ces exemples, l'être humain adapte ses activités au relief.

1. Vrai ou faux ? Si un énoncé est faux, corrige-le.

a) La partie supérieure du manteau, qui est composée de roches solides, fait partie de la lithosphère.

_____

_____

b) Les êtres humains exploitent la lithosphère uniquement pour ses ressources en pétrole et ses minéraux.

_____

_____

c) Le relief est l'ensemble des formes qu'on trouve à la surface d'une montagne.

_____

_____

2. Pour chaque photo ci-dessous, précise un lien qui existe entre la lithosphère et les activités humaines.

a)

_____

_____

_____

_____

_____

b)

_____

_____

_____

_____

c)

_____

_____

_____

_____

3. Lis le texte se rapportant à la photo suivante, puis réponds aux questions en te servant de tes connaissances sur le relief. (La Nouvelle-Zélande est un pays situé au sud-est de l'Australie.)

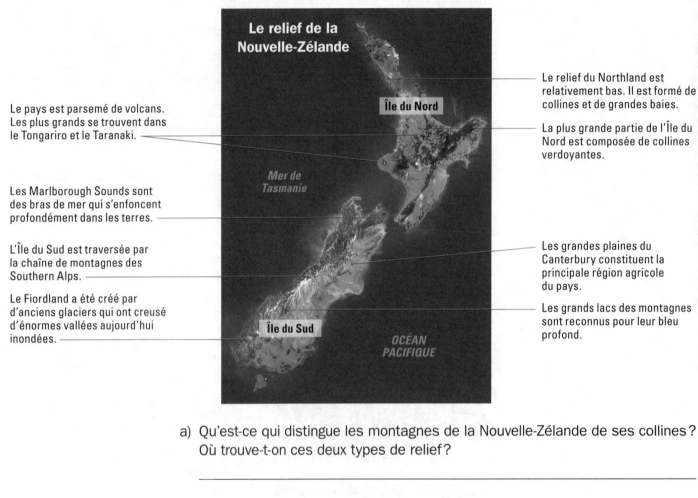

Le relief de la Nouvelle-Zélande

Le pays est parsemé de volcans. Les plus grands se trouvent dans le Tongariro et le Taranaki.

Les Marlborough Sounds sont des bras de mer qui s'enfoncent profondément dans les terres.

L'Île du Sud est traversée par la chaîne de montagnes des Southern Alps.

Le Fiordland a été créé par d'anciens glaciers qui ont creusé d'énormes vallées aujourd'hui inondées.

Île du Nord

Mer de Tasmanie

Île du Sud

OCÉAN PACIFIQUE

Le relief du Northland est relativement bas. Il est formé de collines et de grandes baies.

La plus grande partie de l'Île du Nord est composée de collines verdoyantes.

Les grandes plaines du Canterbury constituent la principale région agricole du pays.

Les grands lacs des montagnes sont reconnus pour leur bleu profond.

a) Qu'est-ce qui distingue les montagnes de la Nouvelle-Zélande de ses collines? Où trouve-t-on ces deux types de relief?

_____

_____

_____

_____

_____

b) Pourquoi les activités agricoles sont-elles concentrées dans le Canterbury?

_____

_____

_____

c) En Nouvelle-Zélande, le retrait des glaciers n'a pas formé de lacs. Décris ce qu'il a formé.

_____

_____

_____

4. La Nouvelle-Zélande est un pays géologiquement jeune. Il a environ 80 millions d'années. Nomme le relief illustré par chacune de ces photos prises dans ce pays.

 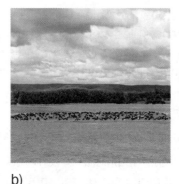 

a) _____ b) _____ c) _____

5. Nomme l'activité humaine et le relief qu'on peut voir sur chaque image.

a) _____ b) _____
   _____   _____
   _____   _____

c) _____ d) _____
   _____   _____
   _____   _____

5.3 L'hydrosphère

Si tu observes bien un globe terrestre, tu constateras que les océans et les mers couvrent plus de la moitié de la surface de la planète. Plus précisément, ils en recouvrent 70%. La présence de cette eau est très importante. Elle a permis l'apparition de la vie et demeure indispensable à son maintien.

5.3.1 Qu'est-ce que l'hydrosphère?

Certains qualifient la Terre de «planète bleue», parce qu'elle paraît bleue aux astronautes qui l'observent de l'espace. Cette couleur provient de l'eau qui la recouvre en grande partie.

> **DÉFINITION**
>
> L'**hydrosphère** est l'ensemble des eaux de la Terre, qu'elles soient liquides, solides ou gazeuses : océans, mers, lacs, fleuves, rivières, eaux souterraines, glaciers, banquises, icebergs et vapeur d'eau en suspension dans l'atmosphère.

Les eaux de la Terre

Quelle est la proportion de chacune des diverses formes d'eau de l'hydrosphère?

Répartition de l'eau sur la Terre

Eau salée 97,2 %
Océans et mers

L'eau salée représente la presque totalité de l'eau sur Terre.

L'eau que nous consommons est de l'eau douce.

L'eau douce disponible en surface ne représente que 0,02% de la quantité totale d'eau de la Terre.

Le territoire du Québec possède 3% des ressources en eau douce (lacs, rivières et nappes souterraines) de la planète.

Eau douce 2,8 %
Glaciers et banquise 2,15 %
Nappes d'eau souterraines 0,63 %
Eau de surface 0,02 %
Vapeur d'eau 0,001 %

Comme le montre le diagramme ci-dessus, l'hydrosphère est surtout composée d'eau salée ou d'eau douce qui n'est pas facilement accessible. L'eau douce est donc une ressource rare et précieuse.

Les interactions entre l'hydrosphère et l'atmosphère

Les changements d'état de l'eau, p. 9

Le cycle de l'eau, p. 172

L'hydrosphère et l'atmosphère sont en contact étroit, puisqu'une partie de l'hydrosphère est en fait de la vapeur d'eau présente dans l'atmosphère. Cette interaction joue trois rôles principaux.

Tous les jours, les océans emmagasinent une grande quantité d'énergie provenant des rayons du Soleil.

Cela entraîne l'évaporation d'une certaine quantité d'eau à la surface des océans. Au total, la quantité d'eau qui se transforme en vapeur est phénoménale : environ 16 milliards de litres par seconde.

Une fois rendue dans l'air, l'eau se condense et libère l'énergie qu'elle a accumulée, ce qui fait augmenter la température de l'air.

Condensation : la vapeur d'eau se transforme en gouttelettes d'eau liquide, ce qui produit les nuages.

Énergie provenant des rayons du Soleil.

Évaporation : l'eau se transforme en gaz (vapeur d'eau).

Rôle 1. Ce cycle d'évaporation et de condensation entraîne la presque totalité des phénomènes météorologiques de notre planète. Par exemple, les ouragans puisent leur énergie dans les océans et perdent de leur puissance lorsqu'ils arrivent au-dessus des continents.

Rôle 2. Ce cycle produit des transferts de chaleur entre les océans, l'atmosphère et les continents. L'air réchauffé est transporté par la circulation atmosphérique (les vents).

Rôle 3. L'eau présente dans l'atmosphère contribue à protéger les êtres vivants des rayons ultraviolets du Soleil.

Certaines interactions entre l'hydrosphère et l'atmosphère expliquent en partie le cycle de l'eau : évaporation, condensation et précipitations.

1. Complète le diagramme suivant.

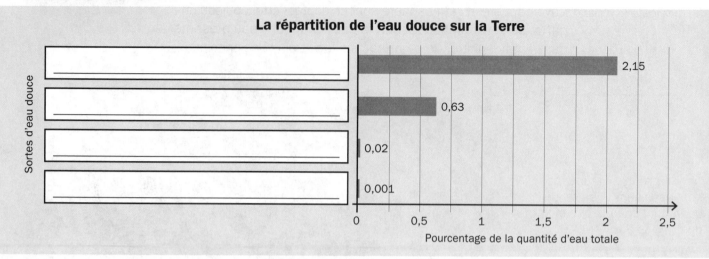

La répartition de l'eau douce sur la Terre

Sortes d'eau douce

2,15

0,63

0,02

0,001

0   0,5   1   1,5   2   2,5

Pourcentage de la quantité d'eau totale

2. Parmi les situations suivantes, entoure celles qui démontrent l'interaction entre l'hydrosphère et l'atmosphère.

A. L'air chaud provenant de l'océan s'élève et est remplacé par de l'air plus frais provenant du continent. Ce phénomène pousse les voiliers vers le large.

B. Dans les Alpes, les skieurs ont parfois de la difficulté à respirer au sommet des pentes enneigées parce que l'air y est moins dense.

C. Les matins d'automne, les vallées se couvrent parfois de brouillard (condensation de vapeur d'eau).

D. La ville de Vancouver est située près de l'océan Pacifique. Elle bénéficie d'hivers plus chauds que les villes situées loin de la mer.

3. La proximité de l'océan Pacifique et de la chaîne des Rocheuses permet à la ville de Vancouver de bénéficier d'un climat très doux. Cependant, il pleut très souvent. Propose une explication à ce phénomène.

_____

_____

_____

_____

_____

_____

_____

_____

_____

5.4 L'atmosphère

L'atmosphère est invisible. Pourtant, elle occupe près de 500 km au-dessus de nos têtes!

5.4.1 Qu'est-ce que l'atmosphère?

Pourrais-tu dire exactement ce que contient l'atmosphère? Voyons une description de l'atmosphère et des couches qui la forment.

DÉFINITION

L'**atmosphère** est l'enveloppe d'air qui entoure la Terre. Elle est invisible parce que l'air, un mélange de gaz, est transparent.

Troposphère

- La troposphère est la couche de l'atmosphère la plus près de la Terre.
- Elle mesure environ 10 km d'épaisseur.
- C'est dans cette couche que l'air est le plus dense. Elle contient jusqu'à 75 % de la masse de l'atmosphère.

Stratosphère

- La stratosphère est la couche de l'atmosphère située directement au-dessus de la troposphère. Elle débute à environ 10 km au-dessus du niveau de la mer.
- C'est dans la stratosphère que se trouve la couche d'ozone.

Mésosphère

- La mésosphère est la couche de l'atmosphère commençant à environ 50 km d'altitude au-dessus du niveau de la mer. Elle se trouve juste au-dessus de la stratosphère.

Thermosphère

- La thermosphère est la couche de l'atmosphère la plus éloignée de la Terre.
- Elle commence à environ 80 km d'altitude au-dessus du niveau de la mer et se rend jusqu'à la limite de l'espace, à quelque 500 km d'altitude.

Pourquoi les avions laissent-ils des traînées blanches dans le ciel?

C'est une particularité des avions équipés de moteurs à réaction de laisser des traînées blanches dans le ciel. En brûlant leur carburant, ces moteurs produisent de la vapeur d'eau. Au contact de l'air froid et sec de la troposphère, cette vapeur se condense en fines gouttelettes d'eau, exactement comme dans les nuages. C'est pourquoi on appelle ces traces des «traînées de condensation».

Les couches de l'atmosphère

Nous décrivons ici quelques caractéristiques de chacune des couches de l'atmosphère.

La thermosphère se rend jusqu'à la limite de l'espace, à quelque 500 km d'altitude. À cette altitude, les particules d'air sont extrêmement rares. Sous l'effet des rayons du Soleil, la température de ces particules peut être très élevée.

C'est dans la thermosphère que se produisent les aurores polaires. C'est également au sommet de la thermosphère que circulent un grand nombre de satellites artificiels.

Dans la mésosphère, la température peut descendre jusqu'à -80 °C. Lorsque des objets venant de l'espace (pierres, poussières, etc.) y pénètrent, ils se désintègrent en formant des «étoiles filantes» ou «météores».

Plus on monte dans la stratosphère, plus il fait chaud. C'est là que se trouve la couche d'ozone, qui absorbe 90 % des rayons ultraviolets nocifs pour les êtres vivants.

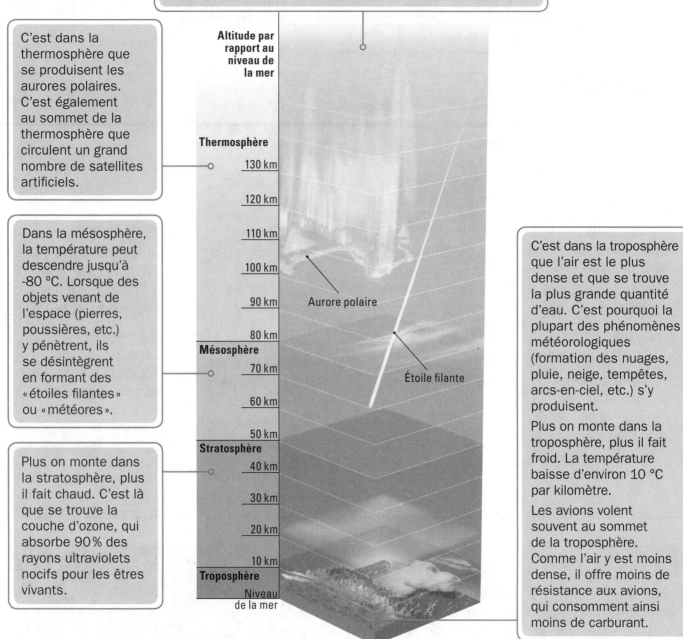

Altitude par rapport au niveau de la mer

Thermosphère
130 km
120 km
110 km
100 km
90 km
80 km

Mésosphère
70 km
60 km
50 km

Stratosphère
40 km
30 km
20 km
10 km

Troposphère
Niveau de la mer

Aurore polaire

Étoile filante

C'est dans la troposphère que l'air est le plus dense et que se trouve la plus grande quantité d'eau. C'est pourquoi la plupart des phénomènes météorologiques (formation des nuages, pluie, neige, tempêtes, arcs-en-ciel, etc.) s'y produisent.

Plus on monte dans la troposphère, plus il fait froid. La température baisse d'environ 10 °C par kilomètre.

Les avions volent souvent au sommet de la troposphère. Comme l'air y est moins dense, il offre moins de résistance aux avions, qui consomment ainsi moins de carburant.

Chaque couche de l'atmosphère présente une température et une composition de l'air différentes. C'est pourquoi des phénomènes différents se produisent dans chacune.

De quoi l'air est-il composé?

Quand on respire, c'est pour absorber de l'oxygène. Quand on expire, on rejette du gaz carbonique. Ces deux gaz sont donc présents dans l'air. Y a-t-il d'autres gaz dans l'atmosphère?

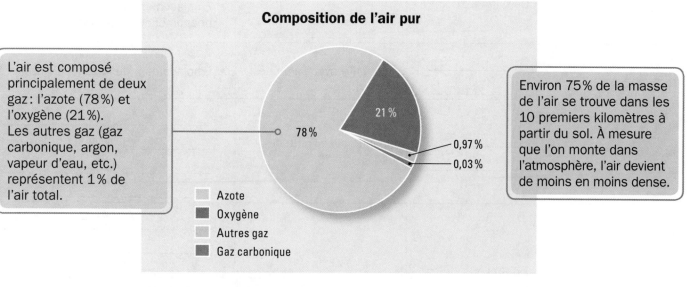

Composition de l'air pur

L'air est composé principalement de deux gaz: l'azote (78%) et l'oxygène (21%). Les autres gaz (gaz carbonique, argon, vapeur d'eau, etc.) représentent 1% de l'air total.

78%

21%

0,97%

0,03%

Environ 75% de la masse de l'air se trouve dans les 10 premiers kilomètres à partir du sol. À mesure que l'on monte dans l'atmosphère, l'air devient de moins en moins dense.

- Azote
- Oxygène
- Autres gaz
- Gaz carbonique

L'air de l'atmosphère contient plusieurs gaz. Il est plus dense dans la troposphère que dans les autres couches de l'atmosphère.

L'atmosphère et les activités humaines

L'être humain est en étroite relation avec l'atmosphère, d'abord parce qu'elle lui apporte l'oxygène dont il a besoin. Voyons quelques activités qui le lient à cette enveloppe de la Terre.

L'être humain se sert de l'atmosphère pour voyager rapidement par avion ou par hélicoptère.

L'air de l'atmosphère est indispensable au maintien de la vie, que ce soit pour la respiration des êtres vivants ou pour la fabrication de nourriture par les plantes.

Plusieurs loisirs se pratiquent dans l'atmosphère: le parachutisme, le delta-plane, la montgolfière. Nous pourrions aussi nommer le cerf-volant.

L'être humain peut transformer l'énergie du vent en électricité grâce aux éoliennes.

L'être humain tire profit de la présence d'oxygène dans l'atmosphère. Cette enveloppe lui permet également d'accomplir diverses activités.

1. Remplis le tableau suivant.

COUCHE DE L'ATMOSPHÈRE	ALTITUDE	TEMPÉRATURE	CARACTÉRISTIQUES
_____	De 0 km à 10 km.	_____ _____ _____	• 75 % de la masse de l'air. • Emplacement de la plupart des phénomènes météorologiques.
_____	_____ _____	Augmente avec l'altitude.	• Emplacement de la couche d'ozone.
Mésosphère	_____ _____	Diminue avec l'altitude jusqu'à -80 °C.	• _____ _____ _____
Thermosphère	De 80 km à 500 km.	_____ _____ _____ _____	• _____ _____ • _____

2. Que suis-je ?

   a) Je suis le gaz le plus abondant dans l'atmosphère.   _____

   b) Je suis un gaz essentiel à la vie et je compose 21 % des gaz de l'atmosphère.   _____

   c) Je suis une machine qui permet de produire de l'électricité à partir de la circulation atmosphérique (les vents).   _____

3. Lors d'une expédition sur le mont Everest (altitude 8,8 km), plusieurs alpinistes portent un masque à oxygène pour les aider à respirer. Propose une explication à ce phénomène.

_____

_____

_____

_____

_____

4. Parmi les activités suivantes, surligne celles qui se pratiquent dans l'atmosphère.

Aviation	Exploitation minière	Parachutisme	Respiration
Escalade	Natation	Plongée sous-marine	Ski

5. Vrai ou faux ? Si un énoncé est faux, corrige-le.

a) Les avions voyagent dans la mésosphère.

_____

_____

b) Les êtres vivants demeurent dans la troposphère.

_____

_____

c) Il n'y a pas de nuages au-delà de 10 km d'altitude.

_____

_____

d) Il serait possible de sauter de la stratosphère en parachute sans masque à oxygène.

_____

_____

6. Nomme la couche de l'atmosphère décrite dans chaque cas.

a) Cette couche contient 75 % de la masse
de l'atmosphère. _____

b) C'est là que se trouve la couche d'ozone. _____

c) Plusieurs satellites se déplacent dans
cette couche. _____

d) La majorité des phénomènes météorologiques
se produisent dans cette couche. _____

e) Les aurores polaires se forment dans
cette couche. _____

f) C'est la couche de l'atmosphère la plus froide. _____

g) On peut voir des météores dans cette couche. _____

h) Les avions volent souvent au sommet de cette
couche pour économiser leur carburant. _____

i) C'est la couche la plus chaude. _____

5.5 Le cycle de l'eau

Quelles sont les enveloppes de la Terre ?, p. 153

L'eau est apparue sur Terre il y a plusieurs milliards d'années. Depuis, la quantité d'eau présente sur la planète est restée sensiblement la même. L'eau dans laquelle nous nous baignons est la même que celle dans laquelle les premiers poissons ont nagé. L'eau que nous buvons est la même que celle que les dinosaures ont bue ! Comment l'eau circule-t-elle dans les enveloppes de la Terre ?

5.5.1 Qu'est-ce que le cycle de l'eau ?

Nous verrons brièvement en quoi consiste le cycle de l'eau, puis nous l'examinerons plus en détail à l'aide d'une illustration.

DÉFINITION

Le **cycle de l'eau** est la circulation naturelle de l'eau dans ses différents états (solide, liquide et gazeux). Dans ce cycle, l'eau circule entre l'hydrosphère, l'atmosphère, la lithosphère et la biosphère.

Sept phénomènes surviennent au cours du cycle de l'eau :

- l'évaporation ;
- la condensation ;
- les précipitations ;
- la transpiration ;
- le ruissellement ;
- l'infiltration ;
- la circulation souterraine.

Les sept phénomènes qui surviennent durant le cycle de l'eau

Les changements d'état de l'eau, p. 9

L'hydrosphère, p. 164

L'évaporation, la condensation et les précipitations peuvent se produire en boucle au-dessus de l'océan. L'eau s'évapore, se condense sous forme de nuages au-dessus de l'océan et retombe en pluie dans l'océan.

Évaporation. L'évaporation se produit lorsque l'eau, qui reçoit de l'énergie du Soleil, se transforme en vapeur d'eau et passe dans l'atmosphère. Les pertes d'eau par évaporation se font principalement dans les océans, mais également dans les lacs et les rivières.

Condensation. La condensation se produit lorsque la vapeur d'eau contenue dans l'atmosphère refroidit et devient liquide ou solide pour former les nuages. Ce phénomène se passe non seulement dans l'atmosphère, mais aussi à la surface du sol. On parle alors de brume ou de brouillard.

Précipitations. Les nuages sont formés de fines gouttelettes d'eau. Lorsque ces gouttelettes deviennent trop lourdes, elles tombent. C'est le phénomène des précipitations. Certaines précipitations sont liquides (pluie, bruine). D'autres sont solides (neige, grêle).

Transpiration. La transpiration est une forme d'évaporation chez les êtres vivants. La quantité de vapeur d'eau qui se dégage des êtres humains et des animaux lorsqu'ils transpirent et qu'ils expirent n'est généralement pas très importante. Par contre, la quantité de vapeur d'eau émise par les plantes (pense aux forêts) est considérable.

Ruissellement. L'eau qui provient des précipitations s'écoule en suivant la pente du terrain. Lorsqu'elle circule à la surface du sol sans y pénétrer, on parle de ruissellement. L'eau descend ainsi des montagnes jusqu'à ce qu'elle rencontre un cours d'eau. L'eau de ruissellement s'accumule alors dans les ruisseaux, les lacs, les rivières et les fleuves. Tôt ou tard, une grande partie de cette eau rejoint l'océan.

Infiltration. L'infiltration, c'est la pénétration de l'eau des précipitations dans le sol. En effet, lorsque le sol est poreux (s'il a de petits trous), l'eau peut s'y infiltrer. C'est grâce à l'infiltration que les plantes peuvent puiser de l'eau dans le sol.

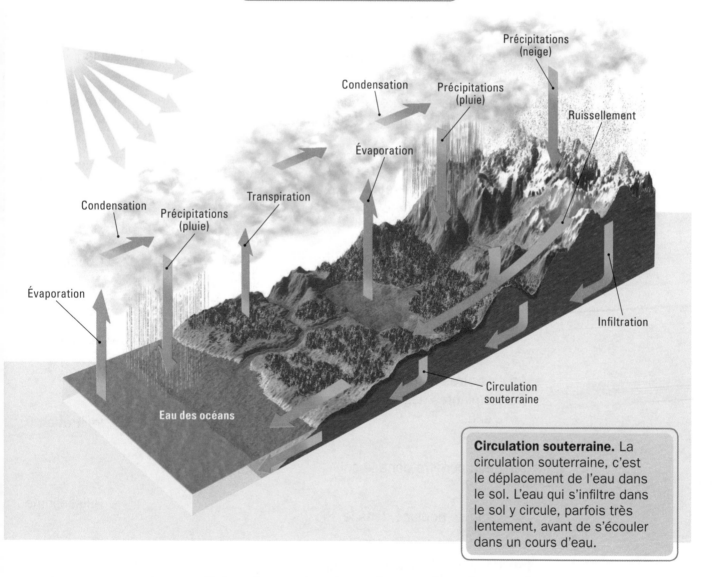

Circulation souterraine. La circulation souterraine, c'est le déplacement de l'eau dans le sol. L'eau qui s'infiltre dans le sol y circule, parfois très lentement, avant de s'écouler dans un cours d'eau.

Lorsque l'eau retourne dans les océans par les ruisseaux, les lacs, les rivières et les fleuves, le cycle recommence.

1. Nomme les étapes du cycle de l'eau dans lesquelles on peut trouver de l'eau dans chacun des états suivants.

a) L'état gazeux.

_____

_____

b) L'état liquide.

_____

_____

c) L'état solide.

_____

_____

2. Relie chaque phénomène (à gauche) à l'étape du cycle de l'eau à laquelle il correspond (à droite).

a) La vapeur d'eau contenue dans l'atmosphère change d'état, ce qui • crée les nuages.

• Transpiration

b) L'eau devient gazeuse et pénètre dans l'atmosphère. •

• Évaporation

c) Les nuages formés de gouttelettes d'eau et de minuscules cristaux de glace deviennent trop lourds et • tombent sous forme liquide (pluie, bruine) ou solide (neige, grêle).

• Condensation

• Précipitations

d) Les êtres humains, les animaux et les plantes dégagent de la vapeur • d'eau.

• Infiltration

e) L'eau pénètre dans le sol. •

f) L'eau se déplace dans le sol. •

• Ruissellement

g) L'eau circule à la surface du sol, sans y pénétrer. Elle suit la pente • du terrain.

• Circulation souterraine

3. Complète le schéma en nommant l'étape du cycle de l'eau pointée par chaque boîte.

4. À quelle étape du cycle de l'eau correspond chacun des énoncés suivants?

a) Le fleuve Saint-Laurent coule des Grands Lacs jusqu'à l'océan Atlantique. _____

b) En octobre, on peut voir les premiers flocons de neige. _____

c) Les êtres vivants perdent de l'eau pour maintenir la température de leur corps. _____

d) La faible température dans le haut de la troposphère favorise la formation des nuages. _____

e) Au chalet, on doit creuser un puits pour avoir de l'eau potable. _____

f) À la fin de l'été, le niveau d'eau dans les cours d'eau est plus bas qu'au printemps. _____

g) Lorsqu'on arrose le jardin, l'eau disparaît sous la surface du sol. _____

Les plaques tectoniques

Des «plaques tectoniques»? À première vue, cette expression semble compliquée. Pourtant, elle réfère à un champ d'études fascinant! En effet, les mouvements des plaques tectoniques sont à l'origine de phénomènes impressionnants, comme les volcans, les tremblements de terre, la formation des montagnes, etc.

La lithosphère, p. 156

5.6.1 Qu'est-ce qu'une plaque tectonique?

Lis la définition suivante, puis regarde la carte pour te faire une première idée de ce que sont les plaques tectoniques.

DÉFINITION

Une **plaque tectonique** est un des grands morceaux de la lithosphère (roches solides) qui flotte sur la partie partiellement fondue du manteau de la Terre. Les plaques tectoniques forment le fond des océans ainsi que les continents.

Une plaque peut être entièrement océanique, comme la plaque pacifique. Elle peut aussi être mixte, comme la plaque sud-américaine : dans ce cas, elle comporte une partie océanique et une partie continentale.

Les principales plaques tectoniques

La carte ci-dessous montre le découpage des principales plaques tectoniques de la Terre.

Les plaques tectoniques sont imbriquées les unes dans les autres comme les pièces d'un casse-tête.

Les plaques océaniques correspondent aux plaques qui forment le fond des océans.

La plupart des plaques sont mixtes : elles sont en partie continentale et en partie océanique.

Nord-américaine · Eurasiatique · Nord-américaine · Pacifique · Pacifique · Africaine · Nazca · Sud-américaine · Indo-australienne · Antarctique

Les plaques tectoniques couvrent toute la surface de la Terre. Ces grands morceaux de la lithosphère flottent sur les roches partiellement fondues du manteau.

5.6.2 Quels sont les mouvements des plaques tectoniques?

Les plaques tectoniques, ces immenses morceaux de lithosphère, se déplacent les unes par rapport aux autres.

DÉFINITION

Les **mouvements des plaques tectoniques** sont provoqués par la chaleur intense qui règne à l'intérieur de la Terre. Cette chaleur crée du mouvement dans la partie partiellement fondue du manteau. Ce mouvement entraîne le déplacement très lent des plaques tectoniques les unes par rapport aux autres.

Au cours de leur déplacement, qui est d'à peine quelques centimètres par année, les plaques peuvent :

- entrer en collision les unes avec les autres ;
- s'éloigner les unes des autres ;
- frotter les unes contre les autres.

La collision des plaques tectoniques

Comme les plaques tectoniques se déplacent dans différentes directions, il arrive qu'elles se rapprochent et qu'elles entrent en collision.

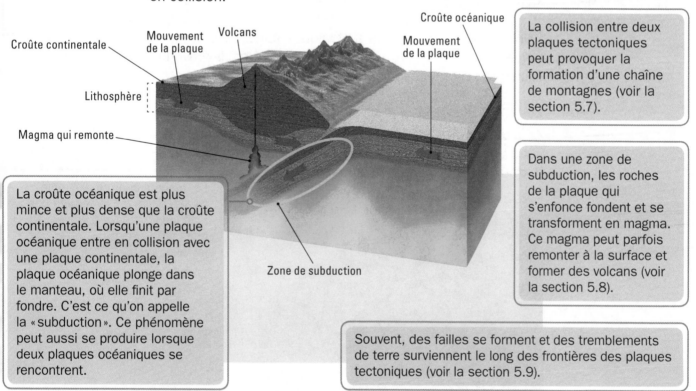

Croûte continentale

Mouvement de la plaque

Volcans

Croûte océanique

Mouvement de la plaque

Lithosphère

Magma qui remonte

Zone de subduction

La collision entre deux plaques tectoniques peut provoquer la formation d'une chaîne de montagnes (voir la section 5.7).

Dans une zone de subduction, les roches de la plaque qui s'enfonce fondent et se transforment en magma. Ce magma peut parfois remonter à la surface et former des volcans (voir la section 5.8).

La croûte océanique est plus mince et plus dense que la croûte continentale. Lorsqu'une plaque océanique entre en collision avec une plaque continentale, la plaque océanique plonge dans le manteau, où elle finit par fondre. C'est ce qu'on appelle la «subduction». Ce phénomène peut aussi se produire lorsque deux plaques océaniques se rencontrent.

Souvent, des failles se forment et des tremblements de terre surviennent le long des frontières des plaques tectoniques (voir la section 5.9).

La collision entre deux plaques tectoniques peut engendrer des montagnes, des volcans et des tremblements de terre.

L'éloignement des plaques tectoniques

Comme toutes les plaques tectoniques de la Terre forment un ensemble, si deux plaques peuvent entrer en collision, cela signifie que d'autres peuvent s'éloigner l'une de l'autre. Est-ce qu'il se forme alors une ouverture dans la Terre ?

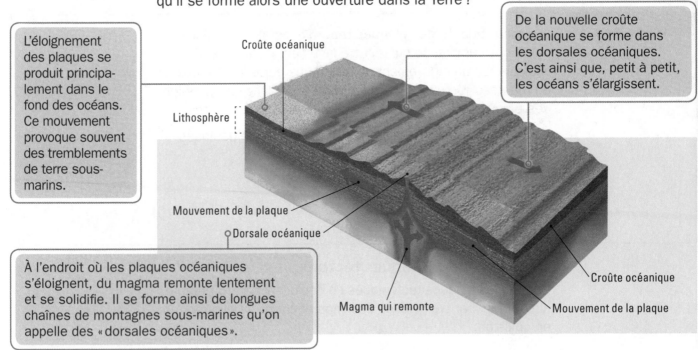

L'éloignement des plaques se produit principalement dans le fond des océans. Ce mouvement provoque souvent des tremblements de terre sous-marins.

Croûte océanique

De la nouvelle croûte océanique se forme dans les dorsales océaniques. C'est ainsi que, petit à petit, les océans s'élargissent.

Lithosphère

Mouvement de la plaque

Dorsale océanique

À l'endroit où les plaques océaniques s'éloignent, du magma remonte lentement et se solidifie. Il se forme ainsi de longues chaînes de montagnes sous-marines qu'on appelle des « dorsales océaniques ».

Magma qui remonte

Croûte océanique

Mouvement de la plaque

L'éloignement des plaques tectoniques est à l'origine de la formation de la croûte océanique de la Terre. Il provoque également des tremblements de terre sous-marins.

Le frottement des plaques tectoniques

En plus d'entrer en collision et de s'éloigner les unes des autres, les plaques tectoniques peuvent aussi glisser en se frottant les unes contre les autres.

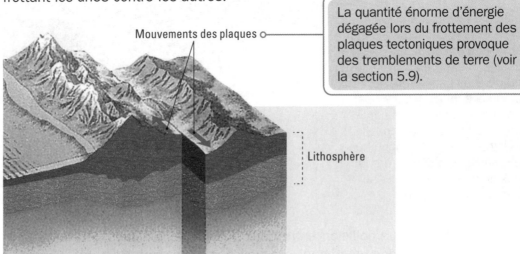

Mouvements des plaques

La quantité énorme d'énergie dégagée lors du frottement des plaques tectoniques provoque des tremblements de terre (voir la section 5.9).

Lithosphère

LA DÉRIVE DES CONTINENTS

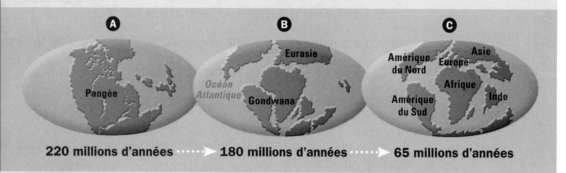

A

Pangée

B

Eurasie

Océan
Atlantique

Gondwana

C

Amérique
du Nord

Europe

Asie

Afrique

Amérique
du Sud

Inde

220 millions d'années ·····▶ 180 millions d'années ·····▶ 65 millions d'années

Au début du 20ᵉ siècle, certains scientifiques font des observations plutôt intrigantes. Ils remarquent que, sur une carte du monde, les côtes de l'Amérique du Sud et de l'Afrique peuvent s'emboîter l'une dans l'autre. C'est à partir de ces observations qu'un scientifique allemand, Alfred Wegener, développe, vers 1915, une théorie appelée la «dérive des continents». Cette théorie, qui a évolué au fil des années, est celle qui explique le mieux la formation du relief de la Terre. Alfred Wegener a jeté les bases de ce qu'on appelle aujourd'hui la «tectonique des plaques».

Selon la théorie d'Alfred Wegener, certaines parties des continents étaient réunies il y a fort longtemps. Il y a des millions d'années, les continents formaient un seul continent, la «Pangée» (voir l'illustration A). Ce continent s'est ensuite séparé en deux continents, «Eurasie» et «Gondwana» (voir l'illustration B). Plus tard, ces deux continents se sont à leur tour séparés (voir l'illustration C) et ont dérivé pour prendre la position que l'on connaît aujourd'hui. Les continents dérivent encore de quelques centimètres par année.

LES MOUVEMENTS ACTUELS DES PLAQUES TECTONIQUES

Les flèches en noir sur la carte du monde ci-dessous montrent la direction dans laquelle chacune des plaques tectoniques dérive de nos jours.

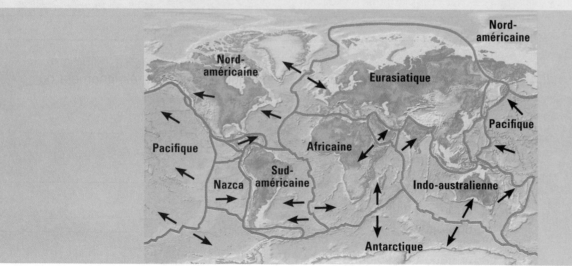

Nord-
américaine

Nord-
américaine

Eurasiatique

Pacifique

Pacifique

Africaine

Nazca

Sud-
américaine

Indo-australienne

Antarctique

1. Lequel ou lesquels de ces phénomènes est à l'origine du mouvement des plaques tectoniques ? Entoure la ou les bonnes réponses.

A. La chaleur qui règne à l'intérieur de la Terre.

B. La solidité de la partie supérieure du manteau de la Terre.

C. Le mouvement des roches en fusion du manteau.

D. La présence de fractures dans la lithosphère.

2. Relie chaque pays (à gauche) à la plaque tectonique dans laquelle il se trouve (à droite).

a) Australie (Océanie) •   • Plaque africaine

b) États-Unis (Amérique du Nord) •   • Plaque eurasiatique

c) Madagascar (Afrique) •   • Plaque pacifique

d) Chili (Amérique du Sud) •   • Plaque indo-australienne

e) Chine (Asie) •   • Plaque nord-américaine

f) Hawaï (Océanie) •   • Plaque sud-américaine

3. Qu'est-ce qu'une zone de subduction ?

_____

_____

_____

_____

4. Nomme le mouvement des plaques tectoniques (collision, éloignement ou frottement) associé aux phénomènes suivants.

a) Les tremblements de terre. _____

b) La formation d'une dorsale océanique. _____

c) La formation d'une chaîne de montagnes. _____

d) La formation de volcans. _____

5. Complète le schéma en plaçant les lettres aux bons endroits dans les boîtes.

A. Collision

B. Croûte continentale

C. Croûte océanique

D. Dorsale océanique

E. Éloignement

F. Formation de montagnes

G. Magma

H. Volcan

I. Zone de subduction

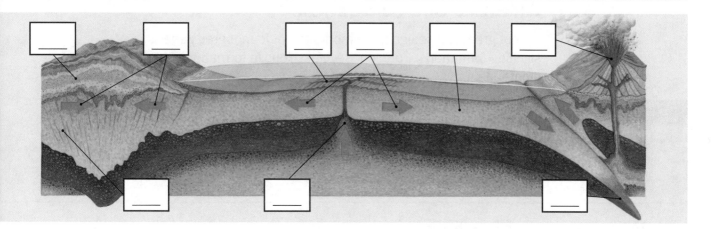

6. Vrai ou faux? Si un énoncé est faux, corrige-le.

a) La collision des plaques tectoniques engendre des montagnes, des volcans et des tremblements de terre.

_____

_____

b) Lors du frottement entre deux plaques, l'une des croûtes plonge dans le manteau, où elle finit par fondre.

_____

_____

c) Les dorsales océaniques sont des chaînes de montagnes nées de la collision entre deux plaques océaniques.

_____

_____

d) L'éloignement des plaques tectoniques entraîne la formation de montagnes sous-marines.

_____

_____

e) Les tremblements de terre surviennent uniquement le long des frontières des zones de subduction.

_____

_____

5.7 L'orogenèse

Pourquoi l'épaisseur de la lithosphère n'est-elle pas uniforme ? Pourquoi et comment des montagnes se forment-elles dans la croûte terrestre ?

5.7.1 Qu'est-ce que l'orogenèse ?

Le mot grec *oros* désigne une montagne et le mot grec *genesis* signifie « formation ». L'orogenèse, c'est donc la formation d'une montagne.

DÉFINITION

L'**orogenèse** est l'ensemble des processus qui entraînent la formation des montagnes. La naissance d'une chaîne de montagnes résulte généralement de la collision entre deux plaques tectoniques.

Les plissements

Qu'est-ce que le relief ?, p. 158

Les plaques tectoniques, p. 176

Les plaques tectoniques qui forment la lithosphère se déplacent lentement. Lorsque deux plaques entrent en collision, elles provoquent souvent la formation de montagnes. Ci-dessous, nous comparons ce phénomène à une « collision de matelas pneumatiques ».

Dans cette comparaison, les matelas pneumatiques représentent les plaques tectoniques et l'eau de la piscine représente le manteau de la Terre. Le mouvement de l'eau déplace les matelas. Si deux matelas entrent en collision, ils peuvent se plisser. Les montagnes se forment de manière semblable.

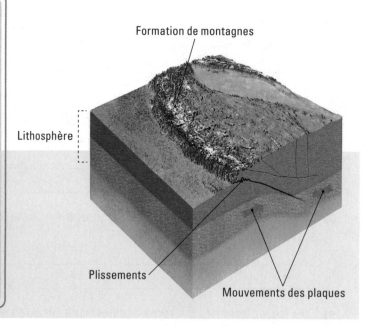

Formation de montagnes

Lithosphère

Plissements

Mouvements des plaques

Deux plaques tectoniques qui entrent en collision peuvent produire des plissements de la croûte terrestre. Ces plissements forment des chaînes de montagnes, comme les Rocheuses et l'Himalaya. Ce processus est très lent : il s'effectue au cours de millions d'années.

La formation de montagnes peut résulter de plissements de la croûte terrestre lors d'une collision entre deux plaques tectoniques.

D'autres mécanismes

Si la naissance de nombreuses chaînes de montagnes peut s'expliquer par la collision entre deux plaques tectoniques, d'autres phénomènes peuvent également en être responsables.

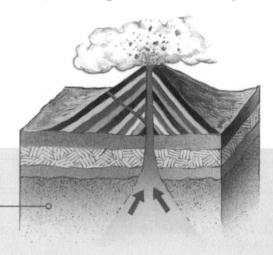

Certaines montagnes résultent de l'éruption de magma provenant du manteau et donnant naissance à des volcans. Une fois à l'air libre, la lave refroidit et se transforme en roches. L'accumulation de cette lave refroidie et durcie forme une montagne.

Certaines montagnes se forment lors de la séparation et du soulèvement de masses rocheuses à la suite d'une fracture de la croûte terrestre. On nomme «failles» ces fractures de la croûte terrestre qui sont causées par de fortes pressions liées aux mouvements des plaques.

Tout comme les plissements, ces mécanismes de formation des montagnes sont liés au mouvement des plaques tectoniques.

Quelle est la plus haute montagne du Québec?

La plus haute montagne du Québec est le mont D'Iberville, qui fait partie des monts Torngat, une chaîne située à la frontière du Québec et du Labrador. Ce mont tient son nom de Pierre Le Moyne d'Iberville, un explorateur canadien à qui on doit la fondation de la Louisiane. Le mont D'Iberville a une hauteur de 1652 m. En comparaison, le mont Royal est une colline d'à peine 234 m.

1. Explique dans tes mots ce qu'est l'orogenèse.

_____

_____

_____

_____

_____

2. Nomme trois mécanismes à l'origine de la formation des montagnes.

• _____

• _____

• _____

3. Cette roche présente de nombreux plissements. Propose une explication de ce phénomène.

_____

_____

_____

_____

_____

_____

_____

4. Les montagnes semblent immobiles. En réalité, on sait qu'elles mettent des millions d'années à se former. Pourquoi ce processus est-il si lent?

_____

_____

_____

_____

_____

5. Explique dans tes mots ce qu'est une faille.

_____

_____

_____

_____

5.8 Les volcans

Les plaques
tectoniques, p. 176

Un volcan qui gronde, des gaz qui s'en échappent, de la lave qui coule sur ses flancs. Ce phénomène spectaculaire est une manifestation de ce qui se passe à l'intérieur de la Terre.

5.8.1 Qu'est-ce qu'un volcan?

Pour définir un volcan, il est nécessaire de décrire comment il se forme. D'après toi, un volcan peut-il se former n'importe où dans le monde?

DÉFINITION

Un **volcan** est une ouverture qui se forme dans la croûte terrestre lorsque du magma provenant du manteau de la Terre parvient jusqu'à la surface. L'accumulation de lave et de cendres expulsées par le volcan façonne souvent une montagne, qui peut de nouveau entrer en éruption.

Où trouve-t-on des volcans?

Il y a environ 1500 volcans actifs à la surface de la Terre, sans compter ceux qui sont au fond des océans. Les points rouges illustrés sur cette carte indiquent l'emplacement des principaux volcans dans le monde.

Plusieurs volcans terrestres se forment dans les zones de subduction (voir la page 177).

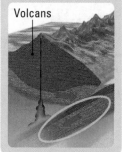

Volcans

Certains volcans se forment à l'intérieur des plaques, au-dessus de ce qu'on appelle des «points chauds». Les îles d'Hawaï se sont formées ainsi. À ces endroits, la croûte terrestre est très mince. Le magma peut donc facilement remonter à la surface et provoquer des éruptions volcaniques.

Japon

Hawaï

Philippines

Océan Pacifique

Ceinture de feu

Nouvelle-Zélande

La majorité des volcans sont localisés autour de l'océan Pacifique, dans la «ceinture de feu». Cette zone correspond à la bordure de plusieurs plaques dans lesquelles se produit de la subduction.

La majorité des volcans se forment dans la ceinture de feu, là où se trouvent plusieurs zones de subduction. D'autres se forment au-dessus de points chauds.

Une éruption volcanique

Voyons maintenant à quoi ressemble l'intérieur d'un volcan et comment s'y déroule une éruption.

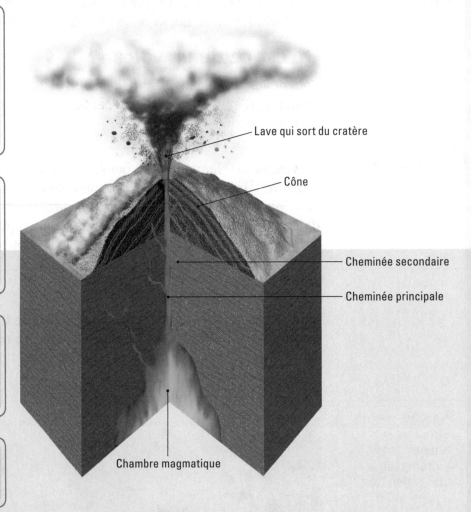

Lave qui sort du cratère

Cône

Cheminée secondaire

Cheminée principale

Chambre magmatique

❶ Le magma s'accumule dans un réservoir situé sous le volcan, qu'on appelle la «chambre magmatique». Des gaz s'y mêlent, créant un mélange explosif. Dans la chambre magmatique, la pression augmente peu à peu.

❷ Lorsque la pression devient trop forte, le bouchon de la cheminée explose. C'est l'éruption. Le magma et les gaz sont projetés vers la surface de la Terre.

❸ La plus grande partie du magma monte par la cheminée principale. Certains volcans ont aussi des cheminées secondaires.

❹ Lorsque le magma atteint l'air libre, il jaillit du cratère sous forme de lave.

❺ L'éruption volcanique peut être très violente. Elle projette alors des centaines de tonnes de lave, de cendres et de gaz dans les airs.

L'éruption volcanique peut aussi être moins violente. Dans ce cas, la lave s'écoule lentement sur les pentes du volcan.

❻ Une fois à l'extérieur, la lave (roches en fusion) refroidit lentement et se transforme en roches solides.

❼ Le cône du volcan provient de l'accumulation des couches de lave refroidies et de cendres durcies au fil des années.

Une éruption volcanique se produit lorsque du magma parvient à la surface de la Terre. De la lave, des cendres et des gaz sont alors expulsés par les cheminées du volcan.

LA FORCE DES ÉRUPTIONS VOLCANIQUES

La force d'une éruption volcanique dépend du type de volcan et de la viscosité de la lave. Parfois, la lave peut se refroidir dans les airs. Elle se transforme alors en roches, qui sont projetées sur plusieurs centaines de kilomètres. D'autres fois, il y a tellement de lave qui s'échappe du volcan que des coulées de boue et de lave descendent sur ses pentes. Ces coulées peuvent se refroidir en chemin ou s'écouler sur des distances importantes. Dans ce dernier cas, elles peuvent tout détruire sur leur passage, coupant des routes en deux et engloutissant des maisons.

LES TYPES DE VOLCANS

Il existe plusieurs types de volcans. Les plus importants sont les volcans-boucliers et les stratovolcans. La viscosité de la lave, lors de l'éruption, est l'un des facteurs qui détermine le type de volcan.

Volcan Maui, à Hawaï

Volcan Arenal, au Costa Rica

- Les volcans-boucliers sont des volcans qui, comme leur nom l'indique, ont la forme de boucliers. La lave qui s'échappe de ces volcans est peu visqueuse. Elle s'écoule donc facilement. Les volcans-boucliers sont de grands volcans à pente douce, qui possèdent de larges sommets. Les éruptions de ces volcans sont généralement moins violentes et moins explosives que celles des stratovolcans.

- Les stratovolcans sont les volcans tels qu'on les imagine habituellement : de hautes montagnes au sommet pointu et aux flancs très en pente. Le magma qui monte dans ce type de volcan est beaucoup plus visqueux que celui des volcans-boucliers. Il s'écoule donc plus difficilement. À cause de la viscosité élevée de leur magma, leurs éruptions sont souvent très explosives.

ACTIFS OU ÉTEINTS ?

Certains volcans sont considérés comme actifs parce qu'ils peuvent entrer en éruption à tout moment. D'autres sont considérés comme éteints parce qu'ils ne montrent aucun signe d'activité et qu'aucune éruption ne s'y est produite depuis une très longue période.

1. a) Où trouve-t-on la majorité des volcans dans le monde? Réponds à cette question en complétant le texte suivant.

La majorité des volcans sont situés tout autour de l'océan

_____. On appelle cette zone la _____

_____. En fait, la plupart des volcans se forment là où deux

_____ _____ entrent en

_____ et où il se forme une zone de _____.

L'une des deux _____ s'enfonce sous l'autre. Le

_____ remonte, traverse la _____

et atteint la surface.

b) Nomme quatre pays situés dans la zone où se trouvent la majorité des volcans.

_____

_____

2. Vrai ou faux? Si un énoncé est faux, corrige-le.

a) La majorité des volcans sont situés en Afrique.

_____

_____

b) Le cône d'un volcan résulte de l'accumulation de couches de lave refroidies et de cendres durcies.

_____

_____

c) Les volcans sont créés uniquement dans les zones de subduction.

_____

_____

d) Certains volcans se forment à l'intérieur des plaques tectoniques.

_____

_____

3. La photo dans la marge montre le Sakurajima, un volcan situé au Japon. La ville de Kagoshima, à proximité, a une population de 700 000 habitants. On considère ce volcan comme l'un des plus dangereux du monde. Explique pourquoi, selon toi.

_____

_____

4. Complète le schéma en plaçant les numéros aux bons endroits dans les boîtes.

A. Chambre magmatique

B. Cheminée principale

C. Cheminée secondaire

D. Lave

E. Cône

F. Nuage de cendres et de gaz

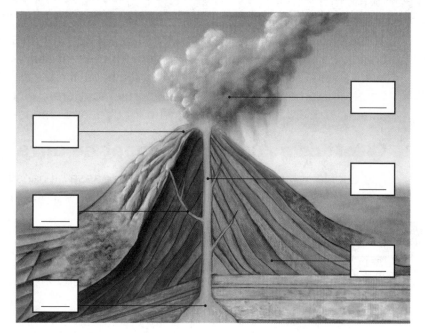

5. Certaines éruptions volcaniques sont très violentes. D'autres le sont moins. Selon toi, les éruptions volcaniques les plus violentes se produisent-elles dans les volcans qui entrent fréquemment en éruption où dans ceux qui entrent rarement en éruption? Explique ta réponse.

_____

_____

_____

_____

6. Qu'est-ce qui différencie la lave et le magma?

_____

_____

_____

_____

7. Quel facteur déclenche une éruption volcanique? Entoure la bonne réponse.

A. Du magma s'accumule dans la chambre magmatique.

B. Une étincelle dans la chambre magmatique provoque l'explosion des gaz présents.

C. La pression devient suffisamment forte pour faire sauter le bouchon de la cheminée.

D. La chaleur du magma fait fondre le bouchon de la cheminée.

As-tu déjà vécu l'expérience d'un tremblement de terre ? Il s'en produit de temps en temps au Québec. On ressent alors une intense vibration, comme si un gros camion passait dans la rue. Ces tremblements de terre sont généralement brefs et peu dommageables. Il n'en est pas ainsi partout dans le monde.

Les plaques tectoniques, p. 176

5.9.1 Qu'est-ce qu'un tremblement de terre ?

Pourquoi le sol tremble-t-il parfois ? Que se passe-t-il dans les profondeurs de la Terre pour provoquer de telles secousses ?

> **DÉFINITION**
>
> Un **tremblement de terre**, ou séisme, est une vibration (secousse, mouvement brusque) du sol causée, entre autres, par le déplacement soudain des roches le long d'une faille, par une éruption volcanique, etc.

L'origine d'un tremblement de terre

La photo et l'illustration suivantes décrivent comment le glissement des roches le long d'une faille peut provoquer un tremblement de terre.

❶ Il arrive que la croûte terrestre se fissure à la frontière de deux plaques tectoniques, ou encore à l'intérieur d'une plaque. Ces fissures peuvent atteindre plusieurs kilomètres de profondeur.

❸ Le dégagement d'énergie dû au mouvement des roches provoque des vibrations. Ces vibrations se propagent dans toutes les directions, jusqu'à la surface de la Terre. Ces « tremblements » peuvent durer de quelques secondes à quelques minutes.

❹ Un tremblement de terre provient, la plupart du temps, d'un mouvement qui a lieu à l'intérieur de la Terre. L'endroit d'où émane le tremblement de terre est le foyer. L'endroit de la surface situé directement au-dessus du foyer est l'épicentre.

Faille de San Andreas, en Californie

❷ Lorsque les masses de roches glissent le long d'une fissure, la fissure s'agrandit et devient une faille. En un seul mouvement, les roches peuvent se déplacer de quelques centimètres à quelques mètres. En se frottant l'une contre l'autre, elles peuvent rester coincées ou se déformer. Le choc est si violent qu'il dégage une grande quantité d'énergie.

« Faille », « foyer » et « épicentre » sont les mots-clés à retenir pour décrire l'origine d'un tremblement de terre.

1. a) Quel mouvement des plaques tectoniques est le plus souvent à l'origine des tremblements de terre?

_____

_____

_____

_____

b) Quel est le lien entre ce mouvement et un tremblement de terre?

_____

_____

_____

_____

2. Parmi les phénomènes suivants, surligne celui qui n'est pas associé aux tremblements de terre.

Énergie	Faille	Frottement	Hydrosphère	Secousse
Épicentre	Fissure	Glissement	Lithosphère	Volcan

3. Vrai ou faux? Si un énoncé est faux, corrige-le.

a) Les tremblements de terre ont toujours lieu le long des plaques tectoniques.

_____

_____

b) Les tremblements de terre sont ressentis seulement à proximité de l'épicentre.

_____

_____

c) Les tremblements de terre sont provoqués par un mouvement brusque des plaques tectoniques.

_____

_____

d) Les secousses des tremblements de terre peuvent durer plusieurs heures.

_____

_____

5.10 L'érosion

Qu'est-ce que le relief ?, p. 158

Un château de sable construit sur une plage peut être rapidement détruit par la marée montante. Le va-et-vient des vagues arrache peu à peu les particules de sable du château, jusqu'à ce qu'il disparaisse totalement. Voilà un exemple d'érosion.

5.10.1 Qu'est-ce que l'érosion ?

À la surface de la Terre, la croûte terrestre est continuellement sculptée par divers agents d'érosion naturelle.

DÉFINITION

L'**érosion** est l'usure et la transformation des roches ou du sol par les glaciers, le ruissellement de l'eau et les agents atmosphériques (pluie, vent, gel et dégel).

L'érosion des Laurentides

Voici un exemple d'érosion qui a formé une bonne partie des paysages du Québec.

Dans le Bouclier canadien, on peut voir ce qu'il reste d'une grande chaîne de montagnes : les Laurentides. Il y a un milliard d'années, ces montagnes étaient presque aussi hautes que les montagnes de l'Himalaya.

Laurentides

Himalaya

Actuellement, le plus haut sommet de l'Himalaya (l'Everest) se trouve à 8848 m, alors que le plus haut sommet des Laurentides (le mont Raoul-Blanchard) atteint 1181 m.

Au fil du temps, les Laurentides ont subi une importante érosion sous l'action de la pluie, des cours d'eau et du vent, ce qui les a effritées. Une grande glaciation a également contribué à éroder ces montagnes. En effet, le lent déplacement de glaciers de plusieurs kilomètres d'épaisseur est un puissant agent d'érosion.

Les Laurentides sont des montagnes très anciennes et très érodées. Elles forment aujourd'hui une partie du Bouclier canadien.

D'autres exemples d'érosion

Voici trois autres exemples pour illustrer ce qu'est l'érosion.

Les chutes de la rivière Niagara, situées en partie aux États-Unis et en partie au Canada, en Ontario, reculent en moyenne de 30 cm par année à cause de l'érosion des roches par l'eau.

L'archipel de Mingan, situé sur la Côte-Nord du Québec, est fait de très vieilles roches. Elles ont été sculptées par les vagues de la mer qui ont érodé les roches les plus molles et laissé sur place les roches les plus dures. D'autres agents continuent d'user ces roches, comme le vent et le gel et dégel.

Les falaises de Vermilion, en Arizona, aux États-Unis, ont été sculptées par l'eau et par le vent.

L'eau, le gel et dégel ainsi que les vents façonnent les roches. Ces agents d'érosion modifient ainsi le relief et les paysages.

Comment se forment les grottes?

Près des côtes, les vagues effritent les roches en s'y fracassant à répétition. À l'intérieur des terres, c'est plutôt le ruissellement de l'eau qui dissout progressivement les minéraux des roches et les emporte avec elle, alimentant parfois des rivières souterraines. C'est donc l'eau qui creuse lentement les galeries et les crevasses des grottes.

1. Les quatre principaux agents d'érosion sont le vent, l'eau, le passage des glaciers ainsi que le gel et dégel. Indique le principal agent d'érosion à l'origine de chacun des phénomènes suivants.

   a) À Gaspé, le rocher Percé, situé dans le golfe du Saint-Laurent, est percé d'un grand trou.

   _____

   b) Au printemps, on voit apparaître des fissures dans la chaussée.

   _____

   c) La rivière Colorado coule au fond du Grand Canyon.

   _____

   d) La vallée du Rhône, en France, est apparue après une ère glaciaire.

   _____

   e) Le Sphinx, en Égypte, présente des traces d'érosion.

   _____

2. Le sol de la planète Mars présente des traces d'érosion. Nomme deux facteurs qui pourraient expliquer cette érosion.

   _____
   _____
   _____
   _____
   _____
   _____
   _____

3. La montagne de gauche est plus ancienne que celle de droite. Comment le sait-on?

   _____
   _____
   _____
   _____
   _____
   _____
   _____
   _____

Synthèse du chapitre 5

1. La lithosphère, l'atmosphère et l'hydrosphère sont en relation les unes avec les autres. Nomme trois phénomènes examinés dans ce chapitre qui touchent à au moins deux de ces enveloppes.

   • _____
   • _____
   • _____

2. Nomme dans l'ordre les sept couches terrestres que tu rencontrerais si tu creusais un trou à travers la Terre du Québec jusqu'en Australie.

   _____

   _____

   _____

3. Nomme le type de relief décrit dans chacun de ces endroits.

   a) Le lac Chungara, en Bolivie, est situé sur une étendue plane à 4517 m d'altitude. _____

   b) La côte de la Nouvelle-Zélande est formée de plissements de la croûte terrestre. _____

   c) La ville de Séville, en Espagne, est située au centre d'une vaste étendue plane de chaque côté du fleuve Guadalquivir. _____

   d) La forêt amazonienne pousse sur une formation rocheuse ancienne et légèrement arrondie. _____

4. Remets en ordre les étapes d'une éruption volcanique.

   A. Montée du magma.

   B. Transformation du magma en lave.

   C. Accumulation du magma.

   D. Solidification de la lave.

   E. Projection de cendres, de gaz, de roches et de lave.

   F. Formation du cône par l'accumulation des couches de lave.

   _____

5. Le tableau suivant compare deux chaînes de montagnes.

CARACTÉRISTIQUE	ROCHEUSES	PYRÉNÉES
Lieu	Ouest de l'Amérique du Nord	Sud-ouest de l'Europe
Plaques à l'origine de la formation	• Plaque nord-américaine (continentale) • Plaque pacifique (océanique)	• Plaque eurasienne (continentale) • Plaque africaine (continentale)
Mouvement des plaques	Collision avec zone de subduction	Collision sans zone de subduction

Quel phénomène pourrait se produire dans les Rocheuses, mais pas dans les Pyrénées? Explique ta réponse.

_____

_____

_____

_____

_____

6. Explique ce qu'est une dorsale océanique.

_____

_____

_____

7. L'eau des océans est salée même si la plupart des cours d'eau qui s'y jettent sont faits d'eau douce. Explique ce phénomène en complétant le texte à l'aide des mots de la liste.

Dissout	Infiltration	Roches
Érosion	Lithosphère	Ruissellement
Évaporation	Relief	Vapeur d'eau

Lors du _____ et de l'_____,

l'eau provoque l'_____ des roches de la

_____, ce qui modifie le _____.

L'eau _____ les sels minéraux contenus dans les

_____ et devient ainsi de plus en plus salée. Lors de

l'_____, seule la _____ quitte l'océan

et les sels s'accumulent dans la mer.

8. Nomme le principal agent d'érosion qui a sculpté chacun de ces paysages.

a) _____ b) _____ c) _____

9. Dans certaines mines, on doit parfois provoquer des explosions afin de pouvoir explorer et exploiter les minéraux contenus dans la lithosphère. Il y a peu de temps, dans une ville du Québec, une de ces explosions a dégagé une importante quantité d'un gaz toxique : le dioxyde d'azote. Ce gaz réagit avec l'eau pour former de l'acide nitrique. Les citoyens de la municipalité se sont inquiétés des retombées possibles de cette explosion.

a) D'après toi, quel effet cette explosion pourrait-elle avoir sur l'atmosphère ?

_____

_____

b) La couche la plus basse de l'atmosphère pourrait être affectée. Comment se nomme cette couche ?

_____

c) Quelle étape du cycle de l'eau le dioxyde d'azote pourrait-il contaminer ?

_____

d) Donne une définition de la lithosphère en nommant les parties de la Terre dont elle est composée.

_____

_____

_____

e) Le genre d'explosion décrit dans le texte pourrait entraîner un phénomène de la lithosphère de façon artificielle. Lequel, d'après toi ?

_____

CHAPITRE 6

L'espace : les phénomènes astronomiques

QU'EST-CE QUE L'ESPACE ?

Dans ce chapitre, tu verras d'abord ce qu'est la lumière et quelles sont ses principales propriétés.

Tu découvriras ensuite divers phénomènes astronomiques en lien avec les propriétés de la lumière, soit le cycle du jour et de la nuit, les saisons, les phases de la Lune ainsi que les éclipses.

L'espace ! Là où évoluent la Terre, la Lune, le Soleil, les planètes et les étoiles. De tout temps, les êtres humains ont étudié le ciel pour mieux comprendre les phénomènes qui s'y déroulaient. Ce n'est que dans les années 1960 que des astronautes se sont rendus dans l'espace pour observer la Terre et la Lune sous de nouveaux angles.

Nous étudions aujourd'hui le système solaire et les galaxies à l'aide d'appareils spécialisés, tels que les télescopes spatiaux. Grâce à ces recherches, certains objets célestes nous sont maintenant plus familiers. C'est le cas des étoiles. Nous savons que ces astres émettent de la lumière, tout comme l'étoile la plus près de nous, le Soleil. Nous savons aussi que les planètes tournent autour des étoiles et que les satellites naturels tournent autour des planètes. Mais l'espace, où commence-t-il exactement ?

L'espace, pour les scientifiques, est la région qui commence au-delà de la thermosphère (la dernière couche de l'atmosphère terrestre), soit à quelque 500 km d'altitude au-dessus du niveau de la mer.

6.1 La lumière

Le Soleil, comme les autres étoiles, émet de la lumière. Étant donné qu'il est relativement près de la Terre, nous ressentons ses effets (clarté, chaleur). Les autres étoiles sont situées très loin, dans d'autres systèmes ou d'autres galaxies. Leur lumière est moins vive et nous ne sentons pas leur chaleur. Mais qu'est-ce que la lumière ? Quelles sont ses propriétés ?

6.1.1 Qu'est-ce que la lumière ?

Sans le Soleil, il ferait noir et très froid. En fait, sans la lumière du Soleil, la vie n'existerait pas sur Terre, ou elle serait très différente. En effet, c'est grâce à l'énergie solaire que les plantes peuvent fabriquer leur nourriture et dégager de l'oxygène. Et de nombreux êtres vivants dépendent de cet oxygène pour survivre.

DÉFINITION

La **lumière** est un rayonnement que l'œil humain peut percevoir. Ce rayonnement transporte de l'énergie émise par une source naturelle, comme le Soleil, ou par une source artificielle, comme une ampoule électrique.

Les propriétés de la lumière

Nous énumérons, ci-dessous et dans les pages qui suivent, sept propriétés de la lumière.

Propriété 1
La lumière est un rayonnement que l'œil humain peut percevoir.

Dans une pièce obscure, ou lorsque tu fermes les yeux, tu ne peux rien voir. C'est la capacité de l'œil de percevoir les rayons lumineux qui rend la vision possible chez les êtres humains et chez bon nombre d'animaux.

Les rayons X, les micro-ondes et les ultraviolets sont des types de rayonnements, comme la lumière. L'œil humain ne peut toutefois pas percevoir ces autres types de rayonnements. Ils ne peuvent être détectés qu'à l'aide d'appareils spécialisés.

Les propriétés de la lumière *(suite)*

Propriété 2

La lumière peut être émise par une source naturelle, comme le Soleil, ou par une source artificielle, comme une ampoule électrique.

Source naturelle

Source artificielle

Propriété 3

La lumière du Soleil transporte de l'énergie. C'est pourquoi on l'appelle aussi « énergie lumineuse ».

Le Soleil ne fait pas que nous éclairer : il nous réchauffe. Lorsqu'elle frappe un objet, une partie de l'énergie lumineuse est absorbée et transformée en énergie thermique. Celle-ci augmente la température de l'objet.

Propriété 4

La lumière voyage extrêmement vite. Elle peut atteindre près de 300 000 km/s.

La lumière voyage si vite qu'elle donne l'impression d'être instantanée. Ainsi, lorsqu'on allume une lampe, la lumière de l'ampoule semble apparaître instantanément.

Une fusée peut atteindre 17 km/s, soit 61 200 km/h. À cette vitesse, elle mettrait plus de trois mois pour voyager de la Terre au Soleil. La lumière du Soleil, elle, ne met que 8 minutes pour se rendre à la Terre. La vitesse de la lumière est en fait la plus grande vitesse qui existe.

Propriété 5

La lumière se propage en ligne droite.

Si tu éclaires un objet avec une lampe de poche, tu verras que la lumière ne contourne pas l'objet. Elle voyage en ligne droite. C'est pourquoi une zone d'ombre se forme derrière l'objet.

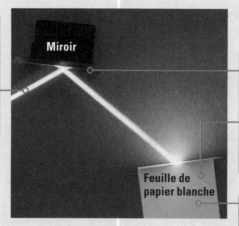

Miroir

Feuille de papier blanche

Propriété 6

Lorsque la lumière touche un objet, une partie est réfléchie (renvoyée) et l'autre partie est absorbée.

Certains objets, comme un miroir, réfléchissent la lumière dans une seule direction. D'autres objets, comme une feuille de papier, réfléchissent la lumière dans plusieurs directions, c'est-à-dire de façon diffuse.

Selon leur couleur, les objets absorbent une partie plus ou moins grande de la lumière qui les touche. (Voir la propriété 7.)

Les propriétés de la lumière *(suite)*

Propriété 7
La lumière blanche (ou la lumière naturelle du jour) est un mélange de toutes les couleurs de l'arc-en-ciel.

Lorsqu'un arc-en-ciel se forme, les gouttes de pluie éclairées par le Soleil décomposent la lumière blanche en toutes ses couleurs. Un prisme de verre décompose la lumière blanche de la même façon.

Les objets qui absorbent complètement les rayons lumineux paraissent noirs. Ceux qui ne les absorbent pas du tout sont blancs, puisqu'ils réfléchissent toutes les couleurs en même temps. Les autres objets prennent diverses nuances de couleurs, selon les rayons qu'ils absorbent ou qu'ils réfléchissent. (Voir la propriété 6.)

La lumière est une forme d'énergie rayonnante. Ses propriétés ont un effet sur nous, puisqu'elles nous permettent de voir et de nous réchauffer. Plusieurs phénomènes astronomiques dépendent des propriétés de la lumière : le cycle du jour et de la nuit, les saisons, les phases de la Lune et les éclipses. Ces phénomènes sont décrits dans les pages suivantes de ce chapitre.

La décomposition de la lumière   1672 ANGLETERRE

Le scientifique anglais Isaac Newton est connu notamment pour ses expériences sur la lumière. D'autres avant lui ont déjà décomposé la lumière à l'aide d'un prisme, mais Newton est le premier à comprendre que la lumière blanche est un mélange de rayons lumineux de couleurs différentes. Non seulement il parvient à décomposer la lumière, mais il procède également à l'expérience inverse : il fait passer les rayons de couleurs créés par un premier prisme à travers un deuxième prisme, ce qui donne de nouveau de la lumière blanche.

Isaac Newton
(1642-1727)

DES IDÉES
POUR ALLER
PLUS LOIN

LES PRINCIPAUX ASTRES DE CE CHAPITRE

LE SOLEIL

- Le Soleil se serait formé, il y a environ 4,5 milliards d'années, à partir d'un nuage de gaz contenant principalement de l'hydrogène et de l'hélium.
- Il est situé à 150 millions de kilomètres de la Terre. Cette distance correspond à environ 600 000 fois la distance entre Québec et Montréal.
- Son diamètre est de 1,4 million de kilomètres. Son rayon équivaut à 109 fois le rayon de la Terre.
- Sa température, au centre, est d'environ 14 millions de degrés Celsius.
- Sa masse correspond à 330 000 fois la masse de la Terre.
- Le Soleil exerce son attraction sur huit planètes. Tout comme la Terre, les planètes Mercure, Vénus, Mars, Jupiter, Saturne, Uranus et Neptune tournent autour du Soleil.

LA TERRE

- La Terre se serait formée il y a environ 4,5 milliards d'années.
- C'est la troisième planète à partir du Soleil. Elle a un seul satellite naturel : la Lune.
- La Terre est ronde, bien que légèrement aplatie aux pôles. Son diamètre est de 12 760 km. Son rayon est de 6380 km.
- Sa température moyenne à la surface est d'environ 14 °C.
- Sa masse est de 6×10^{24} kg.
- La Terre fait le tour du Soleil en 365,25 jours. Elle fait une rotation sur elle-même en 24 heures.

LA LUNE

- La Lune se serait formée il y a environ 4,5 milliards d'années.
- C'est le seul satellite naturel de la Terre.
- La Lune est l'astre situé le plus près de la Terre, soit à 384 400 km de notre planète. Cette distance correspond à un peu plus de 1500 fois la distance entre Québec et Montréal.
- Son diamètre, qui est de 3476 km, est le quart du diamètre de la Terre. Son rayon est de 1738 km.
- Sa température varie entre 127 °C, le jour, et -173 °C, la nuit.
- Sa masse est 81 fois inférieure à la masse de la Terre.
- La Lune tourne autour de la Terre en 28 jours environ. Elle tourne également sur elle-même en 28 jours. C'est pourquoi elle nous présente toujours la même face.
- Pour voir la face cachée de la Lune, il faut se rendre dans l'espace, à l'aide d'une fusée ou d'un satellite artificiel.

1. Relie chaque image (à gauche) à la propriété de la lumière qu'elle représente (à droite).

a) Un chaton découvre son image dans un miroir. •

• La lumière blanche est un mélange de toutes les couleurs de l'arc-en-ciel.

b) Les étoiles sont situées à de très grandes distances de nous. •

• La lumière peut être absorbée ou réfléchie par les objets qu'elle touche.

c) Les panneaux solaires transforment la lumière en électricité. •

• La lumière peut voyager à près de 300 000 km/s.

d) Une lampe est nécessaire pour éclairer une pièce la nuit. •

• La lumière se propage en ligne droite.

e) Un arc-en-ciel se produit lorsqu'il pleut et fait soleil en même temps. •

• La lumière du Soleil transporte une énergie qu'on appelle « énergie lumineuse ».

f) La lumière du Soleil forme parfois des rayons en traversant les nuages. •

• La lumière peut être émise par une source naturelle ou artificielle.

2. Nomme la propriété de la lumière associée aux énoncés suivants.

a) Le mur de la classe est vert.

_____

_____

b) En plein soleil, la crème glacée fond rapidement.

_____

_____

c) On peut diriger un rayon laser sur un point précis.

_____

_____

3. Indique si les objets suivants sont des sources de lumière naturelle (LN), de lumière artificielle (LA) ou s'ils réfléchissent la lumière (R).

a) Les méduses, des animaux marins, éclairent la surface de l'océan la nuit. _____

b) Des naufragés lancent une fusée de sûreté pour être repérés. _____

c) Les ailes du papillon monarque sont très colorées. _____

d) Au cours de la pleine Lune, la face de la Lune est ronde. _____

e) À Hawaii, on peut observer la lave qui coule d'un volcan la nuit. _____

4. Indique si les objets suivants reflètent la lumière dans une seule direction ou dans plusieurs directions.

a) Une pomme. _____

b) Un cerf-volant. _____

c) Un miroir. _____

d) Un anneau en or. _____

5. Explique pourquoi ce cheval est noir.

_____

_____

_____

_____

_____

_____

_____

6.2 Le cycle du jour et de la nuit

Tous les jours, le Soleil se lève, monte dans le ciel, puis se couche. La nuit succède alors au jour. C'est ainsi depuis des milliards d'années. Longtemps, les êtres humains ont cru que l'alternance du jour et de la nuit se produisait parce que le Soleil tournait autour de la Terre. On sait maintenant que ce n'est pas le cas.

6.2.1 Qu'est-ce que la rotation de la Terre?

Le cycle du jour et de la nuit est produit par la rotation de la Terre sur elle-même.

> **DÉFINITION**
>
> La **rotation de la Terre** est le mouvement de la planète autour d'un axe qui passe par ses pôles. Autrement dit, la Terre tourne sur elle-même. Ce mouvement s'effectue en 24 heures et se fait de l'ouest vers l'est. C'est ce mouvement qui produit l'alternance du jour et de la nuit.

Le mouvement apparent du Soleil

Il y a longtemps qu'on te dit que le Soleil se lève à l'est, qu'il est au sud à midi et qu'il se couche à l'ouest. Ce phénomène nous donne l'impression que le Soleil se déplace dans le ciel.

Le mouvement apparent du Soleil dans le ciel s'explique par la rotation de la Terre. Pendant que la Terre tourne, le Soleil apparaît peu à peu dans le ciel.

À midi, le Soleil se trouve au sommet de sa trajectoire apparente (au sud).

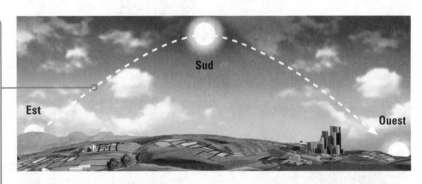

Le Soleil n'éclaire qu'un côté de la Terre à la fois. Pendant qu'une moitié de la Terre est exposée au Soleil, l'autre moitié est plongée dans le noir.

Les gens qui se trouvent à la limite entre le côté éclairé par le Soleil et le côté non éclairé voient le Soleil se lever ou se coucher, selon le cas.

C'est parce que la Terre tourne sur elle-même que le jour alterne avec la nuit.

6.2.2 Qu'est-ce que l'inclinaison de la Terre?

Qu'est-ce que la révolution de la Terre?, p. 209

Si la durée du jour et de la nuit varie d'un mois à l'autre et d'un endroit à un autre, c'est parce que la Terre tourne sur elle-même tout en étant inclinée par rapport au Soleil.

> **DÉFINITION**
>
> L'**inclinaison de la Terre** correspond à l'angle formé par son axe de rotation et un axe imaginaire perpendiculaire à l'orbite terrestre. Cet angle est d'environ 23°.

La longueur du jour et de la nuit

À l'aide du schéma suivant, voyons de plus près l'effet de l'inclinaison de la Terre sur la longueur du jour et de la nuit.

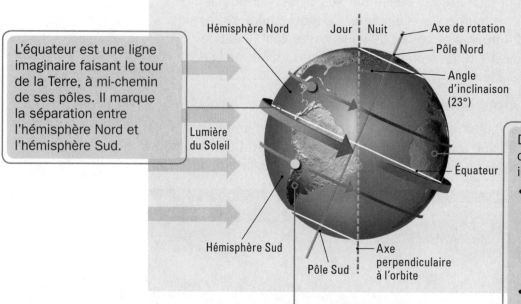

L'équateur est une ligne imaginaire faisant le tour de la Terre, à mi-chemin de ses pôles. Il marque la séparation entre l'hémisphère Nord et l'hémisphère Sud.

Dans l'hémisphère Nord, c'est l'hiver, selon cette illustration.

- Le pôle Nord est dans l'obscurité puisqu'il est incliné dans la direction opposée au Soleil. À cet endroit, il fait nuit pendant six mois.
- Ailleurs dans l'hémisphère Nord, il y a plus d'ombre que de lumière, c'est-à-dire que la nuit est plus longue que le jour.
- Si l'on prend le point vert du côté éclairé de l'hémisphère Nord, on constate que son parcours est moins long le jour que la nuit.

Dans cette illustration, l'hémisphère Sud est penché vers le Soleil. C'est donc l'été dans cette partie du globe.

- Le pôle Sud reste constamment dans la lumière puisqu'il est incliné du côté du Soleil. À cet endroit, il fait jour 24 heures sur 24.
- Partout ailleurs dans l'hémisphère Sud, il y a plus de lumière que d'ombre, c'est-à-dire que le jour est plus long que la nuit.
- Si l'on observe le point jaune du côté éclairé de l'hémisphère Sud, on se rend compte que son parcours, lorsque la Terre tourne, est plus long le jour que la nuit.

Comme la Terre est inclinée par rapport au Soleil, la durée du jour et de la nuit varie au cours d'une année. Cette inclinaison produit aussi les saisons (voir la page 209).

1. Quel mouvement de la Terre est associé au cycle du jour et de la nuit?

_____

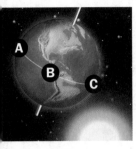

2. Où se trouve le Soleil dans le ciel pour une personne située à chacun des endroits indiqués sur l'image?

   A _____

   B _____

   C _____

3. Observe l'illustration de la page 206, puis réponds à la questions suivante. Selon cette illustration, le jour est-il plus long que la nuit au Québec? Explique ta réponse.

_____

_____

_____

_____

4. Au Canada, on avance l'heure au printemps et on recule l'heure à l'automne afin de profiter au maximum de la durée du jour. Pourquoi la durée du jour n'est-elle pas la même partout dans le monde et en toutes saisons?

_____

_____

_____

_____

5. Vrai ou faux? Si un énoncé est faux, corrige-le.

   a) Lorsqu'il fait jour dans l'hémisphère Nord, il fait nuit dans l'hémisphère Sud.

   _____

   _____

   b) Au pôle Nord, la durée du jour est plus longue en été qu'à l'équateur.

   _____

   _____

   c) Lorsqu'il fait nuit au pôle Nord, il fait jour au pôle Sud.

   _____

   _____

6. À l'aide des propriétés de la lumière, explique pourquoi il fait généralement plus chaud le jour que la nuit.

_____

_____

_____

_____

_____

_____

7. Ces images montrent la région arctique à différents moments de l'année. Le point rouge indique l'emplacement du pôle Nord. Observe les photos, puis répond aux questions.

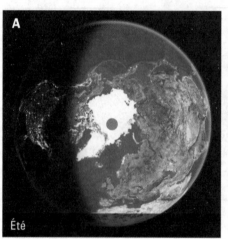

Été

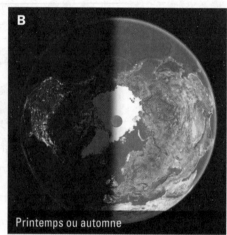

Printemps ou automne

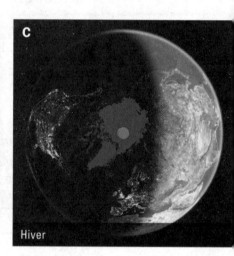

Hiver

a) L'axe de rotation de la Terre passe par deux endroits précis. Nomme-les.

_____

_____

b) Quelle est la durée du jour et de la nuit au pôle Nord sur l'image A ?

_____

c) Quelle est la durée du jour et de la nuit au pôle Nord sur l'image B ?

_____

d) Quelle est la durée du jour et de la nuit au pôle Nord sur l'image C ?

_____

e) Quel est l'angle d'inclinaison de la Terre ?

_____

6.3 Les saisons

Qu'est-ce qui crée les saisons ? Par exemple, pourquoi est-ce l'hiver au Québec pendant que c'est l'été en Amérique du Sud ?

6.3.1 Qu'est-ce que la révolution de la Terre ?

Qu'est-ce que l'inclinaison de la Terre ?, p. 206

En décrivant une orbite autour du Soleil, la Terre passe par quatre saisons astronomiques.

DÉFINITION

La **révolution de la Terre** est le mouvement de la planète autour du Soleil. Ce mouvement s'effectue selon une trajectoire ovale appelée « orbite terrestre ». Une orbite dure 365,25 jours. C'est la révolution de la Terre combinée à l'inclinaison de son axe de rotation qui engendre les saisons.

Les saisons, les solstices et les équinoxes

L'illustration ci-dessous montre l'origine des saisons dans l'hémisphère Nord. Dans l'hémisphère Sud, les saisons sont inversées.

En astronomie, une saison correspond au temps mis par la Terre pour passer d'un équinoxe à un solstice ou d'un solstice à un équinoxe.

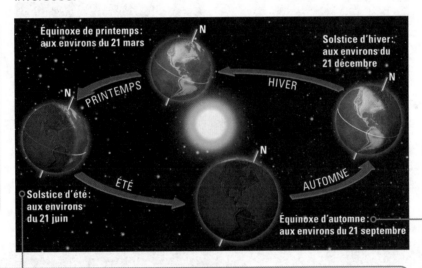

Équinoxe de printemps : aux environs du 21 mars

Solstice d'hiver : aux environs du 21 décembre

PRINTEMPS

HIVER

Solstice d'été : aux environs du 21 juin

ÉTÉ

AUTOMNE

Équinoxe d'automne : aux environs du 21 septembre

Un équinoxe est un moment de l'année où la position de la Terre marque le début du printemps ou le début de l'automne. Aux équinoxes, la durée du jour est égale à celle de la nuit.

Un solstice est un moment de l'année où la position de la Terre marque le début de l'été ou le début de l'hiver.

- Au solstice d'été, l'hémisphère Nord est incliné au maximum vers le Soleil. Le jour est plus long que la nuit. Il fait aussi plus chaud parce que les rayons solaires sont plus directs.

- Au solstice d'hiver, l'hémisphère Nord est incliné au maximum à l'opposé du Soleil. Le jour est plus court que la nuit. Il fait froid parce que les rayons solaires sont obliques et non directs (voir l'image ci-contre).

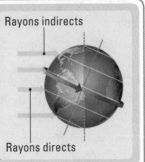

Rayons indirects

Rayons directs

Les solstices et les équinoxes marquent le début des saisons.

Les effets de la révolution de la Terre

Quelles sont les conséquences de la révolution de la Terre?

Notre calendrier compte 365 jours alors que la révolution de la Terre prend 365,25 jours. Il «s'accumule» donc un quart de jour (0,25) chaque année. Tous les 4 ans, on crée une année bissextile de 366 jours pour compenser.

Au pôle Nord, il ne fait jamais jour au début de l'hiver parce que le Soleil cesse d'éclairer les régions qui sont à l'intérieur du cercle polaire arctique. Au début de l'été, il ne fait jamais nuit (le Soleil est visible 24 heures sur 24). La photo montre plusieurs positions du Soleil dans le ciel de l'Alaska au cours d'un jour d'été: le Soleil descend, mais ne se couche pas.

À l'équateur, la durée du jour et de la nuit est presque toujours la même: 12 heures environ. Au Brésil, en Amérique du Sud, les habitants ne voient pas beaucoup de différence, tout au long de l'année, entre la durée du jour et celle de la nuit.

Dans le langage courant, on dit que le 21 décembre correspond au solstice d'hiver. Au Canada, ce jour marque bel et bien le début de l'hiver. Pourtant, dans l'hémisphère Sud, il marque le début de l'été. Cela vient du fait que l'expression «solstice d'hiver» a été créée par des astronomes qui habitaient l'hémisphère Nord.

La Terre connaît différentes saisons parce qu'elle tourne autour du Soleil avec une certaine inclinaison.

PETITE
HISTOIRE
DE LA SCIENCE

La révolution de la Terre   1610 ITALIE

Galilée (Galileo Galilei en italien) fabrique sa propre lunette astronomique (l'ancêtre du télescope). Grâce à ses observations, il découvre, en 1610, que la planète Jupiter a quatre satellites naturels, que Vénus présente des phases comme la Lune, que Saturne a un anneau et que le Soleil tourne autour de son axe. Galilée est désormais convaincu que la Terre n'est qu'une planète comme les autres, et non le centre de l'Univers. Il affirme que la Terre tourne autour du Soleil, alors qu'on croit à l'époque que c'est le Soleil qui tourne autour de notre planète.

Galileo Galilei
(1564-1642)

1. Que suis-je ?

a) Je suis la saison où la durée du jour est d'abord égale à la nuit avant de se mettre à diminuer de jour en jour.

_____

b) Je suis le jour le plus court de l'année dans l'hémisphère Nord.

_____

c) Je suis le jour où la durée du jour est la même que celle de la nuit, peu importe l'endroit où l'on se trouve sur la Terre.

_____

d) Je suis la saison où le climat est le plus chaud et où la durée du jour diminue quotidiennement.

_____

e) Je suis le mouvement que la Terre effectue autour du Soleil.

_____

2. Complète le texte en choisissant parmi les éléments suivants.

Angle de rotation	De la Terre	Révolution
Axe de rotation	Du Soleil	Rotation
Climats	L'inclinaison	Saisons

Les _____ sont causées par la _____

_____ autour _____ et par

_____ de son _____

qui est de 23°.

3. En hiver, il y a de belles journées ensoleillées au Québec. Cependant, il peut faire très froid lors de ces journées. Explique pourquoi, malgré la présence du Soleil, les journées sont plus froides en hiver qu'en été.

_____

_____

_____

_____

_____

_____

4. Observe les images suivantes, puis réponds aux questions.

 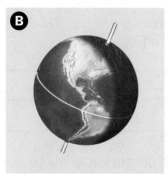 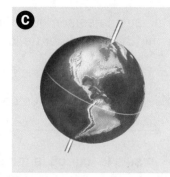 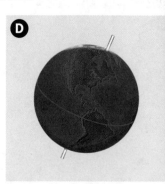

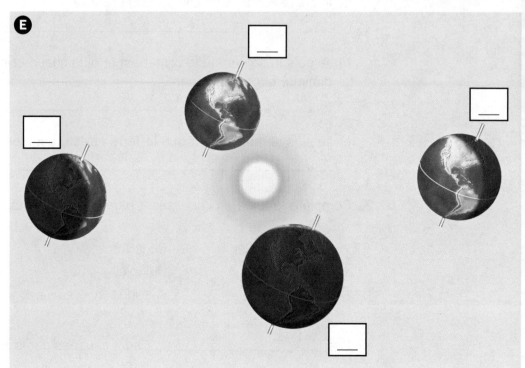

a) Dessine, sur chacune des images A, B, C et D, une flèche indiquant la direction des rayons du Soleil.

b) Inscris, dans les boîtes de l'image E, la lettre de l'image A, B, C ou D correspondante.

c) Dessine, pour chaque position de la Terre de l'image E, une flèche rouge indiquant la direction de la rotation de la Terre.

d) Dessine, sur l'illustration E, des flèches bleues pour montrer la direction de la révolution de la Terre.

e) Quelle image correspond au solstice d'été ? _____

f) Quelle image correspond au soleil de minuit (ensoleillement jour et nuit) au pôle Nord ? _____

6.4 Les phases de la Lune

La Lune tourne autour de la Terre depuis quelques milliards d'années. La nuit, il te suffit de lever le regard vers le ciel pour voir où en est la Lune dans son voyage autour de la Terre.

6.4.1 Qu'est-ce que les phases de la Lune ?

D'une nuit à l'autre, la Lune change : elle nous paraît de plus en plus ronde, ou encore de plus en plus incomplète dans le ciel. Qu'est-ce qui cause ce phénomène ?

> **DÉFINITION**
>
> Les **phases de la Lune** désignent les parties de Lune éclairées par le Soleil, telles qu'elles sont vues de la Terre. En effet, la Lune n'émet pas de lumière. Si elle brille, c'est parce qu'elle reflète la lumière du Soleil. Comme dans le cas de la Terre, une partie de la Lune est toujours éclairée par le Soleil, tandis que l'autre partie est dans l'obscurité.

Le nom des phases de la Lune

Avant d'examiner comment se forment les phases de la Lune, voyons le nom qu'on donne à chacune de ces phases. Note que « gibbeuse » signifie « bossue ».

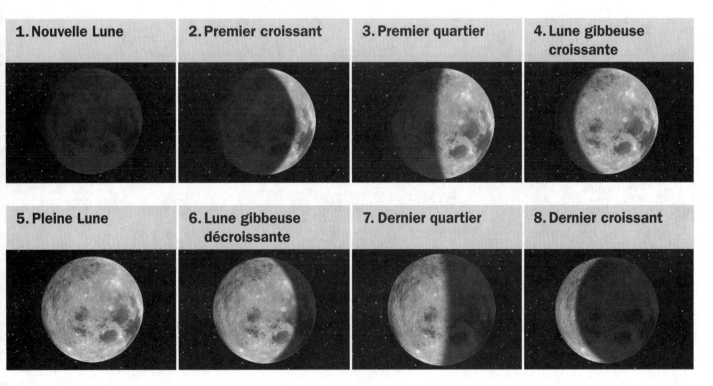

1. Nouvelle Lune
2. Premier croissant
3. Premier quartier
4. Lune gibbeuse croissante
5. Pleine Lune
6. Lune gibbeuse décroissante
7. Dernier quartier
8. Dernier croissant

Le déroulement des phases de la Lune

Le schéma suivant explique en détail comment se produisent les phases de la Lune.

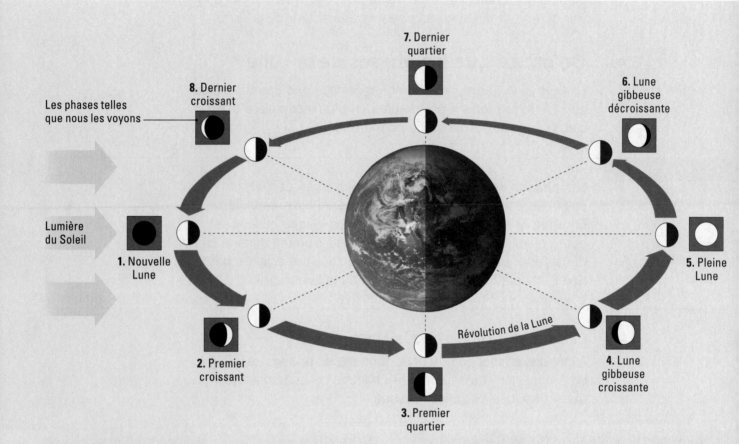

1. **La première phase lunaire est la nouvelle Lune.** La Lune se trouve alors entre le Soleil et la Terre. On ne peut pas la voir de la Terre, car sa partie éclairée est tournée vers le Soleil.

2. À mesure que la Lune se déplace autour de la Terre, sa face éclairée devient visible. Nous percevons d'abord un mince croissant: le premier croissant.

3. De jour en jour, le croissant s'épaissit. Au premier quartier, nous voyons un demi-cercle.

4. Quelques jours plus tard, la Lune est presque pleine: c'est la Lune gibbeuse croissante.

5. Lorsque la Lune est d'un côté de la Terre et le Soleil de l'autre, nous pouvons la voir entièrement. C'est alors la pleine Lune.

6. Après la pleine Lune, nous voyons de moins en moins la partie éclairée de la Lune. Elle nous présente alors une face décroissante, passant de la pleine Lune à la Lune gibbeuse décroissante.

7. Puis, c'est le dernier quartier.

8. Enfin, la Lune se réduit jusqu'à un dernier croissant, et finit par disparaître à la nouvelle Lune suivante.

À mesure que la Lune tourne autour de la Terre, nous l'observons sous des angles différents. Ces différents aspects de la Lune correspondent à ses phases.

1. Nomme la phase de la Lune qui correspond à chaque énoncé.

a) La Lune émerge de l'ombre :
on n'en voit qu'une mince portion. _____

b) Par une belle nuit étoilée,
on ne voit pas la Lune. _____

c) Il manque une petite portion de la Lune,
quelques jours avant la pleine Lune. _____

d) La Lune disparaît progressivement
dans l'ombre, après le dernier quartier. _____

2. a) Où se situe la Terre lorsque c'est la pleine Lune ?

_____

b) Où se situe la Lune lorsque c'est la nouvelle Lune ?

_____

3. Les schémas suivants montrent le Soleil (S), la Lune (L) et la Terre (T) dans différentes positions. Nomme la phase de la Lune qui correspond à chaque schéma.

a) _____

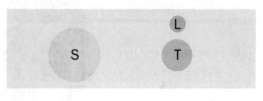

b) _____

c) _____

d) _____

4. Voici deux phases de la Lune. Dessine un schéma pour représenter la position de la Lune, de la Terre et du Soleil dans chaque cas.

a)
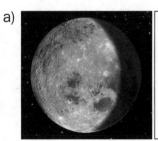

b)

5. Cette image montre la révolution de la Lune autour de la Terre. Observe-la, puis réponds aux questions.

A. Dernier croissant

B. Dernier quartier

C. Lune gibbeuse croissante

D. Lune gibbeuse décroissante

E. Nouvelle Lune

F. Pleine Lune

G. Premier croissant

H. Premier quartier

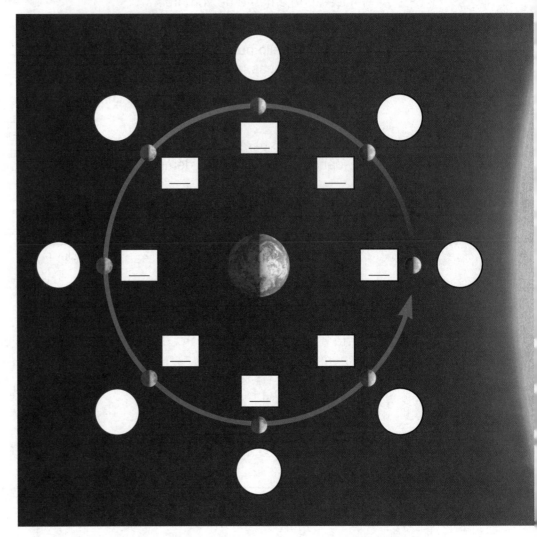

a) Dessine dans les cercles les phases de la Lune telles qu'on peut les voir dans le ciel.

b) Inscris dans les boîtes la lettre correspondant à chacune des phases.

6. La Lune n'est pas une étoile ; elle ne produit pas de lumière. Explique dans tes mots pourquoi nous pouvons voir les phases de la Lune.

_____

_____

_____

_____

_____

_____

6.5 Les éclipses

Tu as déjà entendu parler du phénomène des éclipses. Peut-être as-tu déjà essayé d'en observer une. Dans le cas d'une éclipse de Soleil, on t'a alors sûrement indiqué de ne pas la regarder directement, car c'est dangereux pour les yeux. Mais pourquoi le Soleil disparaît-il ainsi en plein jour?

Les phases de la Lune, p. 213

6.5.1 Qu'est-ce qu'une éclipse?

Il existe deux sortes d'éclipses: les éclipses de Soleil et les éclipses de Lune.

> **DÉFINITION**
>
> Une **éclipse** est un phénomène qui se produit quand le Soleil ou la Lune disparaissent, totalement ou en partie, alors qu'ils devraient normalement être visibles dans le ciel.
>
> Lors d'une éclipse de Soleil, la Lune passe entre la Terre et le Soleil.
>
> Lors d'une éclipse de Lune, la Terre passe entre le Soleil et la Lune.

L'éclipse de Soleil

Lors d'une éclipse de Soleil, la Lune se trouve entre la Terre et le Soleil. Le Soleil, la Lune et la Terre étant alignés, la Lune nous cache la lumière du Soleil en plein jour.

Au cours d'une éclipse de Soleil, la Lune projette son ombre sur une zone limitée de la Terre. Les habitants de cette zone observent alors une éclipse totale. La durée de l'éclipse peut être de 2 heures, pendant lesquelles la lumière disparaît peu à peu. L'obscurité totale peut durer 8 minutes, au maximum.

Dans une zone d'ombre, l'obstacle (ici, la Lune) bloque la totalité des rayons lumineux provenant de la source (ici, le Soleil). Dans une zone de pénombre, l'obstacle ne bloque qu'une partie des rayons lumineux.

Ombre (obscurité totale)

Zone d'éclipse totale

Lumière du Soleil

Pénombre (obscurité partielle)

Zone d'éclipse partielle

Quand la Lune ne cache qu'une partie du Soleil, on observe dans cette zone une éclipse partielle.

Une éclipse de Soleil peut être totale ou partielle, selon l'endroit où l'on se trouve sur la Terre.

L'OBSERVATION DES ÉCLIPSES DE SOLEIL

Les éclipses totales de Soleil n'ont lieu, en moyenne, que tous les 18 mois. Pour voir une éclipse totale de Soleil, il faut se trouver dans la zone d'ombre, c'est-à-dire dans la région de la Terre où il n'y a plus du tout de lumière. Cette zone n'est pas très grande. Elle ne fait pas plus de 270 km de diamètre. C'est pourquoi il est rare de pouvoir observer une éclipse totale.

Une éclipse totale de Soleil.

Les éclipses partielles sont plus courantes. Pour les observer, il suffit de se trouver dans une région où l'obscurité n'est pas totale, c'est-à-dire dans la zone de pénombre. Ces régions peuvent atteindre 6000 km de diamètre.

Voici la liste des éclipses de Soleil, partielles et totales, qui auront lieu d'ici 2024. La prochaine éclipse totale de Soleil visible du sud du Québec se produira le 8 avril 2024.

Les éclipses de Soleil de l'an 2013 à l'an 2024

DATE	TYPE D'ÉCLIPSE	ZONES OÙ L'ÉCLIPSE SERA VISIBLE
23 octobre 2014	Partielle	Océan Pacifique (nord), Amérique du Nord
20 mars 2015	Totale	Islande, Europe, Afrique (nord), Asie (nord)
13 septembre 2015	Partielle	Afrique (sud), océan Indien (sud), Antarctique
9 mars 2016	Totale	Asie (est), Australie, Antarctique
21 août 2017	Totale	Amérique du Nord, Amérique du Sud (nord)
15 février 2018	Partielle	Antarctique, Amérique du Sud (sud)
13 juillet 2018	Partielle	Australie (sud)
11 août 2018	Partielle	Europe (nord), Asie (nord-est)
6 janvier 2019	Partielle	Asie (nord-est), océan Pacifique (nord)
2 juillet 2019	Totale	Océan Pacifique (sud), Amérique du Sud
14 décembre 2020	Totale	Océan Pacifique, Amérique du Sud (sud), Antarctique
4 décembre 2021	Totale	Antarctique, Afrique (sud), océan Atlantique (sud)
30 avril 2022	Partielle	Océan Pacifique (sud-est), Amérique du Sud (sud)
25 octobre 2022	Partielle	Europe, Afrique (nord-est), Moyen-Orient, Asie (ouest)
8 avril 2024	Totale	Amérique du Nord, Amérique centrale

Source : NASA, 2012.

L'éclipse de Lune

Lors d'une éclipse de Lune, la Terre se trouve entre le Soleil et la Lune. Les trois astres étant alignés, la Terre cache la lumière du Soleil et la Lune n'est plus éclairée directement. Elle passe dans l'ombre de la Terre.

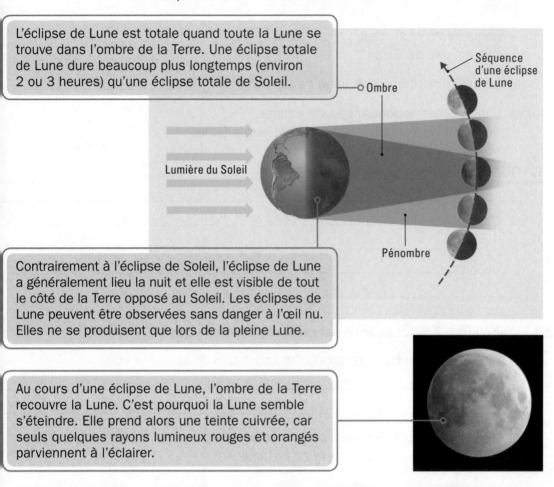

L'éclipse de Lune est totale quand toute la Lune se trouve dans l'ombre de la Terre. Une éclipse totale de Lune dure beaucoup plus longtemps (environ 2 ou 3 heures) qu'une éclipse totale de Soleil.

Lumière du Soleil

Ombre

Séquence d'une éclipse de Lune

Pénombre

Contrairement à l'éclipse de Soleil, l'éclipse de Lune a généralement lieu la nuit et elle est visible de tout le côté de la Terre opposé au Soleil. Les éclipses de Lune peuvent être observées sans danger à l'œil nu. Elles ne se produisent que lors de la pleine Lune.

Au cours d'une éclipse de Lune, l'ombre de la Terre recouvre la Lune. C'est pourquoi la Lune semble s'éteindre. Elle prend alors une teinte cuivrée, car seuls quelques rayons lumineux rouges et orangés parviennent à l'éclairer.

Tout comme une éclipse de Soleil, une éclipse de Lune est un phénomène qui résulte des propriétés de la lumière.

Pourquoi n'y a-t-il pas d'éclipse à chaque pleine Lune ou nouvelle Lune ?

La Lune ne tourne pas autour de la Terre sur le même plan que la Terre tourne autour du Soleil. Si cela était le cas, on pourrait assister à environ 25 éclipses solaires ou lunaires chaque année. Le plan de l'orbite lunaire est incliné de 5° 9' par rapport à celui de l'orbite terrestre. Ces deux plans ne se rencontrent qu'en deux endroits. De plus, il faut que la Lune soit alignée avec le Soleil et la Terre pour qu'une éclipse survienne. C'est pourquoi les éclipses ne surviennent pas à chaque pleine Lune ou nouvelle Lune.

1. Dans chacune de ces images, le Soleil (S), la Lune (L) et la Terre (T) sont alignés.

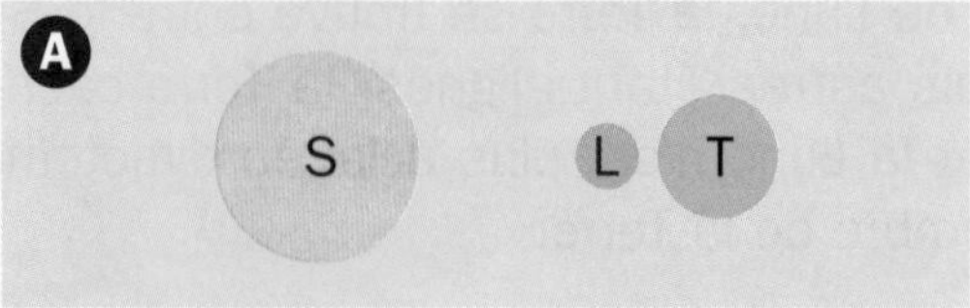

A   S   L T

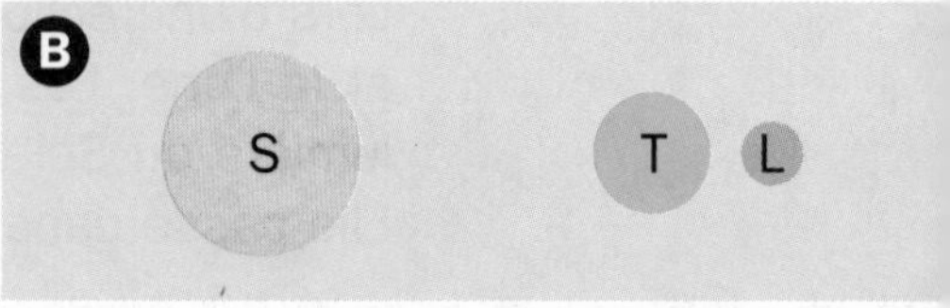

B   S   T L

a) Laquelle de ces images représente une éclipse de Soleil? _____

b) Laquelle montre une éclipse de Lune? _____

c) Laquelle correspondrait à une éclipse de Soleil pour un observateur situé sur la Lune? _____

2. Qu'est-ce qu'une éclipse partielle?

_____
_____
_____
_____
_____

3. Vrai ou faux? Si un énoncé est faux, explique pourquoi.

a) Une éclipse de Lune se produit toujours lors de la pleine Lune.

_____
_____

b) Une éclipse de Soleil est observable seulement dans la région de la Terre qui est plongée dans l'ombre de la Lune.

_____
_____

c) Une éclipse de Soleil ne peut être visible que la nuit.

_____
_____

d) Il existe des éclipses partielles de Soleil et de Lune.

_____
_____

e) Les éclipses de Lune sont visibles sur toute la surface de la Terre qui est plongée dans la nuit.

_____
_____

4. Observe l'image suivante, puis réponds aux questions.

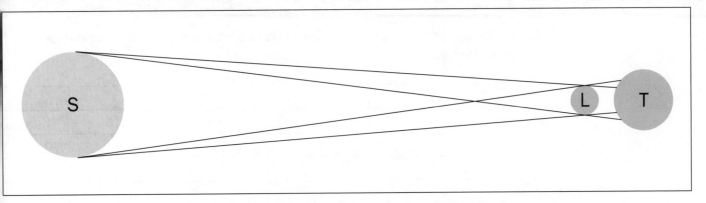

a) Colorie en noir la zone d'ombre projetée par la Lune sur la Terre.

b) Colorie en brun les zones de pénombre projetées par la Lune sur la Terre.

c) Dessine une flèche pointant la zone d'éclipse totale.

5. Observe l'image suivante, puis réponds aux questions.

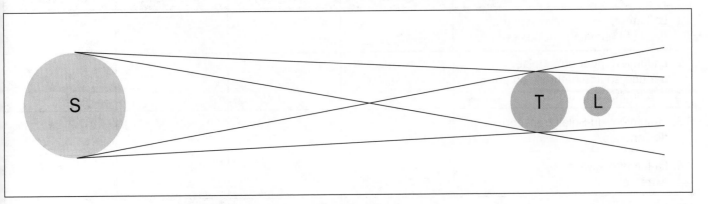

a) Colorie en noir l'ombre projetée par la Terre sur la Lune.

b) Est-ce que tous les habitants de la Terre pourront observer l'éclipse de Lune en même temps ? Explique ta réponse.

_____

_____

6. a) Quelle est la durée maximale d'obscurité totale d'une éclipse de Soleil ? _____

b) Quelle est la durée d'une éclipse totale de Lune ? _____

c) Durant quelle phase de la Lune a lieu une éclipse de Soleil ? _____

d) Durant quelle phase de la Lune a lieu une éclipse de Lune ? _____

Synthèse du chapitre 6

1. À l'aide des propriétés de la lumière, explique pourquoi une feuille verte nous semble verte.

_____

_____

_____

_____

_____

2. Dans ce chapitre, nous avons abordé différents phénomènes. Fais un crochet (✓) dans les cases correspondant aux propriétés de la lumière liées à chacun de ces phénomènes.

PROPRIÉTÉS	CYCLE DU JOUR ET DE LA NUIT	SAISONS	PHASES DE LA LUNE	ÉCILPSES DE SOLEIL ET DE LUNE
1. La lumière est un rayonnement que l'œil humain peut percevoir.				
2. La lumière peut être émise par une source naturelle ou par une source artificielle.				
3. La lumière du Soleil transporte de l'énergie.				
4. La lumière voyage extrêmement vite.				
5. La lumière se propage en ligne droite.				
6. Lorsque la lumière touche un objet, une partie est réfléchie (renvoyée) et l'autre partie est absorbée.				
7. La lumière blanche est un mélange de toutes les couleurs de l'arc-en-ciel.				

3. Nomme le mouvement de la Terre ou le mouvement de la Lune à l'origine de chaque phénomène.

a) Le jour et la nuit. _____

b) Les saisons. _____

c) Les phases de la Lune. _____

d) Les éclipses. _____

4. Les images suivantes montrent la Terre à trois moments au cours d'une même année. Observe-les, puis réponds aux questions.

_____   _____   _____

_____   _____   _____

_____   _____   _____

a) Inscris, sous chaque image, le moment illustré par chacune.

b) Quelle saison débute dans
   l'hémisphère Sud sur l'image A ?   _____

c) Quelle est la saison qui débute dans
   l'hémisphère Sud sur l'image C ?   _____

d) Quelle saison commence dans
   l'hémisphère Nord sur l'image B ?   _____

5. a) Explique pourquoi les éclipses de Soleil surviennent seulement lors de la nouvelle Lune.

   _____

   _____

   _____

   _____

   b) Explique pourquoi les éclipses de Lune ne se produisent qu'à la pleine Lune.

   _____

   _____

   _____

   _____

   _____

L'univers technologique

QU'EST-CE QUE LA TECHNOLOGIE ?

Depuis toujours, l'être humain fabrique des machines, des outils, des maisons et bien d'autres choses encore. Au fil du temps, il a découvert des matériaux et des façons de faire qui l'ont amené à concevoir de nouveaux objets. L'univers technologique est vaste. Il englobe aussi bien les gratte-ciel que la puce électronique. Les automobiles, les bateaux, les engins spatiaux, de même que les ouvre-boîtes, les casseroles antiadhésives et les téléphones sans fil sont tous des objets techniques.

La section de cet ouvrage qui porte sur l'univers technologique t'amènera à mieux saisir la définition suivante de la technologie.

La technologie, c'est l'étude des techniques, c'est-à-dire des moyens mis en œuvre pour fabriquer des objets, des appareils, des systèmes, des édifices, etc.

Les forces et les mouvements

QU'EST-CE QU'UNE FORCE ?

Dans ce chapitre, tu découvriras les effets produits par les forces sur les objets techniques.

Tu examineras ensuite les types de mouvements que les forces peuvent engendrer.

Tu verras enfin en quoi consistent la liaison et le guidage des pièces d'un objet technique.

On ne peut pas voir une force. On peut seulement voir ses effets. Par exemple, les planètes qui tournent autour du Soleil et les plaques tectoniques qui entrent en collision agissent sous l'action de forces. Il en va de même pour le ballon qui roule sur un terrain de jeu ou pour la piste enneigée qui s'enfonce sous le passage des skieurs. Les forces déterminent le mouvement, la position et la forme de tout ce qu'on trouve dans l'Univers.

Les forces produisent deux grands effets. D'abord, elles peuvent provoquer ou modifier le mouvement d'un objet. Pense à un ballon que tu peux accélérer, ralentir, arrêter ou dévier. Ensuite, les forces peuvent déformer un objet. Pense à la pâte à modeler que tu peux façonner à ta guise.

> Une **force** est une action qui peut mettre un objet en mouvement ou modifier le mouvement d'un objet déjà en train de bouger. Une force peut également modifier la forme d'un objet.

7.1 Les effets d'une force

*Qu'est-ce qu'une force ?,
p. 226*

Le trampoline se déforme sous tes pieds, puis il reprend sa forme. Une noix se casse lorsque tu la frappes avec un marteau. Le vélo avance lorsque tu pédales. Tous ces exemples montrent les effets d'une force.

7.1.1 Quels sont les effets d'une force ?

Voyons en détail les divers effets d'une force sur un objet.

DÉFINITION

Les **effets d'une force** sur un objet sont la modification de son mouvement et sa déformation.

Modification du mouvement

Elle peut consister à :

- mettre en mouvement un objet immobile ;
- accélérer, ralentir, arrêter ou dévier un objet en mouvement.

Déformation

Elle peut :

- être élastique (l'objet se déforme, puis reprend sa forme) ;
- être permanente (l'objet se déforme et reste déformé) ;
- provoquer la rupture (l'objet se brise).

Des exemples de modification du mouvement et de déformation

Voici deux exemples montrant les effets d'une force sur un objet.

En technologie, on représente généralement une force par une flèche. Dans cet ouvrage, nous utilisons des flèches blanches au contour noir.

En appuyant sur le couvercle, ces deux personnes produisent une déformation de la valise. Cette déformation est élastique, puisque la valise reprendra sa forme une fois vidée.

En tirant sur la poignée du chariot, cette personne modifie le mouvement des caisses : elle les fait avancer.

Les forces produisent divers effets sur les objets.

7.1.2 Quels sont les effets des forces exercées sur un objet technique?

Les types de mouvements, p. 234

Voyons maintenant plus particulièrement les effets des forces exercées sur un objet technique, c'est-à-dire sur un objet fabriqué par l'être humain. Ces forces peuvent agir sur l'objet lui-même ou sur une ou plusieurs de ses pièces.

DÉFINITION

Les **effets des forces exercées sur un objet technique** sont la modification du mouvement (voir la section 7.2) et la déformation de cet objet. De façon plus précise, une force peut déformer un objet technique en l'étirant (tension), en l'écrasant (compression), en le courbant (flexion), en le tordant (torsion) ou en le déchirant (cisaillement).

Tension	Compression	Flexion	Torsion	Cisaillement
(Ou «traction».) Effet dû à des forces dont la direction s'éloigne de l'objet sur lequel elles agissent. Elles ont tendance à allonger ou à étirer cet objet.	Effet dû à des forces dirigées vers l'objet sur lequel elles agissent. Elles ont tendance à l'écraser ou à le comprimer.	Effet dû à des forces agissant en des points différents d'un objet. Elles ont tendance à courber cet objet.	Effet dû à des forces qui ont tendance à tordre l'objet sur lequel elles agissent.	Effet dû à des forces de sens contraire, agissant presque au même endroit. Elles ont tendance à déchirer l'objet sur lequel elles agissent.

Pourquoi une balle rebondit-elle?

Une balle rebondit parce qu'elle est élastique. En effet, une balle s'aplatit lorsqu'elle touche le sol. Elle reprend ensuite sa forme en poussant sur le sol. Lorsque le sol est dur, cela a pour conséquence de la propulser vers le haut. Une balle bien gonflée rebondit mieux qu'une balle mal gonflée parce qu'elle peut pousser plus fort sur le sol. Mais si le sol est mou, par exemple s'il s'agit de sable, c'est ce dernier qui se déformera et la balle ne rebondira pas.

Les forces et la déformation des objets de la vie quotidienne

Le schéma de principe, p. 257

Voyons quelques exemples des effets définis à la page précédente. Les symboles indiqués dans la colonne de droite sont ceux qu'on emploie dans les schémas de principe (voir la section 8.2) pour décrire les forces à l'œuvre sur un objet.

LA DÉFORMATION DES OBJETS TECHNIQUES	
EFFET	**ILLUSTRATION ET SYMBOLE**
TENSION (OU TRACTION)	
On utilise couramment les bandes élastiques pour faire des exercices d'étirement. Une telle bande s'allonge lorsqu'on tire sur ses extrémités. Plus les forces de tension (ou de traction) sont grandes, plus la bande s'allonge. Les forces de tension créent presque toujours un allongement, mais cet allongement est parfois invisible à l'œil nu. Par exemple, lorsqu'on suspend une lourde plante à un crochet, ce crochet s'allonge, mais cet allongement est si petit qu'on ne le remarque pas.	 **Symbole :** ⇦ ⇨
COMPRESSION	
Lorsqu'une personne s'assoit sur un coussin, elle pousse sur lui. On dit qu'elle exerce une force de compression. Sous l'effet de cette force, le coussin s'écrase et se comprime. Plusieurs objets s'écrasent lorsqu'ils sont comprimés, puis reprennent rapidement leur forme dès que la force cesse. C'est le cas des ballons et de la plupart des objets en caoutchouc. D'autres objets se déforment de façon permanente lorsqu'on les comprime. On peut penser à l'argile et à la pâte à modeler. Même lorsque la force de compression a disparu, ces objets ne reprennent pas leur forme originale.	**Symbole :** ⇨ ⇦

LA DÉFORMATION DES OBJETS TECHNIQUES *(SUITE)*	
EFFET	**ILLUSTRATION ET SYMBOLE**
FLEXION	
Les forces peuvent courber un objet ou un matériau. Par exemple, lorsqu'on dépose plusieurs livres sur une tablette, celle-ci fléchit parce que la force exercée par les livres n'agit pas au même endroit que celles exercées par les supports de la tablette. Plus il y a de livres, plus les forces exercées sont grandes et plus la flexion qui en résulte est grande également.	**Symbole :**
TORSION	
Chaque fois qu'on essore une serviette mouillée, on produit une torsion. Comment ? Simplement en tournant des sections différentes de la serviette dans des directions opposées.	**Symbole :**
CISAILLEMENT	
Lorsqu'on déchire une feuille de papier, on exerce deux forces dans des directions opposées presque au même endroit. C'est un cas de cisaillement. Si l'on examinait ce geste au ralenti, on verrait que la feuille commence par résister, puis finit par céder aux forces en se déchirant. Plusieurs outils, comme les ciseaux, facilitent la coupe par cisaillement des matériaux. Chacune des deux lames exerce une force sur deux points très près l'un de l'autre, de façon parallèle, mais dans des sens opposés.	**Symbole :**

Les forces peuvent déformer les objets de différentes manières.

1. Quelle est la différence entre une force et l'effet d'une force ?

_____

_____

_____

_____

2. Dans chacune de ces situations, un objet exerce une force sur un autre objet. Indique si l'effet de cette force est une modification du mouvement ou une déformation.

a) Le marteau piqueur exerce une force sur le sol.

_____

_____

b) La machine à laver exerce une force sur les vêtements.

_____

_____

c) Le couteau exerce une force sur le poivron.

_____

_____

d) L'agrafeuse exerce une force sur l'agrafe.

_____

_____

_____

e) La pompe exerce une force sur le pétrole.

_____

_____

_____

f) Le batteur exerce une force sur les blancs d'œufs.

_____

_____

_____

3. Dans chacune de ces situations, un objet subit une déformation. Indique de quelle déformation il s'agit : tension, compression, flexion, torsion ou cisaillement.

a) Le tire-bouchon s'enfonce dans le bouchon de liège.

_____

b) Le tire-bouchon retire le bouchon de liège de la bouteille.

_____

c) Le ressort maintient ensemble les deux parties d'une pince à linge.

_____

d) La tondeuse coupe le gazon.

_____

4. Nomme l'effet des forces représentées sur chaque image.

a) Armer le ressort.

_____

b) Tailler une haie.

_____

c) Faire un saut à l'élastique.

_____

d) Préparer un sandwich grillé.

_____

e) Écraser des pommes de terre.

_____

f) Soulever un haltère.

_____

5. Peut-on toujours voir la déformation des objets qui subissent une force ? Explique ta réponse.

_____

_____

_____

_____

6. Dessine les flèches symbolisant les forces qui permettent d'actionner ou d'utiliser les objets suivants.

a) Les poignées de la pompe à vélo.

b) Le tournevis.

c) La chaînette de la lampe.

d) Les pédales du vélo.

7. Lorsque tu souffles dans un ballon d'anniversaire au-delà de sa capacité maximale, que se passe-t-il ? Explique ta réponse.

_____

_____

_____

7.2 Les types de mouvements

Les deux branches d'une paire de lunettes doivent pouvoir se replier pour le rangement. Lorsqu'on fabrique un tel objet technique, il faut donc trouver comment déplacer les pièces mobiles de façon précise afin d'obtenir l'effet désiré. Les parties mobiles des objets techniques peuvent se déplacer selon trois types de mouvements : la translation rectiligne, la rotation et le mouvement hélicoïdal.

7.2.1 Qu'est-ce qu'un mouvement de translation rectiligne ?

Une tranche de pain qui descend, puis qui remonte dans un grille-pain effectue un mouvement de translation rectiligne.

DÉFINITION

Un **mouvement de translation rectiligne** est le mouvement que fait une pièce ou une partie d'un objet lorsqu'elle se déplace en ligne droite.

Des exemples de mouvements de translation rectiligne

Le schéma de principe, p. 257

Le mouvement de translation rectiligne peut se faire dans une seule direction ou dans deux directions.

Translation unidirectionnelle

Translation bidirectionnelle

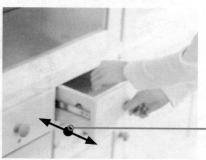

En technologie, on représente généralement le mouvement par une flèche. Dans cet ouvrage, nous utilisons des flèches noires.

Lorsqu'on exerce une force sur le tiroir, il glisse en ligne droite dans un sens ou dans l'autre. Il effectue donc un mouvement de translation rectiligne. Dans ce cas, on peut ajouter que cette translation est bidirectionnelle, puisqu'elle peut se faire dans deux directions.

Lorsque le marteau frappe le clou, ce dernier effectue un mouvement en ligne droite. On dit qu'il effectue une translation rectiligne. Comme ce mouvement se produit dans une seule direction, on peut ajouter qu'il s'agit d'une translation unidirectionnelle.

Un mouvement de translation rectiligne s'effectue en ligne droite. Il peut se faire dans une seule direction ou dans deux directions (mouvement de va-et-vient).

7.2.2 Qu'est-ce qu'un mouvement de rotation?

Les roues d'une voiture effectuent un mouvement de rotation.

DÉFINITION	Un **mouvement de rotation** est le mouvement que fait une pièce ou une partie d'un objet lorsqu'elle tourne autour d'un axe.

Des exemples de mouvements de rotation

Voyons deux exemples de mouvements de rotation.

Rotation unidirectionnelle   **Rotation bidirectionnelle**

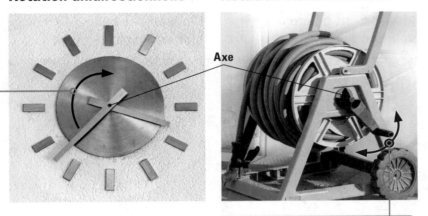

Lorsque l'horloge est en marche, les aiguilles tournent toujours dans le même sens, autour de l'axe. Les aiguilles effectuent donc une rotation unidirectionnelle.

Axe

Lorsqu'on exerce une force sur la poignée du dévidoir, l'appareil effectue un mouvement de rotation autour de son axe. Il est ainsi possible d'enrouler ou de dérouler le boyau d'arrosage. Ce mouvement est donc une rotation bidirectionnelle (dans deux directions).

Un mouvement de rotation s'effectue autour d'un axe. Il peut avoir lieu dans une seule direction ou dans deux directions.

PETITE HISTOIRE DE LA SCIENCE

Le gramophone et le disque   1887 ÉTATS-UNIS

En septembre 1887, Émile Berliner, un Allemand émigré aux États-Unis, invente le disque et l'appareil pour le faire jouer, le gramophone. Le gramophone est l'ancêtre du tourne-disque et du lecteur de disque optique (CD et DVD). Il est muni d'un plateau, mis en rotation au moyen d'une manivelle. Le son est produit par les vibrations d'une aiguille se déplaçant sur un disque gravé. En 1899, Berliner installe à Montréal la première compagnie de disques au Canada.

Émile Berliner (1851-1929)

7.2.3 Qu'est-ce qu'un mouvement hélicoïdal?

Le mot «hélicoïdal» vient du mot grec *helix*, qui signifie «spirale». Un robinet qu'on doit tourner plusieurs fois pour faire couler de l'eau effectue un mouvement hélicoïdal.

DÉFINITION

Un **mouvement hélicoïdal** est le mouvement que fait une pièce ou une partie d'un objet lorsqu'elle se déplace le long d'un axe, tout en tournant autour de cet axe.

Des exemples de mouvements hélicoïdaux

Voyons ces exemples de mouvements hélicoïdaux.

Mouvement hélicoïdal unidirectionnel

Mouvement hélicoïdal bidirectionnel

Certains objets, comme ce ballon de football, effectuent à la fois un mouvement de translation rectiligne et un mouvement de rotation. Ces deux mouvements donnent ensemble un mouvement hélicoïdal. Dans le cas de ce ballon, le mouvement se produit dans une seule direction. C'est donc un mouvement hélicoïdal unidirectionnel.

À mesure que la vis effectue un mouvement de rotation sous la force du tournevis, ses filets en spirale l'obligent à effectuer un mouvement de translation, donc à entrer ou à sortir du bois. Il s'agit donc d'un mouvement hélicoïdal bidirectionnel.

Un mouvement hélicoïdal correspond à la combinaison d'un mouvement de translation rectiligne et d'un mouvement de rotation. Ce mouvement peut se produire dans une seule direction ou dans deux directions.

Les symboles à employer pour illustrer les types de mouvements sont rassemblés à la page 238.

1. Nomme le mouvement effectué par les objets suivants (translation rectiligne, rotation ou mouvement hélicoïdal).

a) Une planche à voile qui glisse sur l'eau.

_____

_____

b) Un bouchon qui sort d'une bouteille.

_____

_____

c) Un clap de cinéma actionné par un technicien.

_____

_____

2. Nomme le mouvement effectué par la pièce mobile indiquée dans chacun des objets suivants (translation rectiligne, rotation ou mouvement hélicoïdal).

a) Le pédalier d'un vélo.   _____

b) L'écran d'un ordinateur portable.   _____

c) Des skis sur une piste.   _____

d) L'hélice d'un avion.   _____

e) Le tiroir d'un lecteur de DVD. _____

f) Un DVD dans un lecteur en marche. _____

3. Nomme le mouvement produit par les forces suivantes.

a) La poussée du vent dans le dos de la cycliste.

_____

_____

b) Le changement de direction du guidon.

_____

_____

c) La poussée des pieds sur les pédales.

_____

_____

4. Dessine dans chaque boîte le symbole approprié pour représenter le mouvement de chaque objet. N'oublie pas de vérifier si le mouvement se fait dans un seul sens ou dans les deux sens. Utilise les symboles suivants.

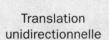
Translation
unidirectionnelle

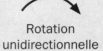
Translation
bidirectionnelle

Rotation
unidirectionnelle

Rotation
bidirectionnelle

Mouvement
hélicoïdal
unidirectionnel

Mouvement
hélicoïdal
bidirectionnel

a) Le bouton d'une sonnette.

b) La mèche d'une perceuse.

c) Des portes coulissantes.

d) Une poignée de porte.

5. Nomme le mouvement représenté sur chaque image. Précise dans chaque cas s'il s'agit d'un mouvement unidirectionnel ou bidirectionnel.

a) Les passagers d'un manège en spirale.

_____
_____
_____

b) Le fouet d'un batteur électrique.

_____
_____
_____

c) Les touches d'une calculatrice.

_____
_____
_____

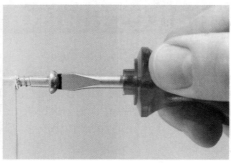

d) Le volant d'une voiture.

_____

_____

_____

e) Une vis.

_____

_____

_____

f) Un train à grande vitesse (TGV).

_____

_____

_____

6. Dessine dans chaque boîte le symbole approprié pour représenter le mouvement des pièces mobiles des objets suivants. Utilise les symboles de la page précédente. Relie la boîte à la pièce mobile par un trait.

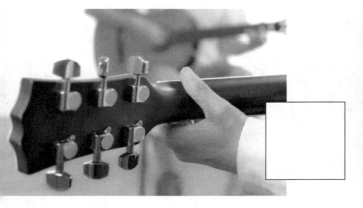

a) La poignée du moulinet d'une canne à pêche.

b) La lame d'une scie à métaux.

c) Les clés d'une guitare.

d) La ligne d'une canne à pêche.

7.3 Les fonctions mécaniques élémentaires (liaison, guidage)

Les types de mouvements, p. 234

Dans un objet technique, chaque pièce a une utilité, une fonction. Certaines, comme les clous, permettent de maintenir des pièces ensemble. C'est ce qu'on appelle une « liaison ». D'autres pièces, comme le rail d'une porte-fenêtre, servent à guider le mouvement des pièces mobiles. C'est ce qu'on appelle le « guidage ».

7.3.1 Qu'est-ce qu'une liaison ?

Chaque fois que tu fais tenir deux objets ensemble, tu utilises une liaison. Une des liaisons les plus simples, dont tu te sers très souvent, est le collage. Il te suffit de couvrir les objets à unir d'un peu de colle et de les presser l'un contre l'autre pour les lier.

DÉFINITION

Une **liaison** est tout ce qui peut maintenir ensemble au moins deux pièces d'un objet technique.

Liaisons permanentes et non permanentes

Une liaison permanente est une liaison qu'on ne peut pas démonter sans endommager les pièces qui ont été liées. On la qualifie parfois de « liaison non démontable ».

Une liaison non permanente est une liaison qu'on peut démonter ou dont on peut séparer les éléments sans endommager les pièces de l'objet. On la qualifie parfois de « liaison démontable ».

Liaisons fixes et mobiles

Une liaison fixe est une liaison qui ne permet aucun mouvement. On la qualifie parfois de « liaison totale ».

Une liaison mobile est une liaison qui permet le mouvement des pièces. On la qualifie parfois de « liaison partielle ».

Pourquoi la colle ne reste-t-elle pas collée dans son tube ?

Si la colle ne colle pas dans son tube, c'est parce qu'il lui manque un élément essentiel : l'air. La colle est conçue pour agir seulement en présence d'air. On comprend alors pourquoi il est important de bien refermer le tube après usage.

Des exemples de liaisons

Pour choisir le type de liaison qui convient le mieux à un objet technique, il faut se poser certaines questions. Cet objet sera-t-il assemblé une fois pour toutes ou devra-t-on pouvoir le démonter? Toutes les pièces seront-elles fixes ou certaines d'entre elles devront-elles pouvoir bouger?

Liaison permanente ou non permanente?

Une liaison à l'aide de colle ou de clous est généralement faite une fois pour toutes. Il est en effet difficile de séparer deux feuilles collées sans les déchirer. On aura aussi beaucoup de difficulté à démonter un meuble cloué sans l'endommager. Cette liaison est donc permanente.

Pour qu'il soit possible de démonter un assemblage, on doit choisir une liaison non permanente. Les meubles assemblés à l'aide de vis, d'écrous ou de boulons sont facilement démontables. De même, tous les objets munis d'un couvercle que l'on peut soulever ou dévisser possèdent une liaison non permanente.

Liaison fixe ou mobile?

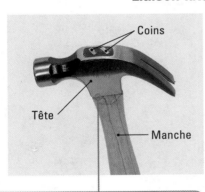

Coins

Tête

Manche

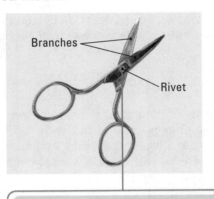

Branches

Rivet

La liaison entre la tête et le manche d'un marteau est fixe. Afin que ces deux parties tiennent ensemble sans représenter un danger pour la personne qui les utilise, on se sert d'éléments métalliques (qu'on appelle «coins») pour les assembler. On utilise souvent de la colle ou des clous pour créer des liaisons fixes.

La liaison mobile permet aux pièces de bouger. Pour que les ciseaux puissent effectuer leur tâche, qui est de couper des matériaux, on doit pouvoir ouvrir et fermer les deux branches. L'élément de liaison est le rivet, une petite tige cylindrique. Le rivet devient l'axe autour duquel les branches effectuent un mouvement de rotation.

Le choix du type de liaison des pièces d'un objet dépend de la fonction de l'objet.

Comment lier les pièces d'un objet technique?

Pour fabriquer un objet technique, il faut assembler les pièces en utilisant les éléments de liaison appropriés. Voici quelques éléments de liaison courants.

LES CLOUS

Pour assembler des pièces de bois, on peut se servir d'une multitude de clous. Les plus utilisés sont les clous à tête. Ils permettent de maintenir solidement en place des assemblages permanents. Pour la finition, on choisit plutôt des clous sans tête. Ils sont presque invisibles sur la surface clouée.

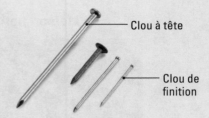

Clou à tête

Clou de finition

LES VIS

On utilise les vis lorsqu'on veut augmenter la solidité du lien ou lorsqu'on désire démonter par la suite les pièces assemblées. Pour que le bois ne fende pas quand on y insère une vis, on perce d'abord un trou à l'aide d'une perceuse. On peut aussi poser des vis dans le béton, le métal et le gypse.

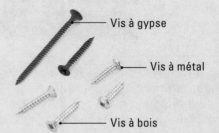

Vis à gypse

Vis à métal

Vis à bois

LES BOULONS ET LES ÉCROUS

On trouve plusieurs sortes de boulons et d'écrous. On se sert de ces éléments quand il est impossible d'utiliser des clous ou des vis, par exemple pour assembler des métaux minces. On s'en sert aussi pour faire des assemblages très résistants. Avant d'insérer le boulon, il faut percer un trou dans les pièces à assembler. Pour éviter que l'écrou ne se desserre, on ajoute une rondelle de blocage avant d'y entrer le boulon.

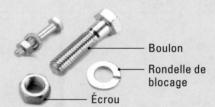

Boulon

Rondelle de blocage

Écrou

LES RIVETS

Le rivet est une petite tige cylindrique, le plus souvent en métal, qui sert à assembler deux pièces de façon permanente. Pour l'utiliser, on perce d'abord les pièces à assembler, puis on insère le rivet dans le trou. On écrase ensuite l'extrémité sans tête du rivet à l'aide d'une riveteuse, ce qui a pour résultat de l'aplatir et de fixer solidement les pièces ensemble.

Riveteuse

Rivet

LES COINS

Le coin est une pièce de métal de forme triangulaire. La tête d'une hache est un coin qui permet de couper du bois en le séparant en deux. On insère souvent de petits coins dans le manche des outils pour élargir le bois et, ainsi, attacher solidement le manche à la tête.

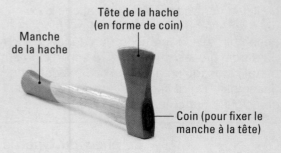

Tête de la hache (en forme de coin)

Manche de la hache

Coin (pour fixer le manche à la tête)

7.3.2 Qu'est-ce que le guidage?

Lorsqu'un objet technique comporte des pièces mobiles, il faut parfois limiter le mouvement des pièces à la direction ou aux directions souhaitées.

Le **guidage** est un dispositif qui permet de contrôler le mouvement des pièces mobiles d'un objet technique. Ainsi, les pièces peuvent effectuer uniquement une translation rectiligne, une rotation ou un mouvement hélicoïdal.

Les principaux guidages

Le schéma de construction, p. 260

Voyons en quoi consiste chaque type de guidage. Les symboles indiqués dans la colonne de droite sont ceux qu'on emploie dans les schémas de construction (voir la section 8.3).

LE GUIDAGE DU MOUVEMENT DE TRANSLATION	ILLUSTRATION ET SYMBOLE
Ce guidage permet de contrôler le mouvement des pièces qui doivent se déplacer en ligne droite. Le rail qui limite le mouvement d'une porte-fenêtre en est un bon exemple. C'est aussi un rail qui guide le déplacement du métro dans le tunnel.	Symbole:
LE GUIDAGE DU MOUVEMENT DE ROTATION	**ILLUSTRATION ET SYMBOLE**
Ce guidage permet de contrôler les pièces d'un objet technique à mesure qu'elles tournent. Les charnières d'une porte contiennent une tige qui oblige les deux pièces métalliques à tourner autour d'elle. De même, le rivet qui unit les branches des ciseaux forme un axe limitant leur mouvement.	Symbole:
LE GUIDAGE DU MOUVEMENT HÉLICOÏDAL	**ILLUSTRATION ET SYMBOLE**
Lorsque le guidage du mouvement de translation et le guidage du mouvement de rotation sont combinés pour contrôler la mobilité d'une pièce autour d'un même axe, on obtient alors un guidage du mouvement hélicoïdal. Dans la serre en C, par exemple, la vis de serrage monte ou descend en ligne droite à mesure qu'elle tourne. C'est la monture filetée dans laquelle elle est insérée qui guide à la fois son mouvement de rotation et son mouvement de translation.	Vis de serrage Monture filetée Symbole:

Le guidage sert à diriger le mouvement des pièces mobiles d'un objet technique.

1. Indique si les liaisons suivantes sont permanentes ou non permanentes. Explique pourquoi dans chaque cas.

    a) Le plateau d'une balance à fléau.

_____

_____

_____

    b) La potence d'un microscope.

_____

_____

_____

    c) Le manche d'une pelle.

_____

_____

_____

2. Inscris chacune des liaisons de la question précédente dans la bonne colonne du tableau.

LIAISON FIXE	LIAISON MOBILE

3. Remplis le tableau suivant.

OBJET	LIAISON				GUIDAGE
	PERMANENTE	NON PERMANENTE	FIXE	MOBILE	
a) La gomme à effacer au bout d'un crayon à mine.					
b) Le couvercle du piano que l'on soulève ou referme.					
c) La feuille fixée au babillard par une punaise.					
d) La porte du réfrigérateur.					

4. Les liaisons entre les pièces d'un objet technique sont essentielles à son bon fonctionnement. Fais un crochet (✓) dans les cases correspondant à la liaison indiquée sur chaque objet.

OBJET	LIAISON			
	PERMANENTE	NON PERMANENTE	FIXE	MOBILE
a) b)				
c)				
d)				
e)				
f)				

5. Fais un crochet (✓) dans les cases appropriées. Dessine ensuite le symbole correspondant au dispositif de guidage à droite de chaque objet. Consulte le tableau de la page 243 pour t'aider.

OBJET	SYMBOLE DU GUIDAGE	GUIDAGE DU MOUVEMENT		
		DE TRANSLATION	DE ROTATION	HÉLICOÏDAL
a) La roulette de la souris.				
b) Les vêtements sur une corde à linge.				
c) Le bouchon du tube de dentifrice.				
d) Le ressort de la trappe à souris.				
e) Les roulettes du fauteuil.				

Synthèse du chapitre 7

1. Que suis-je ?

a) Nous sommes les mouvements qui s'effectuent autour d'un axe.

_____

b) Je suis le type de déformation qui se produit lorsque deux forces de sens contraire se dirigent vers le même point.

_____

c) Je suis le mouvement qui résulte de la combinaison de deux autres mouvements.

_____

d) Je suis le mouvement qui s'effectue en ligne droite.

_____

2. Cette photo montre une voiture qui se déplace en ligne droite.

a) Dessine dans la boîte le symbole des forces qui agissent sur la voiture.

b) Dessine dans le cercle le symbole du mouvement des pièces mobiles (les roues).

c) Quel est le mouvement résultant de l'application des forces sur la voiture ?

_____

_____

3. Relie chaque situation (à gauche) à la déformation résultant de la force exercée sur l'objet (à droite).

a) Casser une noix.   •   • Tension

b) Couper un fil.   •   • Compression

c) Essorer une serviette.   •   • Cisaillement

d) Recouvrir un contenant d'une pellicule plastique.   •   • Torsion

4. Dessine les symboles du mouvement de chaque pièce mobile du chariot élévateur dans les boîtes.

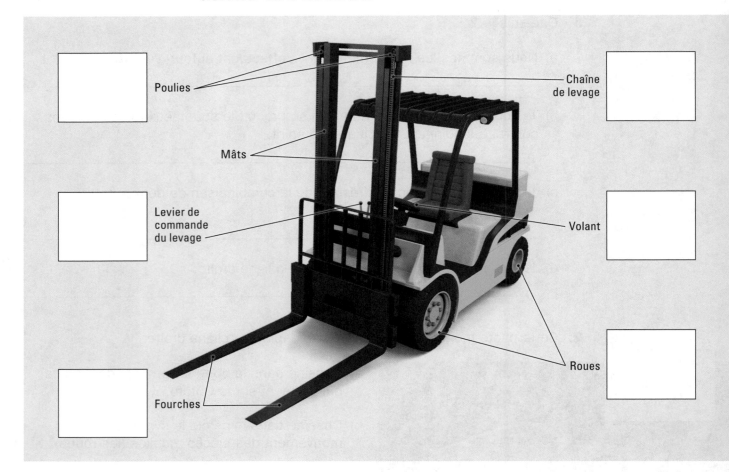

5. Réponds aux questions de la page suivante en te servant de cette image montrant un moulin à râper le fromage.

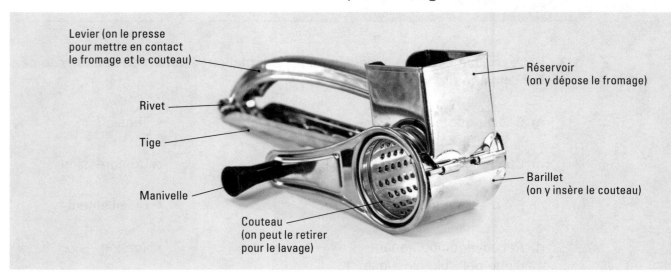

a) Remplis le tableau suivant pour décrire les forces appliquées et les effets qu'elles produisent.

PIÈCE	SYMBOLE DE LA FORCE APPLIQUÉE	EFFET PRODUIT PAR LA FORCE APPLIQUÉE (DÉFORMATION OU MOUVEMENT)
Levier		_____ _____
Manivelle		Rotation du barillet et du couteau.
_____		Cisaillement du fromage.

b) Remplis le tableau suivant pour décrire les types de liaisons dans cet objet.

PIÈCES LIÉES	TYPE DE LIAISON
Le rivet relie le levier à la tige.	
La manivelle est fixée au barillet par une vis.	
Le couteau est inséré dans le barillet.	

c) Énumère les deux pièces qui permettent un guidage et nomme le type de guidage que ces pièces produisent.

- _____
  _____

- _____
  _____

d) Énumère les trois pièces mobiles et nomme le type de mouvement qu'elles effectuent.

- _____
  _____

- _____
  _____

- _____
  _____

CHAPITRE 8

L'ingénierie

Dans ce chapitre, tu découvriras trois types de documents : le cahier des charges, le schéma de principe et le schéma de construction.

Tu verras aussi comment distinguer les matières premières, les matériaux et le matériel.

Les projets technologiques peuvent être complexes. C'est le cas de la construction d'un pont, d'un édifice, d'une route, d'un téléphone sans fil, ou de la mise sur pied d'un système informatique. Ils peuvent aussi être plus simples, comme la fabrication d'une planche à roulettes ou d'un compas.

Comment se déroule un tel projet ? Serais-tu capable de mener à terme un petit projet, comme la fabrication d'une planche à roulettes ? Pour construire une planche à roulettes qui roule bien et qui soit sécuritaire, tu devras te familiariser avec les différentes techniques requises pour fabriquer ta planche. Tu devras faire des dessins, choisir des matériaux. Bref, tu devras faire appel à l'ingénierie.

L'ingénierie est l'ensemble des actions qui ont pour but d'étudier, de concevoir et de réaliser des projets technologiques.

8.1 Le cahier des charges

Pour fabriquer un objet, comme la planche à roulettes illustrée à la page précédente, tu dois d'abord planifier. Cela signifie que tu dois préciser tes besoins et tes exigences. Par exemple, quelle sorte de planche à roulettes désires-tu? De quelle forme? De quelles dimensions? De quelle couleur? Quel est ton budget? Les réponses à ces questions seront notées dans ce qu'on appelle un «cahier des charges».

8.1.1 Qu'est-ce qu'un cahier des charges?

Le mot «charge» sous-entend qu'il y a une obligation. Le cahier des charges définit les obligations techniques, financières et autres qu'on doit respecter pour réaliser un projet. Il permet de guider le projet et d'éviter, en cours de réalisation, de dévier des objectifs de départ.

DÉFINITION

Un **cahier des charges** est un document qui contient la liste des besoins, des exigences et des contraintes à respecter lors de la réalisation d'un projet.

Les contraintes présentées dans un cahier des charges touchent plusieurs milieux. Voici quelques types de contraintes.

Contraintes humaines

Tout ce qui se rapporte à l'utilisateur: l'entretien, la simplicité d'utilisation, la sécurité, l'esthétique (par exemple, l'apparence, la couleur), etc.

Contraintes techniques

Tout ce qui se rapporte au fonctionnement de l'objet et des autres objets qui entrent en contact avec lui: les dimensions (par exemple, la longueur d'un étui à crayons), le type de branchement d'un appareil, etc.

Contraintes physiques

Tout ce qui se rapporte aux éléments de la nature (eau, air, sol, etc.) qui peuvent avoir un effet sur l'objet: la rouille causée par l'humidité, la détérioration due à la chaleur ou au rayonnement ultraviolet, etc.

Contraintes industrielles

Tout ce qui se rapporte à la production de l'objet: l'atelier de fabrication, l'outillage, la main-d'œuvre, les matériaux à utiliser, le temps de fabrication, etc.

Contraintes économiques

Tout ce qui se rapporte au coût de l'objet: le coût de production, le coût des accessoires, le prix de vente, etc.

Contraintes environnementales

Tout ce qui se rapporte aux effets de l'objet sur l'environnement: l'utilisation de matériaux recyclés, la possibilité de récupérer certaines pièces, etc.

Le cahier des charges d'un compas

Observe le compas ci-dessous. Lis ensuite le tableau qui énumère les contraintes que pourrait contenir le cahier des charges établi pour sa fabrication.

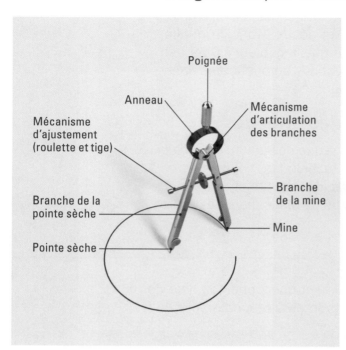

Poignée

Anneau

Mécanisme d'articulation des branches

Mécanisme d'ajustement (roulette et tige)

Branche de la mine

Branche de la pointe sèche

Mine

Pointe sèche

Pour ajuster le rayon du cercle à dessiner, il suffit de tourner la roulette. Cette pièce et sa tige forment donc un mécanisme d'ajustement.

Les projets technologiques sont très diversifiés. C'est pourquoi il est difficile de généraliser ce que peut contenir un cahier des charges. L'important, c'est que les besoins, les exigences et les contraintes à respecter lors de la réalisation du projet y soient présentés.

CONTRAINTES HUMAINES

- Le compas doit être robuste et léger.
- Le mécanisme d'ajustement doit être facile à utiliser et précis.
- La surface de la poignée doit être antidérapante.
- Le changement des mines et des pointes sèches doit être facile.
- Le design doit être esthétique.

CONTRAINTES TECHNIQUES

- La pointe sèche et la mine doivent être maintenues en place solidement.
- Le compas doit être compatible avec les mines de rechange et les pointes sèches standard.
- Le compas doit pouvoir se ranger facilement dans un étui à crayons.

CONTRAINTES PHYSIQUES

- Toutes les pièces doivent pouvoir résister à la rouille.
- Le lubrifiant utilisé ne doit pas couler et l'utilisateur ne doit pas avoir à le remplacer.

CONTRAINTES INDUSTRIELLES

- La fabrication doit se faire dans la province de Québec.
- La production devra pouvoir répondre aux commandes en moins d'une semaine.
- La production devra favoriser l'embauche d'employés handicapés.

CONTRAINTE ÉCONOMIQUE

- Le coût de production ne doit pas dépasser 5 $ l'unité.

CONTRAINTES ENVIRONNEMENTALES

- Le compas doit être entièrement recyclable.
- Il doit contenir au moins 80 % de matériaux recyclés.

Un cahier des charges contient toute l'information dont il faut tenir compte pour fabriquer un objet technique.

DES EXEMPLES DE PROJETS EN INGÉNIERIE

Ce tableau présente quelques domaines de la technologie, ainsi que des exemples d'objets habituellement construits à partir d'un cahier des charges.

INGÉNIERIE MÉDICALE	INGÉNIERIE DE L'ÉNERGIE	INGÉNIERIE DES TRANSPORTS
• Organes artificiels : cœur, rein, etc. • Appareils et instruments : stéthoscope, microscope, appareil à ultrasons, appareil de radiologie, appareil d'anesthésie, appareil de chirurgie, etc. • Appareils pour personnes handicapées	• Appareils liés à l'industrie du pétrole • Éoliennes • Machines à vapeur • Moteurs, turbines, turboréacteurs • Centrales électriques • Appareils électriques : laveuse, sécheuse, cuisinière, réfrigérateur, lave-vaisselle, aspirateur, etc.	• Bicyclettes • Systèmes ferroviaires : locomotive, train, réseau • Ballons et dirigeables • Navires : bateau, sous-marin, aéroglisseur, etc. • Automobiles, avions • Engins spatiaux : fusée, navette, station spatiale, etc. • Véhicules hybrides
INGÉNIERIE DE L'INFORMATION ET DE LA COMMUNICATION	INGÉNIERIE DE PRODUCTION INDUSTRIELLE	INGÉNIERIE DE LA CONSTRUCTION
• Appareils d'imprimerie • Appareils photo et caméras • Téléphones, appareils radio, téléviseurs, microphones, haut-parleurs • Ordinateurs et périphériques • Satellites de télécommunication • Radars et sonars • Appareils optiques : jumelles, télescope, périscope	• Instruments et appareils : thermomètre, baromètre, balance, horloge, chronomètre, boussole, etc. • Outils et machines • Objets utilitaires : serrure, robinet, meuble, pompe, ski, instrument de musique, jouet, etc. • Métiers à tisser et machines à coudre	• Bâtiments : maison, gratte-ciel, édifice commercial, etc. • Réseaux routiers : route, autoroute, etc. • Éclairage public • Ponts, tunnels, barrages • Aqueducs • Épuration des eaux usées • Téléphériques • Ascenseurs

PETITE **HISTOIRE** DE LA SCIENCE

La tour Eiffel

1889 FRANCE

Au moment de son inauguration, pendant l'exposition universelle de Paris de 1889, la tour Eiffel est un exploit technique. Les contraintes de son cahier des charges font l'objet d'une convention entre le gouvernement français et Gustave Eiffel. Ce document précise le coût de la construction, soit 6,5 millions de francs. Il indique aussi le prix des entrées pour les visites de la tour. Il exige qu'une salle soit réservée à chaque étage pour mener des expériences scientifiques. Pendant 41 ans, soit jusqu'en 1930, la tour Eiffel, qui fait 300 m de hauteur, demeure le plus grand monument du monde.

Gustave Eiffel (1832-1923)

1. Avant d'entreprendre un projet technologique, il est important de prendre connaissance de son cahier des charges. Quelle est l'utilité d'un cahier des charges ?

_____

_____

_____

2. Indique le type de chacune de ces contraintes.

a) L'objet doit avoir des couleurs neutres.

_____

b) L'objet doit être fabriqué entièrement dans l'atelier Norbert.

_____

c) L'objet doit être étanche (résister à l'eau) jusqu'à une profondeur de 30 m.

_____

d) L'objet doit utiliser des piles de rechange facilement disponibles.

_____

e) Les piles de rechange doivent être peu coûteuses.

_____

f) L'objet doit contenir du verre et des fibres textiles recyclées.

_____

3. Quel objet pourrait répondre aux contraintes de la question précédente ? _____

4. Les contraintes suivantes font partie du cahier des charges d'un jouet pour filles d'âge préscolaire (0 à 5 ans).

a) Surligne en rouge la ou les contraintes humaines.

b) Surligne en vert la ou les contraintes économiques.

c) Surligne en bleu la ou les contraintes environnementales.

- Le jouet ne doit comporter aucune pièce détachable.
- Son coût de fabrication ne doit pas dépasser 6 $.
- Il doit être de couleur rose.
- Il doit pouvoir se ranger dans une boîte de 100 mm^3.
- Il doit résister à la chaleur du lave-vaisselle.
- Il doit être fait de plastique recyclé.
- Il doit être lavable.
- Sa masse doit être de 150 g ou moins.
- Sa surface doit être douce.

5. Voici quelques contraintes liées à la conception d'une nouvelle agrafeuse. Pour chacune, indique le type de contrainte dont il s'agit.

a) L'agrafeuse doit être robuste, durable et pouvoir agrafer ensemble au moins 30 feuilles.

_____

b) Elle doit avoir des couleurs vives, afin d'être repérée facilement dans un tiroir.

_____

c) Elle doit être entièrement recyclable.

_____

d) Son réservoir doit pouvoir contenir au moins 100 agrafes.

_____

e) Son coût de production doit être inférieur à 3 $.

_____

6. Émilie fait partie de l'équipe de concepteurs de l'agrafeuse de la question précédente. Voici à quoi ressemble sa première version :

- L'agrafeuse est principalement faite d'acier, pour qu'elle soit robuste.
- Elle peut agrafer jusqu'à 50 feuilles.
- Son réservoir peut contenir jusqu'à 150 agrafes.
- Elle est recouverte d'une couche de plastique biodégradable vert ou rouge clair.
- Son coût de production est de 2,75 $.

Malheureusement, l'agrafeuse d'Émilie ne répond pas à une des contraintes du projet. Laquelle ? Explique ta réponse.

_____
_____
_____
_____

7. Dans un cahier des charges, il peut y avoir des contraintes qui appartiennent à plusieurs types (par exemple, qui sont à la fois techniques et humaines). Donne un exemple de contrainte appartenant à deux types.

_____
_____
_____
_____

8. Propose un cahier des charges pour la fabrication d'un baladeur numérique (lecteur MP3).

TYPE DE CONTRAINTES	DESCRIPTION DES CONTRAINTES
Contraintes humaines	
Contraintes techniques	
Contraintes physiques	
Contraintes industrielles	
Contraintes économiques	
Contraintes environnementales	

8.2 Le schéma de principe

Avant de construire une planche à roulettes ou un compas, il est important de comprendre comment cet objet fonctionne. C'est ce qu'indique un schéma de principe.

8.2.1 Qu'est-ce qu'un schéma de principe?

Par «principe», on veut dire le principe de fonctionnement d'un objet.

Un **schéma de principe** est un dessin qui représente, de façon simplifiée, le fonctionnement d'un objet. Dans ce type de dessin, les forces et les mouvements en jeu sont indiqués.

Le schéma de principe d'un compas

Les effets d'une force, p. 227

Les types de mouvements, p. 234

Le schéma de principe décrit toutes les forces qui peuvent s'exercer sur un objet ainsi que tous les mouvements qui peuvent découler de ces forces. Ci-dessous le schéma de principe du compas de la page 252.

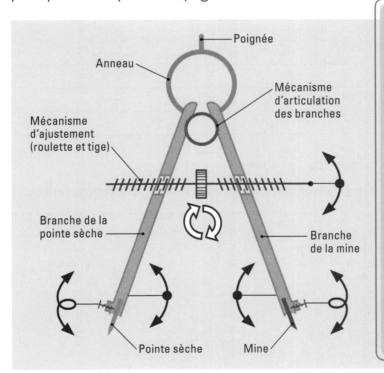

Les schémas de principe comprennent généralement les renseignements suivants:

- une représentation simplifiée des pièces utilisant, dans la mesure du possible, les symboles normalisés (voir la page 262);
- le nom des pièces illustrées;
- les symboles des mouvements et des forces à l'œuvre dans le fonctionnement de l'objet (voir la page 262);
- toute autre information utile concernant le fonctionnement de l'objet.

Un schéma de principe décrit le fonctionnement d'un objet technique.

1. Quelle est la fonction d'un schéma de principe?

_____

_____

2. Voici une dégrafeuse et son schéma de principe.

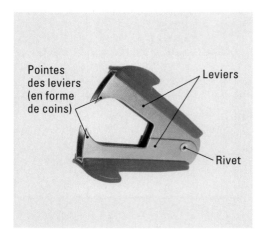

Pointes des leviers (en forme de coins)

Leviers

Rivet

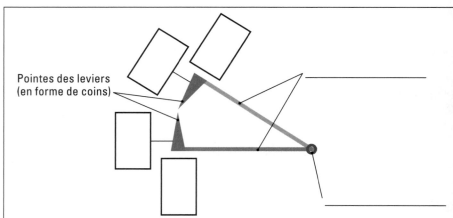

Pointes des leviers (en forme de coins)

_____

_____

a) Complète le schéma de principe de cet objet en nommant les pièces illustrées et en plaçant dans les boîtes les symboles des mouvements et des forces en jeu. Pour t'aider, consulte les tableaux de la page 262.

b) Explique brièvement le fonctionnement de cet outil.

_____

_____

_____

_____

_____

3. Complète les schémas de principe suivants.

a) Ce schéma explique comment on peut retirer un clou à l'aide d'un marteau.

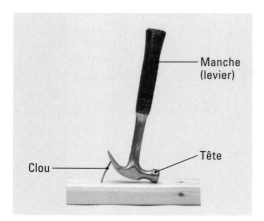

Manche (levier)

Clou

Tête

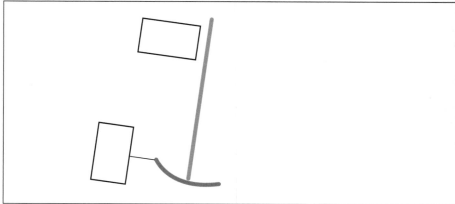

b) Ce schéma présente le fonctionnement d'un batteur à œufs.

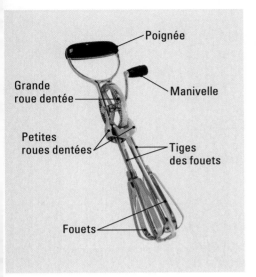

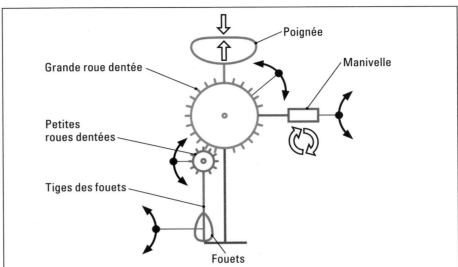

c) Ce schéma montre comment on peut transporter des charges avec une brouette.

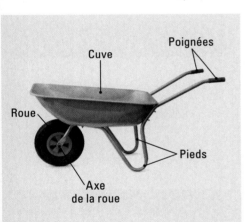

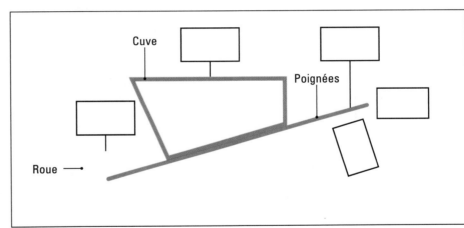

d) Ce schéma indique les mouvements des branches d'une paire de lunettes.

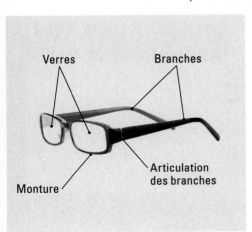

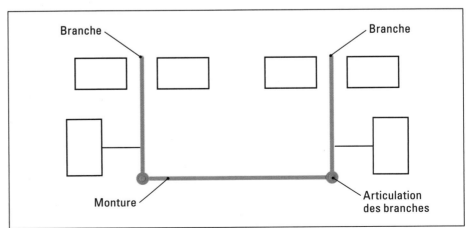

Combien de vis sont nécessaires pour la fabrication d'une planche à roulettes? Quels matériaux employer pour un compas? Le schéma de construction vise à répondre à ce type de questions.

8.3.1 Qu'est-ce qu'un schéma de construction?

Un schéma de construction est un des documents essentiels pour faciliter la fabrication d'un objet.

DÉFINITION

Un **schéma de construction** est un dessin qui représente, de façon simplifiée, les pièces et les matériaux qui seront utilisés lors de la fabrication d'un objet. Dans ce type de dessin, on indique également comment les pièces seront liées ou guidées.

Le schéma de construction d'un compas

Les fonctions mécaniques (liaison, guidage), p. 240

Les matériaux, p. 267

Ci-dessous le schéma de construction du compas de la page 252.

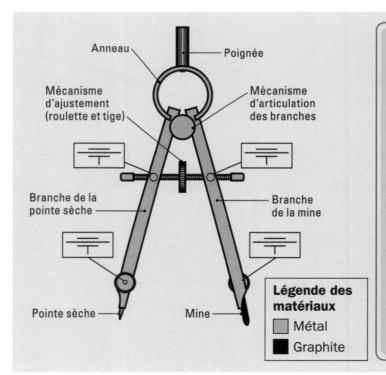

Anneau · Poignée · Mécanisme d'ajustement (roulette et tige) · Mécanisme d'articulation des branches · Branche de la pointe sèche · Branche de la mine · Pointe sèche · Mine

Légende des matériaux
- Métal
- Graphite

Les schémas de construction comprennent généralement les renseignements suivants :

- les formes importantes à considérer pour la fabrication des pièces;
- le nom et la quantité de chaque pièce;
- le nom des matériaux à utiliser;
- les éléments de liaison à employer, s'il y a lieu;
- les dispositifs de guidage, s'il y a lieu (voir la page 262);
- toute autre information utile pour la construction de l'objet.

Un schéma de construction permet d'indiquer les pièces et les matériaux qui seront nécessaires pour fabriquer un objet.

Comment faire un dessin technique ?

Un dessin technique permet de représenter, sous différentes vues, un objet que l'on veut fabriquer.

LES PRINCIPES GÉNÉRAUX

Voici quelques principes généraux du dessin technique :

- utiliser une feuille quadrillée ;
- employer des instruments de mesure ou de dessin : compas, règle, rapporteur d'angles, gabarits de dessin, etc. ;
- se servir d'un crayon à mine ;
- faire des traits clairs ;
- utiliser efficacement l'espace libre sur la feuille ;
- donner un titre descriptif au dessin.

L'ESQUISSE

Avant de passer au dessin technique proprement dit, il peut être utile de faire une esquisse. L'esquisse est un dessin simple que l'on fait à main levée, donc sans instrument, et sur lequel on inscrit des notes.

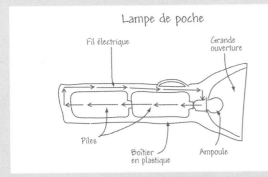

LA VUE EN COUPE

La vue en coupe, aussi appelée «vue transversale», permet de montrer l'intérieur d'un objet technique. Pour le dessiner, on peut s'imaginer ce qu'on verrait si on coupait en deux l'objet. Il faut aussi mentionner l'échelle sur ce dessin.

LA VUE AGRANDIE

La vue agrandie permet de montrer les détails d'une partie de l'objet. Par exemple, on peut s'en servir pour illustrer les petites pièces difficiles à voir dans un grand dessin. On fait ressortir la zone qui sera agrandie en la plaçant dans un cercle qu'on appelle «médaillon». Ensuite, on relie, par une flèche, ce médaillon à la zone représentée sur le dessin général. Enfin, on mentionne l'échelle du dessin et celle du médaillon.

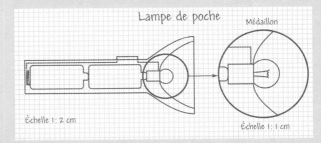

LE DESSIN ASSISTÉ PAR ORDINATEUR

Dans l'industrie, on fait très peu de dessin technique à la main de nos jours. À part l'esquisse, que l'on dessine souvent dans un petit carnet au moment où l'inspiration surgit, la majorité des dessins techniques sont bâtis à l'ordinateur.

Cette méthode permet de modifier facilement le dessin, de l'envoyer à des milliers de kilomètres pour consultation et de conserver l'original pendant plusieurs années sans craindre de l'abîmer.

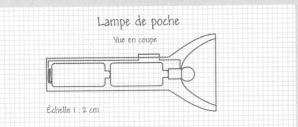

Comment illustrer les mouvements, les effets des forces, les guidages et les pièces mécaniques dans les schémas?

Pour se faire comprendre de tous, il faut employer des symboles normalisés dans les schémas. Les tableaux suivants en présentent quelques-uns. Tu peux consulter le chapitre 7 pour obtenir la signification de la plupart de ces symboles.

LES SYMBOLES NORMALISÉS

MOUVEMENT	SYMBOLE
Translation unidirectionnelle	
Translation bidirectionnelle	
Rotation unidirectionnelle	
Rotation bidirectionnelle	
Mouvement hélicoïdal unidirectionnel	
Mouvement hélicoïdal bidirectionnel	

LIAISON	SYMBOLE
Liaison fixe (ou totale)	

EFFET DES FORCES	SYMBOLE
Tension ou traction	
Compression	
Flexion	
Torsion	
Cisaillement	

GUIDAGE	SYMBOLE
Guidage du mouvement de translation	
Guidage du mouvement de rotation	
Guidage du mouvement hélicoïdal	

PIÈCE MÉCANIQUE	SYMBOLE
Tige filetée	
Vis	
Écrou	
Ressort de compression	
Ressort de traction	
Roue	
Roue d'engrenage (ou roue dentée)	

1. Quelle est la fonction d'un schéma de construction ?

_____

_____

_____

_____

2. Observe ce schéma.

a) Que représente-t-il ?

_____

b) Complète-le en nommant les pièces et en dessinant dans les boîtes les symboles des dispositifs de guidage. (Tu peux t'aider de la page 259.)

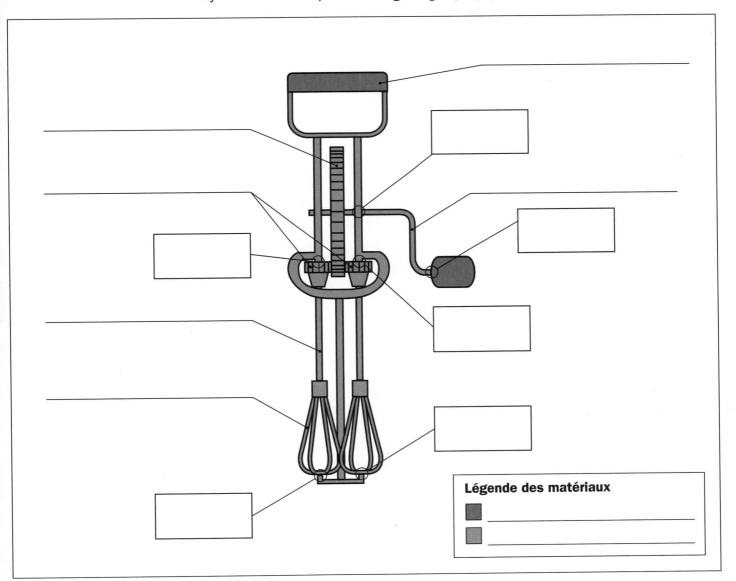

Légende des matériaux

■ _____

■ _____

3. Complète le schéma de construction des objets suivants.

a) Un ouvre-boîte.

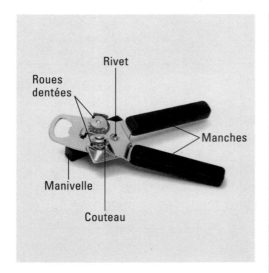

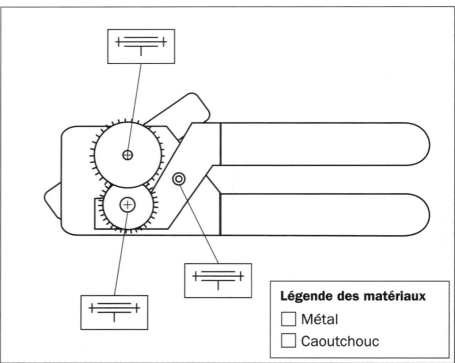

Légende des matériaux

☐ Métal
☐ Caoutchouc

b) Un tournevis.

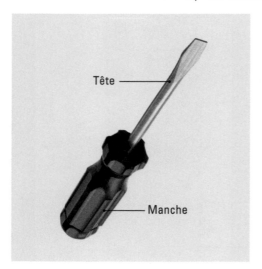

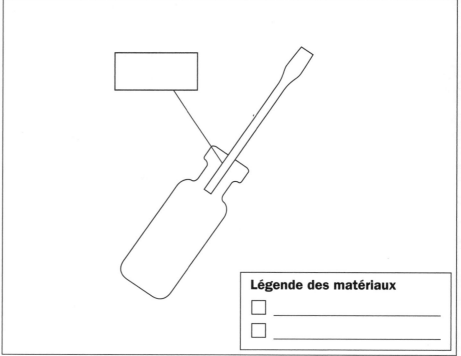

Légende des matériaux

☐ _____
☐ _____

8.4 Les matières premières

Les matériaux, p. 267

Le matériel, p. 270

L'être humain utilise un grand nombre de substances différentes pour répondre à ses besoins. Ces substances sont généralement transformées avant d'être utilisées. Par exemple, le plastique de tes écouteurs n'existe pas à l'état naturel. Sa matière première est le pétrole, le gaz naturel ou le charbon.

8.4.1 Qu'est-ce qu'une matière première?

Les matières premières, comme l'or, le pétrole, le coton ou le blé, constituent de grandes richesses d'un point de vue économique.

DÉFINITION	Une **matière première** est une substance d'origine naturelle qui sert de base à un matériau. C'est donc une matière qu'on transforme afin de l'utiliser dans la fabrication d'un objet. Les billots de bois, le sable et la laine des moutons sont des matières premières.

Des exemples de matières premières

Voici quelques exemples de matières non transformées.

Les billots de bois sont des matières premières. On scie les billots de bois pour en faire des planches et des madriers. En effet, il serait très difficile de clouer de gros billots de bois.

Le sable est une matière première. On mélange le sable au ciment, au gravier et à l'eau pour en faire du béton. Tel quel, le sable s'effrite trop facilement pour être utilisé dans les constructions.

La laine des moutons est une matière première. La laine des moutons doit être lavée et filée. On obtient ainsi un fil continu qui servira à fabriquer, par exemple, des chandails de laine.

Une matière première est une matière non transformée par l'être humain. Elle sert de base à la confection des matériaux.

1. Nomme la matière première à l'origine des produits suivants.

a) Un chandail de laine. _____

b) Une chaise en plastique. _____

c) Le papier. _____

d) Le cuir. _____

e) Une poutre d'acier. _____

2. Indique la ou les matières premières à la base des industries suivantes. Utilise les matières de la liste ci-contre.

Le bois	a) Industrie des minéraux. _____ _____
Le coton	b) Industrie des plastiques. _____ _____
La laine	c) Industrie de l'emballage. _____
Le minerai	_____
Le pétrole	d) Industrie du textile. _____ _____
La soie	e) Industrie de la construction. _____ _____

3. Dans cette liste, surligne les matières premières.

Acier	Marbre	Plastique
Aluminium	Minerai de fer	Sable
Blé	Nylon	Tiges de bambou
Céramique	Planche d'érable	Veste de laine

4. Pourquoi le pétrole est-il une matière première, alors que l'essence n'en est pas une?

_____

_____

_____

_____

8.5 Les matériaux

Les matières premières,
p. 265

Le matériel, p. 270

Le choix des matériaux est une étape importante dans la fabrication des objets techniques. Chaque matériau a en effet des caractéristiques et des propriétés qui lui sont propres. Il faut choisir celui qui correspond le mieux aux besoins du projet.

8.5.1 Qu'est-ce qu'un matériau ?

Un matériau peut servir à la fabrication d'équipement informatique, à la confection d'un vêtement, à la construction d'un édifice, etc.

DÉFINITION

Un **matériau** est une substance qu'on utilise pour fabriquer un objet. La plupart du temps, il s'agit d'une matière transformée par l'être humain. Certains matériaux sont parfois utilisés à l'état naturel, comme le sable ou la pierre.

Un matériau peut être d'origine végétale (coton), animale (laine) ou minérale (fer, sable). Une planche de bois, une pièce de cuir et une poutre d'acier sont des matériaux.

Des exemples de matériaux

Voyons quelques exemples de matériaux.

Les planches de bois sont des matériaux. Les planches qui servent à la construction des maisons sont obtenues à partir de billots de bois. Ceux-ci ont été sciés, rabotés (rendus lisses) et séchés avant de pouvoir être utilisés.

Le cuir est un matériau. Le cuir provient d'une peau animale qui a subi un tannage, c'est-à-dire un procédé chimique qui rend les peaux plus durables et plus souples.

Les poutres d'acier sont des matériaux. Les poutres illustrées ont été obtenues en mélangeant deux substances : le fer et le carbone.

Un matériau provient d'une ou de plusieurs matières premières. Celles-ci ont généralement été transformées par l'être humain afin de pouvoir être utilisées dans la fabrication d'un objet.

LES CLASSES DE MATÉRIAUX

Les matériaux sont habituellement classés en sept grandes catégories. Nous les présentons dans le tableau qui suit.

CLASSE	EXEMPLES DE MATÉRIAUX	EXEMPLE EN PHOTO
Métaux et alliages	Acier inoxydable, or, fonte, laiton.	
Céramiques	Porcelaine, faïence.	
Verres	Verre soufflé, verre trempé, verre blindé, verre antireflet.	
Textiles	Coton, lin, soie, laine.	
Plastiques	Polyéthylène, polychlorure de vinyle (PVC), polystyrène.	
Pierre et béton	Sable, chaux, brique, plâtre.	
Matériaux composites	Bois, fibre de verre, époxy.	

Est-ce vrai qu'on fabrique le verre avec du sable?

C'est en effet à partir de la silice contenue dans le sable qu'on fabrique le verre. Mélangée à d'autres ingrédients, puis chauffée à très haute température, la silice se transforme en une pâte que l'on peut modeler, souffler, tourner et travailler avant de la refroidir et de la polir.

1. Parmi les éléments suivants, surligne ceux qui sont des matériaux.

Acier	Clou	Marteau	Pommier
Béton	Colle	Minerai	Sapin
Bois	Cuivre	Pince	Tube de colle
Carton	Lampe	Planche de cèdre	Verre

2. Relie chaque objet (à gauche) au matériau qui le compose (à droite).

a) Un bac de recyclage   •   • Acier

b) Un poteau de téléphone •   • Bois

c) Des tuiles de plancher   •   • Céramique

d) Une baignoire   •   • Fibre de verre

e) Un robinet   •   • Plastique

3. Indique l'origine (végétale, animale ou minérale) des matériaux de la question précédente.

MATÉRIAU	ORIGINE
Acier	
Bois	
Céramique	
Fibre de verre	
Plastique	

4. Nomme les matériaux qui composent les objets techniques ci-dessous.

Crayon à mine

Coffre

Théière

a) _____

_____

_____

b) _____

_____

_____

c) _____

_____

_____

8.6 Le matériel

🔖 *Les matières premières, p. 265*

🔖 *Les matériaux, p. 267*

Contrairement aux matières premières et aux matériaux, le même matériel peut servir à réaliser plusieurs projets technologiques. Par exemple, un marteau, une règle ou un ordinateur peuvent servir de matériel.

8.6.1 Qu'est-ce que le matériel?

Le matériel, c'est tout simplement l'équipement ou l'outillage.

DÉFINITION

Le **matériel** est l'ensemble des appareils, des machines, des instruments, des véhicules et des outils qui servent à la fabrication d'un objet.

Des exemples de matériel

Le matériel varie du simple marteau au robot d'une chaîne de montage.

Les outils sont du matériel. Les outils font partie du matériel nécessaire à la fabrication de plusieurs objets.

Les grues sont du matériel. Les grues facilitent le travail lors des constructions en hauteur.

Les robots des chaînes de montage sont du matériel. Dans l'industrie, on assiste à la transformation électronique du matériel. Les robots remplacent les outils mécaniques dans plusieurs chaînes de montage.

Le matériel, c'est tout l'équipement nécessaire à la fabrication d'un objet.

1. Parmi les mots de cette liste, surligne ceux qui sont du matériel.

Ciment	Poste de radio
Clou	Ruban à mesurer
Équerre de menuisier	Sable
Imprimante	Spatule
Planche de bois	Vis

2. Vrai ou faux ? Si un énoncé est faux, corrige-le.

a) Un objet technique peut devenir du matériel.

_____

_____

b) Le papier, le verre et le carton sont du matériel utilisé dans la construction d'objets techniques.

_____

_____

c) Les marteaux et les perceuses font partie du matériel utilisé dans la construction d'une maison.

_____

_____

3. Parmi les objets suivants, lesquels représentent du matériel ?

A. Des retailles de bois.   E. De la peinture.

B. Une scie.   F. Du béton.

C. Une brouette.   G. Un étau.

D. Un casque de construction.   H. Un pistolet-colleur.

_____

4. Quel matériel utiliserais-tu pour fabriquer une planche à roulettes ? Nomme au moins cinq objets.

_____

_____

_____

_____

_____

1. Voici le cahier des charges d'une serre artisanale. Indique le type de chaque contrainte.

TYPE DE CONTRAINTES	DESCRIPTION DES CONTRAINTES
_____	• Doit avoir un coût inférieur à 25 $.
_____	• Doit être principalement fait de matériaux recyclés.
_____	• Un adulte doit y tenir à l'aise debout.
_____	• Doit pouvoir être assemblé en moins de 2 h.
_____	• Doit conserver la chaleur. • Doit conserver l'humidité.
_____	• Doit occuper une surface maximale de 3 m². • Doit permettre les échanges gazeux (oxygène, gaz carbonique).

2. Nomme le type de schéma qui convient le mieux à chaque situation.

a) Expliquer le fonctionnement d'un objet. _____

b) Décrire les pièces qui composent un objet. _____

c) Connaître les mouvements effectués par un objet. _____

d) Comprendre comment un objet est assemblé. _____

3. Indique si les objets suivants sont des matières premières, des matériaux ou du matériel.

a) Une peau de castor. _____

b) Du minerai de fer. _____

c) De l'acier. _____

d) Une pelle mécanique. _____

e) Du pétrole. _____

f) Un érable. _____

g) Une feuille de gypse. _____

4. Voici une liste du matériel et des matériaux nécessaires pour fabriquer une bibliothèque. Surligne les matériaux.

Banc de scie	Mèches (pour percer les trous des vis)	Planches de bois
Clous		Ruban à mesurer
Colle à bois	Moulures de bois	Scie à onglets
Crayon à mine	Peinture	Scie circulaire
Équerre de menuisier	Perceuse électrique	Supports à tablettes
Équerres (à visser)	Pinceaux	Vis

5. Voici un petit chevalet de bois.

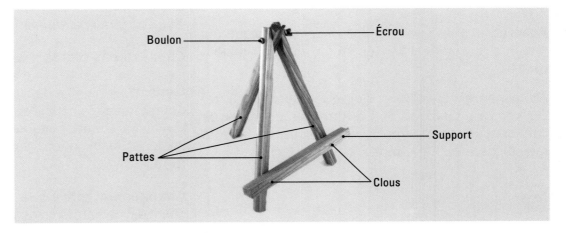

a) Complète le schéma de principe de cet objet.

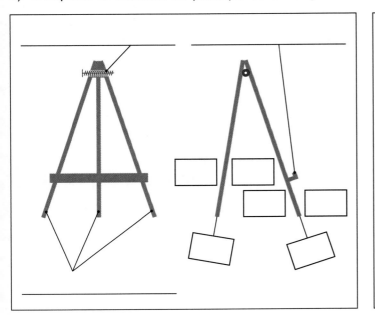

b) Complète le schéma de construction du chevalet.

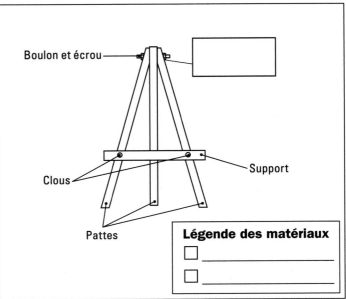

Glossaire

Remarque : À la fin de chaque définition de ce glossaire, la page où le mot est défini dans le cahier se trouve entre parenthèses. Tu peux te référer à cette page si tu désires plus d'explications.

A

Acide Substance dont le pH est inférieur à 7, qui a un goût aigre, piquant (comme le citron), qui réagit avec les métaux et qui rougit le papier de tournesol. **(p. 34)**

Adaptation comportementale Comportement qui favorise la survie d'une espèce dans son milieu. **(p. 106)**

Adaptation physique Caractéristique physique qui favorise la survie d'une espèce dans son milieu. **(p. 103)**

Atmosphère Enveloppe d'air qui entoure la Terre. Du sol vers l'espace, les différentes couches de l'atmosphère sont la troposphère, la stratosphère, la mésosphère et la thermosphère. **(p. 167)**

B

Base Substance dont le pH est supérieur à 7, qui a un goût amer, rude (comme le bicarbonate de sodium), qui est visqueuse au toucher (comme le savon), qui ne réagit pas avec les métaux et qui bleuit le papier de tournesol. **(p. 34)**

C

Cahier des charges Document qui contient la liste des besoins, des exigences et des contraintes à respecter lors de la réalisation d'un projet. **(p. 251)**

Caractéristiques du vivant Caractéristiques que possèdent tous les êtres vivants. Il y en a sept : 1) un vivant a une organisation complexe dont la base est la cellule ; 2) il réagit aux stimuli ; 3) il fait des échanges avec son milieu ; 4) il croît et se développe ; 5) il utilise de l'énergie ; 6) il se reproduit ; 7) il s'adapte aux changements de son milieu. **(p. 113)**

Cellule Unité de base de tous les êtres vivants. C'est la plus petite unité de vie. **(p. 112)**

Centrifugation Technique de séparation des constituants d'un mélange hétérogène contenant au moins un liquide, basée sur l'action de la gravité. Le mélange est placé dans un appareil qui tourne à grande vitesse : une « centrifugeuse ». **(p. 60)**

Changement d'état Passage d'un état (solide, liquide ou gazeux) à un autre, généralement sous l'effet d'une hausse ou d'une baisse de température. Chaque changement d'état porte un nom différent : *voir* Condensation liquide, Condensation solide, Fusion, Solidification, Sublimation *et* Vaporisation. **(p. 8)**

Changement physique Transformation qui ne change ni la nature ni les propriétés caractéristiques de la matière. **(p. 48)**

Clé taxonomique Outil servant à identifier le groupe dont fait partie une espèce. Elle prend la forme d'une succession de choix entre deux ou plusieurs descriptions qui mène à une conclusion sur la catégorie recherchée (classe, ordre, espèce, etc.). **(p. 85)**

Condensation liquide Passage de l'état gazeux à l'état liquide, aussi appelé « liquéfaction ». **(p. 8)**

Condensation solide Passage direct de l'état gazeux à l'état solide, sans passer par l'état liquide. **(p. 8)**

Constituants cellulaires visibles au microscope Les principaux constituants de la cellule visibles au microscope optique sont la membrane cellulaire, le cytoplasme, le noyau et la membrane nucléaire. Dans la cellule végétale, la paroi cellulosique, la vacuole et les chloroplastes sont également visibles. **(p. 121)**

Croûte terrestre Partie externe de la Terre, constituée de roches solides. Elle forme les continents (croûte continentale) et le fond des océans (croûte océanique). **(p. 151)**

Cycle de l'eau Circulation naturelle de l'eau dans ses différents états (solide, liquide et gazeux). Sept phénomènes surviennent au cours du cycle de l'eau : l'évaporation, la condensation, les précipitations, la transpiration, le ruissellement, l'infiltration et la circulation souterraine. **(p. 172)**

D

Décantation Technique de séparation des constituants d'un mélange hétérogène contenant au moins un liquide, basée sur l'action de la gravité. **(p. 60)**

Dilatation thermique Augmentation de volume d'une substance solide, liquide ou gazeuse provoquée par une élévation de la température. **(p. 29)**

Distillation Technique de séparation des constituants d'un mélange qui consiste à chauffer un mélange jusqu'à ébullition, afin de récupérer les gaz produits. On refroidit ensuite ces gaz dans un tube réfrigérant ou dans la glace pour les liquéfier. **(p. 61)**

E

Éclipse Phénomène qui se produit quand le Soleil ou la Lune disparaissent, totalement ou en partie, alors qu'ils devraient normalement être visibles dans le ciel. Lors d'une éclipse de Soleil, la Lune passe entre la Terre et le Soleil. Lors d'une éclipse de Lune, la Terre passe entre le Soleil et la Lune. **(p. 217)**

Écologie Science ayant pour objet l'étude des relations des êtres vivants entre eux et avec le milieu dans lequel ils vivent. **(p. 72)**

Effets d'une force Les effets d'une force sur un objet sont la modification de son mouvement et sa déformation. **(p. 227-228)**

Enveloppe de la Terre Les quatre enveloppes de la Terre sont la lithosphère (enveloppe solide), l'hydrosphère (enveloppe d'eau), l'atmosphère (enveloppe d'air) et la biosphère (enveloppe qui contient tous les êtres vivants). **(p. 153)**

Érosion Usure et transformation des roches ou du sol par les glaciers, le ruissellement de l'eau et les agents atmosphériques (pluie, vent, gel et dégel). **(p. 192)**

Espace Région qui commence au-delà de la dernière couche de l'atmosphère, soit à quelque 500 km d'altitude au-dessus du niveau de la mer. **(p. 198)**

Espèce Groupe d'êtres vivants qui ont des caractéristiques semblables. Trois critères permettent de déterminer que deux êtres vivants sont de la même espèce : 1) ils se ressemblent physiquement ; 2) ils peuvent se reproduire entre eux ; 3) ils donnent naissance à des descendants féconds (qui pourront, eux aussi, se reproduire). **(p. 73)**

État de la matière Mode d'organisation des particules qui constituent la matière (atomes ou molécules). Les trois états de la matière sont l'état solide, l'état liquide et l'état gazeux. **(p. 5)**

Évaporation Technique de séparation des constituants d'un mélange qui consiste à laisser le constituant liquide s'évaporer à la température ambiante. On récupère ensuite le solide. **(p. 61)**

Évolution Lent processus qui amène des modifications chez les êtres vivants, ce qui leur permet de s'adapter aux changements de leur milieu. (*Voir* Sélection naturelle.) **(p. 99)**

F

Fécondation externe Union d'une cellule sexuelle mâle et d'une cellule sexuelle femelle à l'extérieur de la femelle. **(p. 140)**

Fécondation interne Union d'une cellule sexuelle mâle et d'une cellule sexuelle femelle dans le corps de la femelle. **(p. 140)**

Filtration Technique de séparation des constituants d'un mélange qui consiste à faire passer un mélange à travers un filtre (souvent en papier ou en tissu). Le filtre retient les constituants solides et laisse passer les constituants liquides. **(p. 61)**

Fonctions vitales de la cellule Fonctions nécessaires à la survie d'une cellule : se nourrir, digérer, produire de l'énergie, échanger de l'information, fabriquer des substances utiles, éliminer les déchets, se multiplier. **(p. 117)**

Force Action qui peut mettre un objet en mouvement ou modifier le mouvement d'un objet déjà en train de bouger. Une force peut également modifier la forme d'un objet. **(p. 226)**

Fusion Passage de l'état solide à l'état liquide (le solide fond). **(p. 8)**

G

Genre Groupe d'espèces étroitement apparentées. Par exemple, le chien et le loup font partie du genre *Canis*. **(p. 76)**

Guidage Dispositif qui permet de contrôler le mouvement des pièces mobiles d'un objet technique. **(p. 243)**

H

Habitat Lieu où l'on rencontre habituellement une espèce et où cette espèce trouve les conditions nécessaires à sa survie. **(p. 92)**

Hydrosphère Ensemble des eaux de la Terre, qu'elles soient liquides, solides ou gazeuses : océans, mers, lacs, fleuves, rivières, eaux souterraines, glaciers, banquises, icebergs et vapeur d'eau en suspension dans l'atmosphère. **(p. 164)**

I

Inclinaison de la Terre Angle formé par l'axe de rotation de la Terre et un axe imaginaire perpendiculaire à l'orbite terrestre. Cet angle est d'environ 23°. **(p. 206)**

Ingénierie Ensemble des actions qui ont pour but d'étudier, de concevoir et de réaliser des projets technologiques. **(p. 250)**

K

Kilogramme Unité de base de la masse. **(p. 17)**

L

Liaison Tout ce qui peut maintenir ensemble au moins deux pièces d'un objet technique. **(p. 240)**

Lithosphère Enveloppe de roches solides de la Terre. Elle est formée de la croûte terrestre et de la partie supérieure du manteau. Elle englobe tous les éléments du relief : montagnes, plaines, plateaux, volcans, etc. **(p. 156)**

Litre Unité de mesure du volume. On l'utilise en particulier pour les liquides et les gaz. **(p. 23)**

Lumière Rayonnement que l'œil humain peut percevoir. Ce rayonnement transporte de l'énergie. **(p. 199)**

M

Manteau Partie de la Terre comprise entre la croûte terrestre et le noyau. Elle est formée de roches solides et de roches partiellement fondues. **(p. 151)**

Masse Mesure de la quantité de matière que contient un objet ou une substance. La masse ne change pas d'un lieu à un autre. **(p. 15)**

Matériau Substance qu'on utilise pour fabriquer un objet. La plupart du temps, il s'agit d'une matière transformée par l'être humain. **(p. 267)**

Matériel Ensemble des appareils, des machines, des instruments, des véhicules et des outils qui servent à la fabrication d'un objet. **(p. 270)**

Matière première Substance d'origine naturelle qui sert de base à un matériau. C'est donc une matière qu'on transforme afin de l'utiliser dans la fabrication d'un objet. **(p. 265)**

Mélange Résultat d'un changement physique qui consiste à associer deux ou plusieurs substances. **(p. 49)**

Mélange hétérogène Mélange composé de deux ou de plusieurs substances qu'on peut distinguer à l'œil nu. Un mélange hétérogène a plus d'une phase visible. (*Voir* Phase.) **(p. 50)**

Mélange homogène Mélange composé de deux ou de plusieurs substances qu'on ne peut pas distinguer à l'œil nu. Un mélange homogène n'a qu'une phase visible. (*Voir* Phase.) **(p. 51)**

Mètre cube Unité de base du volume. (*Voir aussi* Litre.) **(p. 23)**

Mouvement de rotation Mouvement que fait une pièce ou une partie d'un objet lorsqu'elle tourne autour d'un axe. **(p. 235)**

Mouvement de translation rectiligne Mouvement que fait une pièce ou une partie d'un objet lorsqu'elle se déplace en ligne droite. **(p. 234)**

Mouvement des plaques tectoniques Déplacement très lent des plaques tectoniques provoqué par la chaleur intense qui règne à l'intérieur de la Terre. Au cours de leur déplacement, les plaques peuvent entrer en collision les unes avec les autres, s'éloigner les unes des autres ou frotter les unes contre les autres. **(p. 177)**

Mouvement hélicoïdal Mouvement que fait une pièce ou une partie d'un objet lorsqu'elle se déplace le long d'un axe, tout en tournant autour de cet axe. **(p. 236)**

N

Niche écologique Rôle qu'une espèce joue dans son milieu. La niche écologique comprend toutes les interactions d'une espèce avec les éléments vivants et non vivants de son milieu. **(p. 95)**

Nomenclature binominale Système de dénomination international servant à désigner une espèce à l'aide de deux mots latins écrits en italique. Le premier mot indique le genre (*voir ce mot*). Le second mot qualifie le premier et précise l'espèce. **(p. 76)**

Noyau Partie de la Terre la plus chaude. Située au centre de la Terre, elle comprend une portion solide (noyau interne) et une portion liquide (noyau externe). **(p. 151)**

O

Orogenèse Ensemble des processus qui entraînent la formation des montagnes. **(p. 182)**

Ovipare Se dit d'un animal dont les œufs se développent entièrement à l'extérieur de la femelle. Il n'y a pas d'échange de substances entre la mère et l'embryon. **(p. 140)**

Ovovivipare Se dit d'un animal dont les œufs se développent dans le corps de la femelle jusqu'à ce qu'ils soient prêts à éclore. Il n'y a pas d'échange de substances entre la mère et l'embryon. **(p. 140)**

P

Phase Chacun des constituants solides, liquides ou gazeux qu'on peut distinguer dans un mélange. **(p. 49)**

Phases de la Lune Parties de la Lune éclairées par le Soleil, telles qu'elles sont vues de la Terre. **(p. 213)**

Plaque tectonique Un des grands morceaux de la lithosphère qui flotte sur le manteau de la Terre. Les plaques tectoniques forment le fond des océans ainsi que les continents. **(p. 176)**

Population Ensemble des individus de la même espèce qui vivent sur un territoire déterminé. **(p. 88)**

Propriété Qualité propre à une substance, à un objet, à un groupe de substances ou à un groupe d'objets. Une propriété peut être caractéristique ou non caractéristique. **(p. 4)**

Propriété caractéristique Propriété qui permet d'identifier une substance ou un groupe de substances. **(p. 39)**

R

Relief Ensemble des formes que l'on trouve à la surface de la lithosphère : plateaux, boucliers, plaines, collines, montagnes, vallées, etc. **(p. 158)**

Reproduction asexuée Mode de reproduction dans lequel un seul parent produit une copie de lui-même, puis s'en sépare. Chez les végétaux, le bouturage, le marcottage et la reproduction par bulbe ou par tubercule sont des formes de reproduction asexuée. **(p. 126, 130)**

Reproduction sexuée Mode de reproduction qui repose sur l'union de deux cellules spécialisées (gamètes) : une cellule mâle et une cellule femelle. Chez les végétaux, la reproduction par les fleurs est une forme de reproduction sexuée. (*Pour la reproduction sexuée chez les animaux, voir* Fécondation externe, Fécondation interne, Ovipare, Ovovivipare, Vivipare.) **(p. 127, 132, 140)**

Révolution de la Terre Mouvement de la planète autour du Soleil. Ce mouvement s'effectue selon une trajectoire ovale appelée « orbite terrestre ». **(p. 209)**

Rotation de la Terre Mouvement de la planète autour d'un axe qui passe par ses pôles. Autrement dit, la Terre tourne sur elle-même. **(p. 205)**

S

Schéma de construction Dessin qui représente, de façon simplifiée, les pièces et les matériaux qui seront utilisés lors de la fabrication d'un objet. Dans ce type de dessin, on indique également comment les pièces seront liées. **(p. 260)**

Schéma de principe Dessin qui représente, de façon simplifiée, le fonctionnement d'un objet. Dans ce type de dessin, les forces et les mouvements en jeu sont indiqués. **(p. 257)**

Séisme *Voir* Tremblement de terre. **(p. 190)**

Sélection naturelle Processus qui entraîne l'adaptation d'une espèce à son milieu au fil des générations. Ainsi, les individus qui possèdent des caractéristiques qui les avantagent dans leur milieu ont plus de chances de survivre et de se reproduire. **(p. 99)**

Solidification Passage de l'état liquide à l'état solide. **(p. 8)**

Soluté Substance solide, liquide ou gazeuse dissoute dans une solution. **(p. 55)**

Solution Mélange homogène dans lequel une ou plusieurs substances (*voir* Soluté) sont dissoutes dans une autre substance (*voir* Solvant). **(p. 55)**

Solution aqueuse Solution dont le solvant est l'eau. **(p. 57)**

Solvant Substance solide, liquide ou gazeuse dans laquelle un soluté est dissous. **(p. 55)**

Structure interne de la Terre Composition de l'intérieur de la Terre en trois grandes parties : le noyau, le manteau et la croûte terrestre. (*Voir* Noyau, Manteau *et* Croûte terrestre.) **(p. 151)**

Sublimation Passage direct de l'état solide à l'état gazeux, sans passer par l'état liquide. **(p. 8)**

Substance neutre Substance qui a un pH de 7 et qui n'a aucun effet sur le papier de tournesol. **(p. 34)**

T

Tamisage Technique de séparation des constituants d'un mélange qui consiste à faire passer le mélange à travers un tamis dont les trous ont une taille déterminée. Cette technique permet de séparer les constituants solides selon leur taille. **(p. 61)**

Taxonomie Science qui classifie les êtres vivants dans diverses catégories. Pour classifier les espèces, les scientifiques se basent sur les caractéristiques communes des êtres vivants et de leurs ancêtres (fossiles). **(p. 82)**

V

Température   Mesure du degré d'agitation des particules d'une substance solide, liquide ou gazeuse. On l'exprime généralement en degrés Celsius (°C). **(p. 28)**

Terre   Notre planète est l'une des huit planètes du système solaire. Sa position privilégiée a permis l'éclosion de la vie. **(p. 150)**

Transformation   Changement physique ou chimique de la matière. **(p. 48)**

Tremblement de terre   Vibration (secousse, mouvement brusque) du sol causée, entre autres, par le déplacement soudain des roches le long d'une faille, par une éruption volcanique, etc. **(p. 190)**

Vaporisation   Passage de l'état liquide à l'état gazeux. Si le changement est rapide, on parle d'ébullition (le liquide bout). Si le changement est lent, il s'agit d'évaporation. **(p. 8)**

Vivipare   Se dit d'un animal dont les ovules fécondés se développent à l'intérieur de la femelle. L'embryon est relié à la mère, qui lui fournit tout ce qui est nécessaire à son développement. **(p. 140)**

Volcan   Ouverture qui se forme dans la croûte terrestre lorsque du magma provenant du manteau de la Terre parvient jusqu'à la surface. **(p. 185)**

Volume   Mesure de l'espace à trois dimensions (longueur, largeur et hauteur) occupé par un objet ou une substance. **(p. 22)**

NOTES

Sources des photographies

ALAMY

p. 7 : Masterpics, p. 9 (azote) : Kari Marttila, p. 10 : Pegaz, p. 16 (gauche) : imagebroker, p. 16 (droite) : NASA Archive, p. 29 (bas) : Mary Evans Picture Library, p. 42 : The Art Archive, p. 50 (bas) : Pictorial Press, p. 55 : World History Archive , p. 61 (au centre en haut) : MIXA, p. 63 : Dan Lee, p. 74 (gauche) : Shaun Cunningham, p. 75 (bas) : Arco Images GmbH, p. 76 : Archivart, p. 77 (bas) : Nick Fraser, p. 83 (champignon) : Phototake, p. 106 (droite) : Martin Shields, p. 112 : Phototake, p. 113 : Photo Researchers, p. 137 (bas) : John T. Fowler, p. 143 : Natural Visions, p. 159 (en bas au centre) : Design Pics, p. 192 (gauche) : Hemis, p. 210 (en haut à droite) : Alaska Stock, p. 210 (bas) : Mediacolor's, p. 229 (haut) : Westend61 GmbH, p. 230 (centre) : Tim Gainey, p. 235 (bas) : GL Archive, p. 236 (gauche) : Blend Images, p. 238 (portes) : Cultura Creative, p. 253 : DIZ Muenchen GmbH, Sueddeutsche Zeitung Photo, p. 270 (droite) : Cultura Creative

CHRIS RUSH

p. 183 (bas)

DORLING KINDERSLEY

p. 61 (tout en bas), p. 99, p. 119 (haut), p. 123 (bas), p. 142 (haut), p. 142 (bas), p. 152, p. 168, p. 173, p. 177, p. 178 (haut), p. 178 (bas), p. 179 (haut), p. 182 (droite), p. 185 (gauche), p. 186 (haut), p. 190 (droite), p. 209 (bas), p. 214, p. 217, p. 219 (haut), p. 243 (bas)

JARDIN BOTANIQUE DE MONTRÉAL

p. 82, p. 131 (au centre en haut)

JARDIN DE MÉTIS

p. 130

PHOTOCARTOTHÈQUE QUÉBÉCOISE

p. 159 (haut)

PHOTOTHÈQUE ERPI

p. 80 (extrême gauche), p. 80 (gauche), p. 80 (centre), p. 80 (droite), p. 80 (extrême droite), p. 105 (au centre à droite), p. 164 (eau), p. 164 (nuages), p. 164 (glace), p. 176, p. 179 (bas), p. 205, p. 234 (droite), p. 235 (en haut à droite), p. 241 (en bas à gauche), p. 241 (en bas à droite), p. 243 (haut)

SCIENCE PHOTO LIBRARY

p. 22 (droite) : Andrew Lambert Photography, p. 60 (haut) Martyn F. Chillmaid, p. 61 (au centre en bas) : Andre Lambert Photography, p. 73 : Sheila Terry, p. 119 (bas) Leonello Calvetti, p. 121 (gauche) : John Durham, p. 12- (haut) : John Durham, p. 124 (bas) : Dr Gopal Murti, p. 134 Dr Jeremy Burgess, p. 142 (centre) : S. Allen, p. 162 Planet Observer, p. 175 : Claus Lunau, p. 185 (droite) Gary Hincks, p. 190 (gauche) : David Parker, p. 200 (bas) GI Photostock, p. 201 (haut) : David Parker, p. 20 (gauche) : Planet Observer, p. 208 (centre) : Plane Observer, p. 208 (droite) : Planet Observer, p. 216 : Mar Garlick, p. 219 (bas) : Gary Hincks

SÉBASTIEN GAUTHIER

p. 219 (centre)

SHUTTERSTOCK

p. 2 : Vesna Cvorovic, p. 4 : Vitaly Titov et Maria Sidelnikova p. 5 : Marcel Clemens, p. 6 (haut) : Francesco83, p. (centre) : ifong, p. 6 (bas) : Steven Coling, p. 8 : Coffeemi p. 9 (solide) : Valentyn Volkov, p. 9 (liquide) : 2jenn, p. (gaz) : Can Balcioglu, p. 9 (or) : Andrey N. Bannov, p. 1 (gauche) : Wuttichok Painichiwarapun, p. 11 (centre) Serg64, p. 15 : Orla, p. 17 (*Titanic*) : fckncg, p. 1 (éléphant) : Talvi, p. 17 (eau) : Vasiliy Ganzha, p. 1 (essence) : Ilker Canikligil, p. 17 (air) : Serg64, p. 1 (moustique) : Henrik Larsson, p. 17 (sable) : Sinelyov, p. 2 (haut) : Dragon Fang, p. 20 (centre) : Ansis Klucis (FotoAka p. 20 (bas) : koya979, p. 21 (auto) : Olaru Radian-Alexandru p. 21 (camion) : Paul Binet, p. 21 (chat) : Eric Isselee, p. 2 (chien) : Jagodka, p. 21 (Terre) : Thorsten Rust, p. 2 (cellulaire) : Jojje, p. 22 (porte-monnaie) : Podfoto, p. 2 (baignoire) : higyou, p. 24 (laveuse) : Fotocrisis, p. 2 (verre) : violetkaipa, p. 24 (goutte) : James Steidl, p. 2 (haut) : Albo003, p. 30 (gauche) : fotoedu, p. 30 (droite) John S. Sfondilias, p. 33 : maiwharn, p. 34 : fotofreaks p. 35 (arbres) : Alicar, p. 40 : FreshPaint, p. 43 (haut) Chepko Danil Vitalevich, p. 43 (centre) : chinahbzyg, p. 4 (bas) : M. Niebuhr, p. 48 : Annette Shaff, p. 49 (gauche) Joanna Zopoth-Lipiejko, p. 49 (centre) : Tarasyuk Igor, p. 4 (droite) : Subbotina Anna, p. 50 (en haut à gauche) : Brag Alexey, p. 50 (en haut à droite) : Vlad Ageshin, p. 5 (gauche) : Marco Mayer, p. 51 (droite) : Givaga, p. 5. (orange) : Maks Narodenko, p. 52 (soupe) : Olinchuk, p. 5 (bille) : Nelson Cardoso, p. 52 (jus) : Shebeko, p. 5

SHUTTERSTOCK (suite)

chocolat): Olga Popova, p. 52 (arrosoir): Sashkin, p. 52 (tarte): Pinkcandy, p. 56 (haut): Photoroller, p. 56 (centre): MJTH, p. 56 (bas): Nickolay Vinokurov, p. 57: Sharon Day, p. 58: Tatiana Popova, p. 60 (bas): Suthep, p. 64 (gauche): Markus Gann, p. 64 (droite): Fedorov Oleksiy, p. 66: MS Photographic, p. 69 (gauche): HL Photo, p. 69 (centre): Stuart Monk, p. 69 (droite): g215, p. 72: Paul Binet, p. 74 (droite): Sam Dcruz, p. 74 (bas): Nejron Photo, p. 75 (droite): Brian Lasenby, p. 81 (en haut à gauche): Jason Patrick Ross, p. 81 (en haut au centre): Jason Patrick Ross, p. 81 (en haut à droite): Chris Hill, p. 81 (en bas à gauche): Roger de Montfort, p. 81 (en bas au centre): Tom Reichner, p. 81 (en bas à droite): Matt Jeppson, p. 83 (monère): Sebastian Kaulitzki, p. 83 (protiste): Lebendkulturen.de, p. 83 (levure): Kletr, p. 83 (arbre): rovan, p. 83 (oiseau): Mircea Bezergheanu, p. 84: Klingebiel, p. 85: Kesu, p. 86: Maxim Blinkov, p. 87 (haut): Woodhouse, p. 87 (bas): Catmando, p. 88: Eric Isselee, p. 89 (bas): Attila Jandi, p. 89 (haut): BG Smith, p. 92 (gauche): Sabino Parente, p. 92 (droite): Jacques Palut, p. 94 (castor): Brian Lasenby, p. 94 (ours): Sergey Uryadnikov, p. 94 (poisson): cbpix, p. 94 (requin): Jim Agronick, p. 94 (girafe): Steffen Foerster, p. 94 (forêt tempérée): MalDix, p. 94 (savane): Oleg Znamenskiy, p. 94 (banquise): Armin Rose, p. 94 (corail): Stephan Kerkhofs, p. 94 (océan): Dudarev Mikhail, p. 95 (haut): Joel Powell, p. 95 (en bas, extrême gauche): Joseph DiGrazia, p. 95 (en bas à gauche): ying, p. 95 (en bas à droite): BG Smith, p. 95 (en bas, extrême droite): Kletr, p. 97 (haut): Steven Russell Smith Photos, p. 97 (bas): Stephen Bonk, p. 100 (bas): Steffen Foerster, p. 105 (en haut à gauche): Jason Patrick Ross, p. 105 (en haut, à droite): Sari ONeal, p. 105 (au centre à gauche): Peter Vey, p. 106 (gauche): Alena Brozova, p. 106 (bas): Christian Mueller, p. 107: Torsten Dietrich, p. 109 (haut): Danette Anderson, p. 109 (centre): Dr Morley Read, p. 109 (en bas à gauche): Ryan M. Bolton, p. 109 (en bas à droite): Matt Jeppson, p. 110: Khoroshunova Olga, p. 116 (gauche): Steven Russell Smith Photos, p. 116 (centre): K.A. Willis, p. 116 (droite): Holly Kuchera, p. 117: Mopic, p. 118: Giovanni Cancemi, p. 122: Black Rock Digital, p. 127: Stephen Coburn, p. 129: Anthony Pham, p. 131 (tout en haut): slavapolo, p. 131 (au centre en bas): Polina Lobanova, p. 131 (tout en bas): Denis et Yulia Pogostins, p. 133: Hofhauser, p. 135: David Koscheck, p. 136: tankist276, p. 137 (haut): Sandra van der Steen, p. 137 (centre): withGod, p. 141 (bas): Bonnie Taylor Barry, p. 141 (gauche): Wesley Aston, p. 141 (droite): Matteo photos, p. 147: K.A. Willis, p. 148: Kyle Smith, p. 150: Alan Uster, p. 151: Zastolskiy Victor, p. 154: Andrea Danti, p. 157 (bas): Nicku, p. 157 (en haut à gauche): kaband, p. 157 (en haut à droite): Jean L F, p. 157 (au centre à gauche): Daniel Cviatkov Yordanov, p. 157 (au centre à droite): Darko Zeljkovic, p. 158: ostill, p. 159 (en bas à gauche): Brian Lasenby, p. 159 (en bas à droite): BioLife Pics, p. 160 (gauche): Olga Vasilkova, p. 160 (à droite en haut): gnomeandi, p. 160 (à droite au centre): mumbojumbo, p. 160 (à droite en bas): Jeannette Meier Kamer, p. 161 (centre): spirit of america, p. 161 (haut): Sunny Forest, p. 161 (bas): Monkey Business Images, p. 163 (collines): Sasapee, p. 163 (plaine): Natapong Paopijit, p. 163 (vallée): Padsaworn, p. 163 (agriculture): Orientaly, p. 163 (escalade): CandyBox Images, p. 163 (planche à neige): Ipatov, p. 163 (rafting): Aleksandar Todorovic, p. 164 (haut): Thomas Bredenfeld, p. 165: Nata-Lia, p. 166: Hannamariah, p. 167: ssuaphotos, p. 169 (en haut à gauche): IM_photo, p. 169 (en bas à gauche): Germanskydiver, p. 169 (en haut à droite): Lee Torrens, p. 169 (en bas à droite): Pedro Nogueira, p. 184: Darren J. Bradley, p. 186 (bas): Robert Crow, p. 187 (haut): mdd, p. 188: wdeon, p. 189: Andrea Danti, p. 192 (droite): Kathmandu Photog, p. 193 (en haut à gauche): Daniel Krylov, p. 193 (en haut à droite): Pierdelune, p. 193 (centre): kojihirano, p. 193 (bas): Filip Fuxa, p. 197 (gauche): CSLD, p. 197 (centre): Chayawee, p. 197 (droite): Wildnerdpix, p. 198: RealCG Animation Studio, p. 199: Pressmaster, p. 200 (en haut à droite): R. Gino Santa Maria, p. 203 (chaton): tankist276, p. 203 (étoiles): Marcel Clemens, p. 203 (panneaux): Carlo Taccari, p. 203 (lampe): Nickolay Khoroshkov, p. 203 (nuages): Antonio S, p. 204: Nastenok, p. 210 (en haut à gauche): Olivier Le Moal, p. 210 (au centre à gauche): Mark Schwettmann, p. 210 (au centre à droite): alik, p. 218: Igor Kovalchuk, p. 224: Andrey Yurlov, p. 226: Terekhov Igor, p. 227 (gauche): Dmitry Kalinovsky, p. 227 (droite): StockLite, p. 229 (bas): StockLite, p. 230 (haut): Mikael Damkier, p. 231 (en haut à gauche): Dmitry Kalinovsky, p. 231 (en haut au centre): penguin, p. 231 (en haut à droite): Olga Miltsova, p. 231 (en bas à droite): Imageman, p. 232 (en haut à gauche): Danny Smythe, p. 232 (en haut au centre): kropic1, p. 232 (en haut à droite): Jan Kranendonk, p. 232 (en bas à gauche): Ashley Whitworth, p. 232 (en bas à droite): Tumar, p. 233 (en haut à gauche): Charles Brutlag, p. 233 (en haut à droite): Charles Brutlag, p. 233 (en bas à gauche): Andriano, p. 233 (en bas à droite): Vaclav Volrab, p. 234 (gauche): sculpies, p. 235 (en haut à gauche): Ruslan Kudrin, p. 236 (droite): Hintau Aliaksei,

SHUTTERSTOCK (suite)

p. 237 (en haut à gauche) : Sean Nel, p. 237 (en haut au centre) : Roman Sigaev, p. 237 (en haut à droite) : Xavier Gallego Morell, p. 237 (en bas au centre) : Dudarev Mikhail, p. 237 (en bas à droite) : Subbotina Anna, p. 238 (sonnette) : Africa Studio, p. 238 (perceuse) : Dan70, p. 238 (poignée) : Boris Sosnovyy, p. 238 (manège) : Zanna Karelina, p. 238 (batteur) : Domenic Gareri, p. 238 (calculatrice) : nenetus, p. 239 (volant) : kurhan, p. 239 (vis) : kurhan, p. 239 (TGV) : Snehit, p. 239 (moulinet) : fimkaJane, p. 239 (scie) : Yellowj, p. 239 (guitare) : Smileus, p. 241 (en haut à droite) : discpicture, p. 243 (médaillon du centre) : K. Miri Photography, p. 243 (centre) : Roi Brooks, p. 245 (tout en haut) : Maxim Ibragimov, p. 245 (centre) : Nonnakrit, p. 245 (au centre en bas) : Nenov Brothers Photography, p. 246 (tout en haut) : Petr Malyshev, p. 246 (au centre en bas) : Alexey Chernitevich, p. 246 (tout en bas) : Alexey Kashin, p. 247 : Arena Creative, p. 248 (haut) : Harvepino, p. 252 : Sashkin, p. 258 (haut) : photosync, p. 258 (bas) : Jake Rennaker, p. 259 (haut) : Jaimie Duplass, p. 259 (centre) : Anteromite, p. 259 (bas) : doomu, p. 264 (haut) : Terekhov Igor, p. 264 (bas) : Danny Smythe, p. 265 (gauche) : Jan S., p. 265 (centre) : Katarzyna Wojtasik, p. 265 (droite) : ermess, p. 267 (gauche) : Mike Flippo, p. 267 (centre) : Elena Elisseeva, p. 267 (droite) : wang song, p. 268 (métaux) : mybeginner, p. 268 (céramique) : Fedor Selivanov, p. 268 (verre) : designmethod, p. 268 (textile) : Mathee saengkaew, p. 268 (plastique) : Kladej, p. 268 (pierres) : Wlad74, p. 268 (kayaks) : Christian Delbert, p. 268 (bouteille) : Alexey Stiop, p. 269 (gauche) : 24Novembers, p. 269 (centre) : David Svetlik, p. 269 (droite) : patpitchaya, p. 270 (gauche) : Denphumi, p. 270 (centre) : portumen, p. 272 : Grandpa, p. 273 : Jouke van Keulen

TANGO

p. 18, p. 35 (citron), p. 35 (savon), p. 35 (sel), p. 3(
(gauche), p. 36 (droite), p. 65 (haut), p. 123 (haut), p. 125
p. 242 (tout en haut), p. 242 (au centre en haut), p. 24:
(centre)

THINKSTOCK

p. 11 (droite) : Ingram Publishing, p. 17 (cellules)
iStockphoto, p. 19 : iStockphoto, p. 21 (ballon basket)
Stockbyte, p. 21 (ballon plage) : iStockphoto, p. 21 (Soleil)
iStockphoto, p. 24 (Terre) : Hemera, p. 61 (tout en haut)
Polka Dot, p. 64 (bas) : iStockphoto, p. 65 (bas)
iStockphoto, p. 70 : iStockphoto, p. 94 (koala) : iStockphotc
p. 105 (bas) : Comstock, p. 114 (gauche) : iStockphotc
p. 114 (droite) : Ingram Publishing, p. 121 (droite) : Nanc
Nehring, p. 126 : iStockphoto, p. 181 : Dorling Kindersle
RF, p. 183 (haut) : Dorling Kindersley RF, p. 187 (bas)
iStockphoto, p. 194 (haut) : Stocktrek Images, p. 194 (e
bas à gauche) : iStockphoto, p. 194 (en bas à droite)
iStockphoto, p. 200 (en haut à gauche) : iStockphotc
p. 201 (bas) : Photos.com, p. 203 (arc-en-ciel) : iStockphotc
p. 228 : Stockbyte, p. 230 (bas) : Photodisc, p. 231 (e
bas à gauche) : iStockphoto, p. 231 (en bas au centre)
iStockphoto, p. 232 (en bas au centre) : Dorling Kindersle
RF, p. 237 (en bas à gauche) : Comstock, p. 239 (pêche)
Photodisc, p. 240 : iStockphoto, p. 241 (en haut à gauche)
iStockphoto, p. 242 (au centre en bas) : iStockphotc
p. 242 (tout en bas) : iStockphoto, p. 245 (au centre e
haut) : PhotoObjects.net, p. 245 (tout en bas) : iStockphotc
p. 246 (au centre en haut) : iStockphoto, p. 246 (centre)
iStockphoto, p. 248 (bas) : Hemera